한국어로 내려온

New Bible

새로운
성 경

제88권

6부 | 총10부

하얀마음

하나님 말씀 중에서

1. 사랑의 하나님

- 세상을 창조하신 하나님은 모두를 사랑하신다. 인간만 특별히 더 사랑하지 않고, 우수 반불을 다 똑같이 사랑하신다. 그러니 하나님이 창조하신 천지 만물과 화친하고, 미물까지도 소중히 대하라.

- 하나님은 특정 종파나 민족만을 더 사랑하지 않으신다. 자기 자신만 구원받겠다는 욕심을 버리고, 자기 종파만 구원받는다는 편협한 교리에서 벗어나야 한다. 종파를 초월해서, 모두를 사랑하라.

- 원수까지 사랑하라 했으니, 이 세상에 사랑하지 못할 자가 누가 있겠는가? 종파가 다르다고 해서 부모 형제와 원수처럼 지내는 자는 인간의 근본을 모르는 자다. 가장 가까운 가족부터 사랑할 때 남도 진심으로 사랑할 수 있다.

- 한 사람을 원수같이 생각하던 마음에서 사랑하는 마음으로 돌리면, 자기 자신의 마음이 가장 기쁘고 행복하다. 하나님께서는 인간의 마음속에 무거움이 없이 기쁘고 행복한 삶을 살기를 바라신다.

- 이웃을 "내 몸처럼" 사랑하라 했으니, 마지막 한 장 남은 천국의 티켓도 이웃에게 양보하라. 자기 중심적인 신앙에서 벗어나서 남을 위해 살아야 한다.

- 독초도, 약초도, 이단도 사탄도 천사도 다 필요하기에 존재한다. 독초일지라도 극소량을 사용해서 생명을 살릴 수 있고, 약초라 하더라도 남용하면 생명을 잃을 수 있다.

- 세상 모든 것을 명약으로 활용하는 것은 인간의 지혜에 달렸다. 어떤 것이든 어떤 사람이든 적재적소에 꼭 필요한 명약으로 승화시키라.

- 사탄도 이단도 천사도 모두 하나님의 주관하에 존재한다. 진정한 하나님의 백성은 사탄과 마귀까지도 감화시켜서 천사로 거듭나게 한다.

2. 기도

- 하나님은 인간의 생각까지 모두를 다 알고 계신다. 우리의 소원도 이미 알고 계시기에, 소원의 기도를 할 필요가 없다. 우리가 받을 자격이 되면 내려 주신다.

- 죄를 짓고 아무리 회개를 해도 용서받지 못한다. 도둑질한 자는 용서해 달라고 기도하고, 도둑맞은 자는 도둑을 잡게 해 달라고 기도하면, 공의의 하나님은 누구의 편에 서시겠는가?

- 자기가 잘못한 것은 그 사람에게 직접 갚고 용서를 구하라. 그가 용서하면 하나님도 용서하신다. 땅에서 매면 하늘에서도 매이고, 땅에서 풀리면 하늘에서도 풀리는 이치다.

- "회당에서 기도하지 말고 골방에서 기도하라" 했다. 눈에 보이는 골방이 아니라, 골방과 같이 고요한 마음이다. 잡념을 버리고 하나님을 향해 마음을 집중하며, 사랑하고 용서하는 아름다운 생각만 나오도록 하라.

- "두드리면 열릴 것이다." 하는 것은 육의 소원을 위해 두드리라는 것이 아니라, 진리의 깨달음을 얻기 위해 두드리라는 것이다.

- 기도하는 방법: 생활 속에서 수시로 기도하는 삶을 살아야 한다.

- "저의 죄를 용서하여 주옵소서." 하는 회개의 기도를 하라.
- 범사에 "하나님! 감사합니다." 하라. 현재 가진 것에 감사하며, 과욕하지 말라. 자기 노력 이상의 것을 더 갖고자 기도하는 것은 도둑놈심보다. 공의의 하나님은 각자 노력한 만큼 주신다.
- "하나님 뜻대로 살아가겠나이다." 하며 마음의 각오를 다지라.

- 기도는 하나님의 말씀을 받아서 "행하는 것"이다. 하나님이 계심을 굳건히 믿고, 하늘을 향하여 한 점 부끄럼 없이 사는 삶 자체가 가장 위대한 기도이며, 삶이 곧 예배다.

3. 지도자

- 똑같이 사랑한다는 말을 해도, 순수하게 하는 말은 천사의 말이지만, 사기 쳐서 재산을 가로채려고 하는 말은 사탄의 말이다.

- 종교 지도자가 아무리 훌륭한 설교를 해도, 신도의 재물을 거둬서 더 큰 교회를 짓고 자기의 부귀영화를 바라며 설교하면 사탄의 가르침이 된다.

- "저희 교회는 만원사례요, 믿음은 다 같으니 이웃의 개척 교회에 가서 예배를 드리시오." 하며, 이웃 교회의 부흥을 먼저 생각하여 제 신도를 보내는 종교 지도자가 있다면 그를 따르라. 그가 하나님의 사랑을 실천하는 자다.

- "부자가 천국에 들어가는 것은 낙타가 바늘구멍을 통과하는 것보다 더 힘들다" 하였기늘, 지금의 교회에서는 부자가 되기만을 기도하고 소원하니, 이는 곧 천국을 포기하고 지옥 행 열차의 티켓을 사는 것과 같다.

- 예수는 빈손이었다. 종교 지도자가 예수보다 더 호화롭고 편안하게 살아간다면 잘못된 것이다. 부귀영화와 명예를 바라는 자는 절대로 갈 수 없는 좁고 협착한 길이 종교 지도자의 길이다.

- 종교 지도자는 유리로 비춰 봐 한 점의 부끄러움이 없이 살아야 한다. 의식주도 직접 일해서 해결하고, 예수의 가르침과 행함을 그대로 따라야 한다.

- 종말은 없다. 지금의 잘못 가는 종교 집단에게만 종말이 있다. 보이지 않는 하나님은 보이는 육의 종말은 관여하지 않으신다. 환경 파괴로 인간이 스스로 멸망을 자초하는 것이다. 종파끼리 싸우기 전에, 무너진 인성을 바로잡고 지구의 몸살을 해결하는 데 뜻을 모으는 게 급선무다.

4. 성전이란

- 이 세상 자체가 하나님께서 만드신 성전이다. 자연보다 더 아름다운 성전이 있는가? 보이는 건물이 성전이 아니라, 성스러운 마음가짐이 성전이다.

- 반석 위에 교회를 지으라 했다. 지상의 단단한 돌은 인간이 쪼갤 수 있으나, 마음속의 굳은 결의는 세상 무엇으로도 쪼갤 수 없다. 바르고 굳건한 믿음으로 성경의 가르침을 실천하는 것이 마음의 반석 위에 교회를 짓는 것이다.

- 손으로 지은 건물의 교회에 모여서 복음을 전하는 것이 아니라, 교회를 개인과 가정에 심어 주어야 한다. 무너지고 부서지는 건물을 짓지 말고, 마음속에 영원히 불변하는 참진리의 교회를 지으라.

5. 십계명

- 십계명은 인간이 죽어서 반드시 통과해야만 하는 열 개의 관문이다.

- 부모를 공경하지 아니한 자는 "네 부모를 공경하라." 하는 제5계명의 관문이 열리지 않으니 구원받을 수 없다.
- 살인, 간음, 거짓, 우상 등의 나머지 계명도 마찬가지다.

- 십계명은 하나님의 친필이다. 모기소리만 한 하나님의 음성이라도 들어 보겠다고 여기저기 찾아 헤매지 말고, 십계명부터 암송하고 지키라.

- 십계명은 영혼을 구원하는 양식이며, 십계명을 지키는 것이 구원을 받는 길이다. 인간이기에 지키고자 노력하고 또 노력한다면 지킬 수 있다.

- 십계명을 지키고 천사처럼 아름답게 살아가는 그 마음 하나면 세상에 이루어지지 않는 것이 없다.

6. 보물

- 하나님은 재물이 아니라 우리의 마음을 받으신다. 사랑을 실천하며 천사처럼 변하는 마음이 하나님께 바치는 보물이다.

- 보이지 않는 하나님께 재물을 바치려 하지 말고, 너희를 길러 준 부모에게 용돈 드리고, 찾아뵙고, 효성을 다하라. 그것이 하나님께 효도하는 것이다.

- 하늘에는 선과 악의 창고가 있다. 자기 창고에 선이 많으면 천국으로 구원을 받고, 악이 많으면 심판받아 지옥으로 간다. 그것이 바로 "선한 일을 행한 자는 생명의 부활로, 악한 일을 행한 자는 심판의 부활로" 나오는 것이다.

- "선악과를 따먹지 말라"는 것은 양심을 지키라는 것이다. 선과 악을 구분할 수 있는 양심을 최초에 인간에게 주셨다. 선한 열매는 취하고, 악한 열매는 버리며, 양심에 비추어 부끄럼 없는 삶을 살아가라.

- 가장 작은 거짓말을 하지 않고, 가장 작은 죄를 짓지 않으며, 가장 작은 선행을 하고, 가장 작은 악행을 멀리하는 것이 율법의 일점 일획도 빠뜨리지 말고 다 지키는 삶을 사는 것이다.

7. 우상

- 박물관에 있는 불상은 하나의 예술품이다. 그 조각품에 대고 제 소원을 빌 때 우상숭배가 된다. 십자가라 하여도 그 앞에서 소원을 빈다면 우상숭배하는 것이며, 하나님께 소원을 빈다면 하나님을 우상으로 전락시키는 것이다.

- 지금 기복신앙에 젖어 있는 모든 사람이 우상 앞에 절을 하고 있다. 조각품을 우상이라며 파괴하지 말고, 네 마음속에 있는 욕심의 우상을 무너트리라.

- 생수를 약초가 먹으면 약을 만들고 독사가 먹으면 독을 만든다. 같은 성경을 봐도 선한 지도자는 신도를 천사로 만드는 데 활용한다. 그러나 욕심이 가득한 지도자는 재물을 거두어들여 제가 부귀영화를 누리는 데 악용한다. 그가 바로 성경을 우상숭배의 도구로 전락시키는 거짓 선지자다.

- 성경을 한 획도 빼거나 더하지 말라는 것은, 그 가르침을 빠트리지 말고 온전히 지키라는 것이다. 성경 속에서 자기에게 유리한 구절만 보는 것은, 자기에게 불리한 구절들을 빼 버리는 것이다. 믿음이 제일이요, 행함은 구원과는 관계없다는 것은 자신에게 유리한 쪽으로 성경을 악용하는 것이다.

- 진정한 종교 지도자는 종파에 관계없이 어떤 종파든 어떤 책이든 접하고 보고 깨우쳐 견문을 넓히도록 인도한다. 참진리를 모르고 자신이 없는 자가 남을 이단이라며 배척하고, 신도들의 눈과 귀를 가린다.

8. 예수

- 예수의 재림은 없다. 예수가 다시 온다 해도, 과연 누가 그를 예수라고 믿겠는가? 예수와 같은 삶의 행함이 곧 예수의 재림이다. 각자 모두가 "재림 예수"가 되는, 차원 높은 믿음으로 가야 한다.

- 예수는 "주여 주여 하지 말고, 아버지의 뜻대로 행하라"고 했다. 예수가 전한 하나님의 뜻이 곧 "길이요, 진리요, 생명"이며, 그 가르침이 예수의 보혈처럼 소중한 것이다. 예수를 믿는 것은, 예수의 가르침을 믿고 따르는 것이다.

- 예수는 낮은 자로서 만백성을 섬기고자 했다. 만나는 모든 사람을 다 하나님이라 생각하라. 돈을 벌수록 겸손하고, 높은 지위를 얻을수록 낮아지라.

▪ 예수는 종파를 만들지 않았다. 인간이 만든 종교와 인간의 교리를 따르지 말고, 예수를 통해 전한 하나님의 참진리를 연구하고 따르라.

▪ 예수가 2천 년 전에 만백성을 위해 죽었으니, 지금 이 땅에는 예수의 가르침대로 사는 천사만 존재해야 한다. 예수가 죽어 가면서 바란 것은 만백성이 천사가 되어 예수의 자리를 채워 주는 것이지, 지금과 같이 재물을 바치면서 중언부언 제 소원만을 비는 백성들을 바란 것이 아니다.

9. 구원

▪ 천사가 사는 천국에는 천사만 갈 수 있으니, 천사 같은 마음을 길러야 한다.

- "천국 열쇠를 네게 주리니 땅에서 무엇이든지 매면 하늘에서도 매일 것이라" 했다. 땅에서 천사같이 사는 자가 하늘에서도 천사가 되어 천국에 들어간다. 모든 사람에게 천사같다는 말을 듣는 삶을 살아야 한다.

▪ 천사의 곱고 아름다운 마음은 부모를 공경하고 어른을 어른으로 대접하는 데에서 출발한다. 효도하는 자는 형제와 화목하게 지내기에 가정이 화목해지고, 이웃과 화목해지고, 국가가 화목해지고, 온 인류가 화목해진다.

- 그러므로 지상의 아름다운 소왕국은 가정에서부터 이루어야 한다.

▪ 선택된 14만 명만 구원받는 것이 아니라, 천사처럼 변하고자 하는 14만 명을 기초로 온 인류가 천사처럼 거듭나는 영적인 개혁이 시작되는 것이다.

▪ 천 년에 걸쳐서 하늘에서 이루어진 것같이 이 세상을 낙원으로 만들어, 만백성이 지상의 천국에서 살다가 죽어서 그대로 하늘의 천국으로 들어가는, 영원한 지상 낙원을 건설하는 것이 하나님의 계획이다.

- 이것이 구약과 신약에 이어 "새로운 성경"으로 역사하시는 하나님의 창조의 완성이다.

▪ 지금의 믿음으로 구원받을 수 있다면 그 길을 가라. 그러나 자신이 없다면 하나님께서 직접 내리신 160권의 "새로운 성경"을 읽고 구원의 길을 보라!

하나님 머리말씀

이 새로운 성경을 읽는 너희 모두는
이 율법에 따라 행하면 영원히 구원받을 것이니라.

너희 인간이 수년, 수십 년, 평생
성서를 공부하고 기도하는 것은
하늘나라 나의 곁으로 오고 싶은 소망일진대,

몇천 년 전의 너희 인성과 생각이
지금의 너희와는 판이하게 다르니,

꺾여 가고 병들어 가는 너희를 고칠 수 있는 길은,
오늘 내가 선지자에게 내리는 새로운 성경과 같이
너희가 변화되는 것뿐이니라.

나의 예수가 태어난 것처럼
내가 아들 선지자를 선택하여
나의 새로운 성경을 온 세계에 전하고자 하니,

묵은 것은 버리고 새로운 것은 취하여,
너희 모두는
'여호와 하나님! 저의 죄를 용서하여 주옵소서.'
하는 기도문으로 기도하고, 죄를 뉘우치라.

이 새로운 성경은
수천 년간 내려온 성서를 요약한 것이니,
너희는 이 책을 정독하여 쉽게 깨달음을 얻고,
이대로 실천하여 하늘에 오르라.

대역자 머리말

■ 하나님의 율법을 지키는 선지자로 선택을 받도다.

저는 남들처럼 그저 열심히 살아온 평범한 사람이었습니다. 그러나 50대 중반에 사업에 실패하여 많은 부채에 시달렸으며, 건강도 악화되어 눈이 잘 안 보이고, 걷기도 어렵고, 두통이 심해서 잠을 이룰 수 없는 고통의 나날을 보냈습니다. 그때 제가 선택할 수 있는 것은 육의 삶을 끝내는 길뿐이었습니다.

죽기 직전에 그동안에 죄를 지은 이들에게 용서를 빌고 인생을 끝내기로 작정하였습니다. 어려서부터 지은 죄를 빌고 빌다 보니 끝이 없었고, 죽음으로도 그 많은 죄를 용서받을 길이 없다는 생각에 하염없이 눈물이 흘렀습니다. 그 순간 '재래식 화장실의 구더기는 죄를 짓지 않는데, 나는 인간으로서 구더기만도 못한 삶을 살았구나.' 하는 생각이 들면서 괴로움에 몸부림칠 때, 갑자기 하나님의 음성이 들렸습니다.

"나는 여호와 하나님이니라. 너는 십계명을 암송하고 내가 내려 주는 메시지를 받아 책으로 만들어 만백성을 구하라." 하시며, 제 눈을 손으로 문지르게 하시고, 아픈 머리와 다리를 손으로 두드리게 하셨습니다. 그러고 나니 눈도 잘 보이고 걸을 수 있었으며 머리의 통증도 말끔히 낫게 되었습니다. 그때부터 십계명을 암송하고 나면 들려주시는 말씀을 기록하였고, 1999년 8월부터 2004년 7월까지 권당 288쪽, 총 160권을 받아서 "새로운 성경"이라는 책으로 펴내게 되었습니다.

그러한 저에게 죽기보다도 힘든 길이 시작되었습니다. 모든 교인들이 저에게 사탄이요, 이단이요, 악마요, 마지막 시대에 온 거짓 선지자라 하면서 공격하였고, 저를 짐승을 보듯이 대하는가 하면, 편협한 종교 지도자들의 선동으로 신도들이 이 책을 직접 읽어 보고 평가할 기회마저 막아 버렸습니다. 그래서 하나님의 말씀을 세상에 내는 데 많은 어려움을 겪으며, 피를 토하는 심정으로 책을 전하고 있습니다.

그러나 아무리 인간의 힘으로 막으려 해도, 하나님의 뜻이 세상에 전해지는 위대한 역사는 계속될 것입니다. 책으로 전해지는 "하나님의 말씀"은 세상 끝날까지 항상 우리와 함께하실 것입니다. 사람은 죽어도, 책에 기록된 말씀은 영원히 남으니까요.

■ 따뜻한 실천

하나님께서는 어려운 사람들에게 삶의 터전을 마련해 주고, 미래를 열어 주는 것을 기뻐하십니다. 어려운 이웃이 스스로 자립할 수 있도록 이끌어 주는 것이 진정으로 이웃을 돕는 것이라고 말씀하셨습니다. 그래서 일자리가 없는 제자들에게 작은 사업장을 만들어 주는 "달란트 사업"을 하고 있습니다. 식당, 반찬 가게 등을 차려 주고, 기존의 어려운 사업장이 자립할 수 있도록 돕고 있습니다(커피숍, 미용실, 의상실 등).

하나님께서는 교회에 나와서 모든 시간과 재물을 쏟기를 원하지 않으시고, 그 시간과 재물을 교육에 투자하여 스스로 미래를 열어 가기를 원하십니다. 그래서 제때 공부하지 못한 제자들에게 학업을 이어 가도록 하였습니다. 중화요리 주방장을 하며 초등학교 검정고시부터 공부하여 2012년에 방통대를 졸업한 36세 남성, 만학도들의 2년제 중학교에 입학해서 2007년에 명지대학을 졸업한 38세 여성, 중학교 검정고시를 시작으로 숭의여자대학을 졸업한 47세 여성 등이 있습니다. 그밖에도 많은 제자들에게 나이를 초월하여 배우고 깨우쳐서 사회 속의 당당한 일원이 되도록 인도하고 있습니다.

학자금 대출로 힘겨워하는 젊은이들을 위해 "따뜻한 바람 장학회"를 발족하여(2016년 12월) 대출받은 학자금 전액을 매월 갚아 주고 있습니다. 또한, 다문화 가정을 위해 "다문화 가족 랜드"를 조성하여, 각종 시설을 무료로 활용하도록 하고 있습니다.

이러한 따뜻한 실천이 아직은 미약합니다. 그러나 책의 수입이 늘고, 저와 뜻을 같이하는 분들이 늘어나면 계속 확대할 것입니다. 지도자로서 신도의 재물을 헌금으로 거둬들여 착복하는 것이 아니라, 하나님께서 기뻐하시는 일에 사용하도록 중매 역할만 하며 살아가고자 합니다. 이런 제가 과연 사탄이고 이단인가요? 하나님께서 기뻐하시는 일이라면, 저에게 사탄이라 하든 거짓 선지자라 하든 굽히지 않고 실천해 나갈 것입니다.

끝으로, 일상의 삶 속에서 "지금 내가 하는 행동이 과연 하나님께서 기뻐하실까, 슬퍼하실까?" 생각하고, 매사에 하나님께서 기뻐하시는 길을 택하기 바랍니다. 교회에 모여서 집단적으로 예배 드리는 것이 아니라, 개인이나 가정 단위로 새로운 성경을 읽어 스스로 깨우치고 그대로 행하면 충분합니다. 그것이 마음속에 성전을 짓고, 신령과 진정으로 예배 드리는 길입니다. 그러면 천국의 문에 들어서게 됩니다.

2017.2.1.

하나님 말씀 대역자 김용철

차 례

십 계 명

이 책은 십계명을 암송하고 나면 내려 주시는 "하나님의 음성"을 듣고 그대로 받아쓴 기록입니다. 하나님께서 십계명을 모세에게 내려 주셨지만, 그것은 만백성에게 내려 주신 것입니다. 마찬가지로 이 책의 모든 말씀도 저에게 내려 주셨지만, 만백성 각자에게 들려주시는 말씀입니다. 여러분도 이 책을 접할 때마다 십계명을 암송하고 나서 정독해 주시기 바랍니다.

제일은, 너는 나 외에는 다른 신들을 네게 있게 말지니라.
제이는, 너를 위하여 새긴 우상을 만들지 말고, 또 위로 하늘에 있는 것이나, 아래로 땅에 있는 것이나, 땅 아래 물 속에 있는 것의 아무 형상이든지 만들지 말며, 그것들에게 절하지 말며, 그것들을 섬기지 말라.
제삼은, 너는 너의 하나님 여호와의 이름을 망령되이 일컫지 말라.
제사는, 안식일을 기억하여 거룩히 지키라.
제오는, 네 부모를 공경하라.
제육은, 살인하지 말지니라.
제칠은, 간음하지 말지니라.
제팔은, 도적질하지 말지니라.
제구는, 네 이웃에 대하여 거짓 증거하지 말지니라.
제십은, 네 이웃의 집을 탐내지 말지니라.

나 여호와가 존재함을 믿는 그 자체가 구원의 길에 들어서는 기본이요, 근본이며, 나의 새로운 성경을 가슴에 안고 정독하는 자, 반석 위에 서서 하늘에 오르는 찬란한 빛을 보게 되는 영광을 얻게 됨이니라. 진정 나를 따르고 믿는 자는 감히 사탄이나 마귀도 근접하지 못하느니라.

〈하나님 말씀〉

2003년 6월

6,405 번째 하나님 말씀

2003년 6월 12일 12시 26분

1 사랑하는 나의 아들아!
2 "네, 아버님! 말씀하옵소서."
3 너희가 구원을 받으며 너희가 죽어 다음에 이루어지는 사후 세계의 변화를 알고자 몸부림치며 너희가 과연 어떠한 형국으로써 역사하는가를 알고자 너희가 지금 믿음의 길을 가는 자들이요, 너희가 재물을 바치는 자들이요, 그리고 설교를 듣는 자들이니라.
4 그리고 너희가 구원의 그 사후 세계를 위하여, 그를 보장받기 위하여 죄의 온상인 교회라는 곳에 와 재물을 바치며 시간을 바치며 낳아 준 부모에게 공경함을 저버리고 사는 자들이니라.
5 부모에게 공경하며 형제에게, 이웃에게 정을 나누고 사는 것보다도, 손으로 지은 죄의 온상에 와 너희가 눈물 짜며 콧물 짜며 울고불고 기도하고 경배하는 것이 복 받는 길이요, 하늘에 오르는 길이요, 사후의 삶을 보장받는다는 거짓 선지자들의 현혹하는 말에 속아 너희가 지금 그와 같이 험악한 길을 가고 있는 것이니라.
6 너희가 평생 바쳐 구원의 길이요, 하늘에 오르는 길이라는 길이 지옥의 낭떠러지로 가는 길이라면 너희는 얼마나 아연실색할 것인가?
7 그러나 이제 너희는 깨우치라.
8 너희가 아직도 정신을 차리지 못하며 너희가 눈을 뜨지 못하며 너희 자신을 바라보지 못한다면 너희는 영원히 구원을 길을 갈 수가 없음이니라.
9 지금 나의 아들을 통하여 내리는 법전의 160권의 장서의 내용 속에 이보다 더 위대한 가르침이요, 이보다 더 위대한 역사가 없음을 너희는 알게 될 것이니라.
10 사후의 세계가 어찌 되며, 그 두렵고 몸부림치는 너희가 역사하는 그 모두가 나의 법전 속에 다 기록되어 있음이니라.
11 지금의 너희 삶을 어찌 살아야 하며, 너희가 사후의 세계에 어찌 변화되는 것이며, 너희는 어찌 나에게 오르는 길이며, 너희가 어찌 와야만 심판을 받으며, 심판을 받은 자 어찌 되어 가는 것인가를,
12 그 모두를 다 기록하여 여기에 전하였으니, 이는 예언서이니라.
13 너희에게 예언서를 내가 내려보내 모두를 깨우쳐 주고자 함이니,
14 너희는 나의 법전을 읽고 깨우치지 아니하면 절대 나에게 심판을 받을 수 없으며 나에게 오를 수 없다는 것을 내가 나의 법전에 수없이 기록하여 전하건만,
15 너희는 지금의 기득권에 잘못된 사악한 자들의 그 쇠사슬에 얽매여 세뇌되었기에, 너희는 나의 법전을 거절하며 이를 보지 아니하려 하며,

16 심지어 너희는 사탄의 자식이라 하여
이를 많이 거두어 태워 버리는 자, 찢
어 버리는 자가 나로부터 상을 받으며
나로부터 명받은 자며 영광과 축복이
있는 것이라 하여 그와 같이 사악한
행위를 하고자 하는 자들이 있으며 행
하는 자들이 있음이니,
17 그 죄가 얼마나 너희가 무섭고 두려
운 것인가를 알아야 할 것이니라.
18 너희가 나의 법전 한 권을 찢어 버렸
을 때, 그리고 너희가 나의 법전을 태
워 버렸을 때, 너희가 물속에 던져 버
렸을 때 너희가 견딜 수 없는 그 뜨거
운 물 속에 들어갈 것이며, 견딜 수 없
는 불 속에 들어가는 죄를 일단 받는
다는 것,
19 너희는 그때부터 고통의 시작이니라.
20 나의 법전을 찢어 버리고 태우는 자,
너희가 제일 먼저 고통이 시작됨이니,
너희는 작은 고통에서부터 서서히 큰
고통의 죄의 대가를 받는다는 것을 절
대 잊지 말라.
21 이 무서운 하늘의 법도요, 하늘의 천
기를 내가 나의 아들을 통하여 기록하
여 전함이니, 이를 너희는 알아야 할
것이니라.
22 아무것도 알 수 없는 것이 너희이니
라.
23 나의 160권의 법전을 읽지 않으며 그
속에 있는 뜻을 깨우치지 않는 너희는
절대로 아무것도 알 수 없으며 아무것
도 깨우칠 수 없음을 알아야 할 것이
니라.
24 인간의 삶을 마치고 너희가 육은 한
줌의 흙으로 돌아간다는 그 엄연한 사
실을 알면서,
25 그때부터 영혼은 나에게 심판을 받아
너희가 영원한 삶을 사느냐 안 사느냐
하는 새로운 세상이 열리는 것을 너희
는 어찌하여 믿으려 하지 아니하며 진
정으로 믿지 않는 자들이니라.
26 그리하여 내가 어리석고 불쌍한 나의
피조물 만백성 너희에게 기회를 주어
하늘의 비밀을 이와 같이 정확히 기록
하여 전함이니,
27 하늘의 뜻을 전하여 내가 책으로 증거
하여 내려보내는 것이 나의 법전이니
라.
28 나의 법전에 기록되어 있는 것은 너희
가 그리 불안해하며 알고 싶어하는 사
후의 너희 삶을 다 예언해 기록하여
전했으며, 너희의 벌은 무엇이며 너희
의 상은 무엇인가까지도 상세히 기록
하였음이니,
29 이를 읽는 자 너희가 구원의 길을 볼
수 있다 하였거늘, 어찌하여 이를 너
희는 태워 버리며 찢어 버리며 그와
같은 사악한 행위를 하는가?
30 너희가 그렇게 알고 싶어하는 사후의
세계요, 구원의 세계의 그 모두가 나
의 법전 속에 있음을 내가 애절히 너
희에게 전함이니 너희는 알라.
31 너희가 인간 세상에 살아가면서 부모
로부터 세상에 나와 초등학교에서 공
부하며, 그리고 중등학교에서 공부하
며, 또한 최고의 학부에서 공부하며,
32 세상에 나가 가정을 이루고 살다 너희
가 한 세상을 마쳐 죽음으로써 나에게
오는 것은 너희가 넘을 수 없으며 비
켜 갈 수 없는 순서가 아니더냐?

33 그와 같은 모든 순서대로 정해져 있는
나의 160권의 법전이니라.
34 열여섯 권의 기초는 초등 학문이요,
너희가 2부, 3부를 읽음으로 중등 학
문이요, 또한 너희가 고등 학문이요,
세상에 살아가는 이치요,
35 그리고 너희가 조용히 죽음을 맞이하
여 육은 흙으로 돌아가며 영혼은 구원
을 받는 그 모든 단계별로 구분된 것
이 나의 160권의 법전이니,
36 이보다 더 상세하며 이보다 정확한 너
희가 하늘에 오르는 길을 깨우치는 것
이 있다면 그를 보고 깨우쳐 하늘에
올라와도 나 여호와는 탓하지 아니할
것이니라.
37 너희는 이 160권의 법전 외에는 세상
에 나의 성령이요, 나의 뜻이요, 심판
의 길이요, 만백성을 깨우치는 것이
없음이니라.
38 너희가 초등 학문은 바로 열여섯 권
의 기초 학문이요, 2부, 3부요, 이와
같이 이루어 가는 것은 중등의 교육과
정이라는 것을, 그리고 사회의 교육과
정이요, 너희가 나이 들어 가정을 이
루고 살다 죽어 오는 과정이 단계 단
계적으로 나의 160권이 그를 인도하
고 깨우쳐 주며,
39 그대로 사는 자 하늘에 천국의 문에
들어설 수 있다는 것,
40 160권대로 지키고 행하는 자 하늘에
천국의 문을 열 수 있는 열쇠를 내가
너희 손에 쥐여 줌이라는 것을 잊지
말라, 사랑하는 나의 아들아! 나의 천
국의 열쇠를 나로부터 받지 않는 자,
절대로 그 문을 열 수 없으며 그 맞는
열쇠는 누구도 깎을 수 없다는 것을
잊지 말라.

6,406 번째 하나님 말씀

2003년 6월 12일 12시 34분

1 사랑하는 나의 아들아!
2 "네, 아버님! 말씀하옵소서."
3 너희가 나로부터 형체요, 모습을 받아
가지고 세상에 나옴이니,
4 너희는 죽을 때까지 그 모습이 변하지
아니하며 그대로 존재하고 살다 너희
가 죽어 와 나에게 온다 그리 생각하
는 것이니라.
5 그러나 너희는 육체를 가지고 세상에
나가 성장해 가는 그 순간에 어린아이
부터 너희가 세월이 지나면 노화되어
변화되어 결국 죽음으로 돌아가니 한
줌의 흙으로 돌아가는 것이 운명이 아
니던가?
6 그리하여 너희는 너희 자신이 죽었을
때만이 변화된다 그리 생각하나 그렇
지 아니함이니라.
7 너희가 어려서부터 노화의 현상까지
가는 그 순간에 단 1초도 너희는 같은
모형으로 존재하는 것이 아니니라.
8 너희 내부가 변하며 너희 살점이 변
하며 너희 형태가 변하기 때문이니라.
9 모두가 서서히 변해 감이니, 너희가 1
초를 다투어 변화되는 것이 너희 형
태요, 육의 삶의 모습이니,
10 너희는 수시로 변하는 것이니 너희
육신은 영원히 지속하는 것이 아님이
니라.
11 너희가 모르는 사이에 1초가 지나면

서 너희는 새로운 세포요, 새로운 생
명이 나오며 또 노화된 생명은 죽어
가니,
12 똑같은 모습으로써 단 1초도 지탱하
지 못하는 육을 가지고 있는 너희가
삶의 비밀이라는 것을 알겠는가?
13 다만, 너희가 변하지 아니하고 그리
지탱할 수 있도록 영원히 존재하는 것
은 무엇인 줄 알겠는가?
14 나 여호와로부터 받아 나간 너희 마
음이요, 영혼만이 영원히 변화되지 아
니하고 존재하는 것이니라.
15 너희가 변화되지 않는다는 그 육체는
단 1초도 같은 형태로 있지 못함이니,
수시로 변하여 변화되는 것이 너희
육의 삶이니,
16 그 변화되어 변화되는 육의 삶에 의하
여 죽어 한 줌의 흙으로 돌아가는 그
길을 가는 너희 육의 삶에 모두를 다
바치며 거기에 연연하는 어리석은 삶
을 위해 살지 말라.
17 단 1초도 그대로 견디지 못하고 변화
되는 그 삶을 살지 말라.
18 영원히 몸속에서 변하지 않는 마음이
요, 영혼을 지탱하는 것, 그 영혼이 영
원히 너희가 살아 나에게 와 심판을
받아 내 품에 올 수 있는 그 변하지 않
는 영혼을 위한 삶을 살도록 하라, 사
랑하는 나의 아들딸들아!
19 너희가 얼마나 어리석은 자면 내가
너희에게 단 1초도 너희 육신이 같은
형국으로 존재하지 못한다 말하겠느
냐?
20 너희는 모르느니라.
21 단 1초도 쉬지 않고 변화되어 가는 것
이 너희 모습이니, 너희는 눈으로 봐
서는 모르나 나 여호와는 아느니라.
22 1초 전의 모습이요, 1초 후에 변하는
그 모습을 다 들여다보는 것이 나 여
호와거늘,
23 어찌하여 죽음을 향하여 쉬지 않고 변
해 가는 너희가 잡을 수 없는 그 모습
을 위하여 그리 사는가?
24 1초에 너희가 1초씩 변한다면 너희가
죽어 올 때까지 얼마나 많은 육신이
변화되고 또 변화되겠는가?
25 그러니 너희 자신이 존재하지 아니하
는 것이 육이라는 그 이치를 알겠는가?
26 너희 자신의 위대한 육은 없음이니라.
27 육은 1초를 존재하지 아니하며 너희
가 변해 가느니라.
28 검은 머리가 흰머리가 되어 가는 것이
요, 노화 현상이요, 너희 모든 체질에
있는 모든 육신의 것은 하나하나 자꾸
변해 감이니라.
29 새로운 것이 나와 너희가 생명을 지
탱하며 새로운 것이 죽어 감이니,
30 나는 것이 적어지며 죽어 가는 것이
많을 때 너희는 한 줌의 허망한 흙으
로 돌아가는 것이니,
31 너희는 너 자신을 잠시도 지탱하여 가
지고 있지 못하는 것이 육이 변하는
무서운 하늘의 이치며 섭리이니라.
32 잠시도 네가 아닌 그 집을 위하여 너
희가 그리 몸부림치지 말라, 사랑하는
나의 아들딸들아!
33 나 여호와의 이 간곡한 하늘의 뜻을
알겠는가?
34 그를 안다면 너희가 영원히 지속하는
영혼의 마음을 존재하기 위하여 그를

지탱하기 위하여 살아가라.
35 영원히 존재하는 나의 나라에 올 수
있는 너희의 마음이요, 영혼을 다스리
라.
36 그를 다스리지 못하면 너희는 영원히
나에게 오지 못하는 것이며,
37 잠시도 네 모습을 가지고 있지 못하며
수시로 변하고 변화되는 육을 위해 너
희가 살다 가는 길은 나에게 오르는
길이 아니요, 지옥으로 가는 길이라는
것을 잊지 말라.
38 내가 너희를 사랑하기에 내가 이 하
늘의 뜻을 이리 전함이니라.
39 나의 아들이 존재하기에 내가 하늘의
뜻을 전하며,
40 나의 아들이 세상에 나와 나의 법전을
전하여 만백성을 구하는 그 역사를 이
루기에, 너희 육의 자신은 1초도 같은
형태가 있지 아니하며 수시로 변화되
는 형태라는 것,
41 변해 가는 죽음을 향해 수시로 변하는
네 육신을 위하여 네가 없는 그 삶에
연연하며 향락을 위해서 모두를 바치
지 말라.
42 1초에 네가 변하는, 네가 아닌 자를
위해서 살지 말라, 사랑하는 나의 백
성들아!
43 그리고 나의 아들을 따르는 제자들이
요, 만백성 너희는 이 무서운 하늘의
이치를 알라.

6,407 번째 하나님 말씀

2003년 6월 12일 12시 50분

1 사랑하는 나의 아들아!
2 "네, 아버님! 말씀하옵소서."
3 이 지상의 낙원에서 나 여호와로부터
죄 사함의 기회를 단 한 번 더 받은 백
성이 무엇인 줄 알겠는가?
4 이 세상에 나와 생명이 존재하며 지금
이 자연 속에서 살아가고 있는 너희라
는 것을 잊지 말라.
5 이 세상에 나와 사는 생명을 가지고
있는 백성 너희는 나로부터 한 번의
심판대에 섰으며,
6 그리하여 내가 너희에게 한 번에 죄
사함의 기회를 주기 위하여 너희를 세
상에 내보내 이 세상에 나온 백성이라
는 것,
7 그러니 너희가 이 삶을 한 번 어찌 살
아야 할 것이며 어찌 너희가 역사해
야 할 것인가를 과연 너희는 항상 생
각하며 사는 삶을 사는가?
8 단 한 번의 기회를, 너희에게 다시 세
상에 태어나 지금까지 짓고 살아온 그
죄를 사할 수 있는 길을 주었음이니,
그것은 이제 단 한 번이니라.
9 두 번의 기회도 아니요, 너희에게 단
한 번 뿐인 기회를 주었음이니라.
10 내가 생명을 너희에게 주어 너희가
지난날 잘못 살아온 것을 심판하는 과
정에서, 내가 너희에게 세상에 나와
지금까지 지어 와 너희가 불안했던
그 죄를 사하는 삶을 살 수 있는 기회
를 주어 내가 너희를 기다리고 있음
이니, 너희는 이 무서운 이치요, 이 뜻
을 알겠는가?
11 너희가 나로부터 약속을 받아 가지고
세상에 나왔으며 나로부터 너희가 약
속을 지켜야 한다는 그 무섭고 두려

운 사실을 너희는 과연 얼마나 생각하고 오늘의 삶을 사는가?

12 너희는 여기서 두려움을 알아야 할 것이며 무서움을 알아야 할 것이며, 너희가 삶을 다시 한 번 돌아다보는 그와 같은 변화의 삶을 살지 아니하면 아니 됨을 알라.

13 너희는 한 번의 기회를 받아 세상에 나온 백성이니 너희는 두 번 다시 그 기회가 없음을 알라.

14 너희는 나로부터 그 기회를 받은 자들이니, 그 기회의 삶을 어찌 사는 것인가를 너희가 오늘부터 생각하는 깨달음을 그리 얻도록 그리하라.

15 너희는 단 한 번 나로부터 떠나와 이 세상에 나온 자들이니,

16 너희가 나에게 어찌 살아야 하는 것이며 그것이 나에게 너희가 어찌 은혜를 갚는 것인가를 알아야 할 것이니라.

17 그리하여 너희는 이제 나에게 왔을 때 그때 나 여호와를 찾으며 너희가 받는 지옥에 가는 그 심판이 두려워 나를 아버지라 부르며 나에게 용서를 빌며 바른 삶을 살겠다 아무리 몸부림을 쳐도,

18 너희는 나를 볼 수 없으며 나를 아버지라 부를 수 없으며,

19 너희가 심판대에 섰을 때 그 순간은 나와 너희와의 그 인연이 끊어짐이니,

20 심판의 결과에 따라 너희가 나의 아들이요, 나의 딸이 되는 것과 그렇지 않으면 나로부터 버림을 받아 나와 관계없는 지옥으로 가는 것, 그 모두는 너희가 그때 가서 결과가 있음이니라.

21 그리하여 너희가 나에게 올 수 있는 그 방법의 길을 또한 가르쳐 주지 아니하였더냐?

22 내가 너희를 오죽이나 사랑하면 그와 같은 역사를 했겠는가?

23 나의 법전을 세상에 내려보내어 정독하고 깨달아 너희가 노력하는 백성으로 산다면 나에게 오를 수 있다 내가 그리 가르쳐 주어 그 기회를 다시 한 번 또 주었음이니라.

24 너희가 오늘의 삶을 헛된 것임을 느끼지 아니하고 헛되이 살지 아니하려면, 나의 법전을 읽고 정독하여 사는 백성이 되어야 할 것이니라.

25 그러나 너희가 나의 법전을 정독하지 아니하고 사는 백성은 오늘의 삶이요, 그 모두가 다 헛된 삶이요, 허무한 삶이며, 너희가 영혼이 사는 삶의 길과는 아무런 관계도 없는 그와 같은 길이라는 걸 알라.

26 그 세상의 심판을 받는 기회조차도 너희에게 없기 때문이니라.

27 그러나 너희는 나의 법전을 정독하는 순간, 나의 법전을 접하는 순간 이게 나 여호와의 뜻이라 믿는 자 너희는 심판을 받을 수 있는 자격을 얻을 수 있으니,

28 그 심판을 받을 수 있는 자격이라는 것은 무엇이더냐?

29 나의 아들딸로서 거듭날 수 있으며 거듭나는 자 천국에 영원히 내 품에 나와 같이 살 수 있는 것이 너희가 지금 누릴 수 있는 영광이요, 은혜라는 것을 알라.

30 지금의 내가 내려 준 이 기회를 너희

가 은혜로 받아들일 것인가, 지옥의 길로 갈 것인가는 너희가 선택함에 달렸음이니라.
31 너희가 지금 육이 존재하고 사는 이 세상이 얼마나 소중하고 귀한 것인가를 다시 한 번 깨달아, 이보다도 더한 기회가 없으며 이보다도 더한 시간이 없으며 이보다도 더 소중하고 귀함이 없음이니, 너희가 존재한다는 것이 얼마나 소중한가?
32 그리하여 너희가 존재하여 깨닫지 못하여 우왕좌왕하는 그 다음 세상의 삶을 몰라 그저 너희가 맹목적으로 울고 웃으며 나를 찾는 백성이기에,
33 정통의 하늘의 빛이요, 하늘에 오르는 길을 내가 너희에게 전하여 줘 대장정의 160권까지 세상에 내려보냈음이니, 내가 너희를 얼마나 사랑하는가?
34 이제 너희는 나 여호와가 너희를 사랑하는 것처럼 너희가 나 여호와를 정녕 사랑할 수는 없단 말이던가, 사랑하는 나의 아들딸들아!
35 사랑하는 나의 백성, 나의 아들딸들아! 나 여호와가 너희를 사랑하는 것처럼 너희가 나를 사랑할 수는 없겠느냐?
36 모세를 보내 너희를 구원하고자 했던 내가 너희를 사랑하는 것이요,
37 나의 아들 예수를 보내어 그 죽음의 길을 마다하지 않고 너희를 구원하고자 했던 내가 너희를 사랑하는 그 마음처럼 너희도 나를 사랑하는 마음으로 살아갈 수 있는 백성은 없겠느냐?
38 지금 나의 법전을 내려보내며 나의 아들을 세상에 내려보내어 강론을 전하며 나의 법전을 너희가 가슴에 안고 정독하여 깨우쳐 하늘에 오르는 길을 볼 수 있도록 이 어렵고 힘든 역사의 길을 가는 것,
39 노아가 방주를 만드는 것은 그 크기가 있으며 한계가 있으며 담을 수 있는 것이 제한이 있었기 때문에 그는 정해져 있는 그것을 만드니,
40 오늘 모든 세상을 다 덮으며 만백성을 다스리며 만백성을 가슴에 안아 할 나의 아들이 내리는 이 오늘의 수고로움이요, 나의 법전이 세상에 전해지는 이것은 노아의 방주를 만드는 역사보다 천배 만배 위대한 역사라는 것, 그러기에 더 고통스럽고 힘든 것이니,
41 내가 너희를 사랑하는 것처럼 너희가 나를 사랑하여 달라, 사랑하는 나의 아들딸들아!

6,408 번째 하나님 말씀

2003년 6월 12일 13시 05분

1 사랑하는 나의 아들아!
2 "네, 아버님! 말씀하옵소서."
3 지금의 이 무서운 현실을 너희는 보아야 하며 알아야 하느니라.
4 나를 따르는 백성이요, 나의 법전을 읽고 깨우친 백성이요, 나의 아들을 따르는 제자 너희는 썩은 호수에 생수를 부어 넣는다 하였으며,
5 너희가 존재하며 천 년에 걸쳐 나의 뜻을 역사하기에 내가 재앙으로써 세상을 다스리지 아니한다 하였음이나,
6 나 여호와가 재앙으로 다스리고자 하는 그 마음이 아직도 가시지 아니하였

다면 너희는 과연 어찌하겠는가?
7 그러니 너희는 이 무서운 현실을 봐
야 할 것이니라.
8 나 여호와의 노여움은 증폭되며 나를
기만하는 자는 이 세상을 덮어 감이니,
9 이를 보는 나 여호와의 마음이 너희가
없다면 내가 재앙으로써 일찍이 다스
릴 것이며 모두를 다 놓을 것이니라.
10 그러나 사랑하는 너희가 있으며 나의
아들이 세상에 나가 나의 법전을 만들
어 만백성에게 전하는 데 게을리하지
아니하며, 나의 아들과 더불어 아름다
운 마음으로 변해 가는 너희가 있음
이니,
11 너희의 그릇이 비워졌을 때 그 생수를
부을 수 있는 그릇이 세상에 생김이
니, 나 여호와의 기쁨이 또한 이루 말
할 수 없음이니라.
12 오로지 너희가 있기에 나 여호와의
기쁨이 있으며,
13 나의 분노함이요, 나의 진노함을 다스
리는 것을 너희는 알아야 할 것이니
라.
14 한 가정에도 한 자식이 잘못했을 때,
다른 한 자식이 아비에게 기쁨을 줄
때 그 아비는 그 기쁨으로써 그 화난
마음을 누그러트리는 것이 아니더냐?
15 그와 같은 이치는 다 같은 것이니라,
사랑하는 나의 아들딸들아!
16 나의 성경이 나의 진리라 하여 그를
갖고 만백성을 구한다는 종교 지도자,
수백 가지 종교 집단의 명칭으로써 그
이름을 붙여 종교 집단이요, 신흥 종
교들이 지금 생기고 태어나고 있음이
니, 그 모두가 다 무엇이던가?
17 너희가 나의 뜻에 의한 종교 집단이라
면 오로지 하나만이 존재하는 것이 아
니더냐?
18 참진리도 하나요, 나의 뜻의 가르침도
하나요, 나의 아들이 전하고자 했던
그 뜻도 하나이기 때문이 아니던가?
19 진리는 변하지 아니함이니라.
20 그러나 계속 새로운 신흥 종교가 생기
고 우상을 섬기는 집단이 생기느니라.
21 그들이 바로 우상이 생기는 것이니,
그것이 바로 왜 우상이던가?
22 인간의 생각이요, 조상의 계획에 의하
여 너희 조상이 만들어 놓은 것이기
때문이니라.
23 아무리 너희가 방대하고 무서운 능력
을 가지고 있으며 재물을 가지고 있으
며 세상을 통제하는 것같이 역사해도,
그것은 나의 뜻이 아니며 새로운 우상
을 섬기는 자들의 길이니라.
24 그러니 바로 그것이 무엇인 줄 너희
는 알겠느냐?
25 나 여호와를 향하여 오는 길이요, 나
의 아들 예수가 가르치는 길이요, 십
계명대로 살아가는 길이요, 나의 법전
대로 살아가는 것은 너희가 멀고도
먼 길을 달려와 그 우승을 가르는, 말
하자면 마라톤이라는 그 운동경기를
하는 선수들과 같음이니,
26 그들이 샛길로 빠진 자들과 같으니라.
27 어렵고 힘든 마지막의 그 월계관을 쓰
기 위하여 너희가 피나는 노력을 하는
것이 아니라,
28 중간에서 힘이 들고 다리가 저리다 하
여 저희가 옆으로 빠져 샛길로 빠진
자들이니라.

29 샛길로 빠진 자들이 거기에서 그 월계
수를 받으면 무엇하며 그 월계수를
얻으면 무엇하느냐?
30 그저 옆에서 호의호식하며 즐겁고 편
하게 다리를 쉬며 산다 하여 저희가
샛길로 빠진 자들이니라.
31 그들과 같은 형국이 바로 지금의 모든
종교 집단이요, 신흥 종교 집단이 생
긴 것이라면 너희는 어찌하겠는가?
32 이를 보는 나 여호와의 가슴이 이리도
째지고 아픔을 너희는 알겠느냐?
33 그러니 너희가 무서움을 알아야 할
것이며 선택된 백성 너희가 바로 서
야 함이니라.
34 모든 샛길로 빠진 자들이 하나의 간판
을 다 건 곳이 다 신흥 종교요, 이방의
종교들이 생긴 것이니라.
35 그리고 사탄의 자식으로서 뿌리를 내
린 것이 그들이니라.
36 그게 바로 이단이요, 우상을 섬기는
집단이 생긴 것이니라.
37 샛길로 빠진 자들이니라.
38 샛길로 빠진 자들이 이단의 집단이요,
이 세상을 지배하고 있음을 바라보라.
39 그러니 얼마나 나 여호와의 가슴이 아
프겠는가?
40 새로운 길로 하나의 집단의 이단이 생
기며, 그 집단이 생김으로써 너희는
거기에 또 모여들며,
41 그것은 가장 소중한 것이며 참진리요,
하늘에 오르는 길이요, 그리고 은혜
요, 복음의 은혜를 받는 것이라 말하
며 그리 모여드는 나의 어리석고 불쌍
한 백성이,
42 그 목적지의 어려운 참진리의 길을 묵
묵히 뛰어가는 운동선수가 아니라 샛
길로 빠져 모두를 포기한 자들 앞에
그들이 모여들어 같이 어울려 있음이
니,
43 그리하여 그에게 또한 너희가 더불어
힘을 주며 용기를 주는 그와 같은 삶
을 삶이요,
44 그리하여 그는 가지 아니하고 중간에
샛길로 빠진 것이 얼마나 축복이요,
영광인가 하는 것을 느끼도록 하는 그
죄를 짓는 자가 재물을 바치는 자요,
거기에 가서 '아멘, 할렐루야!' 찾는
그와 같은 자이니라.
45 하나의 종교 집단이요, 이단이요, 신
흥 종교가 생겨 그 명칭을 거는 것을
내가 비유한 것은 마라톤 선수가 중간
에서 빠진 자가 간판을 거는 것이 아
니요, 샛길로 빠진 자가 허황된 짓을
하는 것이 바로 하나의 생긴 종교 집
단이며, 이 세상의 모든 종교 집단이
샛길로 빠진 자들이 만든 것이라는
것을 잊지 말라.
46 저희만이 나 여호와를 만날 수 있으며
나에게 이룰 수 있다 하여 새로운 종
교 집단이 그리 거짓말을 하고 있음이
니라.
47 이제 나의 아들딸이 되는 길은, 너희
가 거듭나는 길은 그들을 따르는 것이
아니니라.
48 나의 법전을 읽고 깨우치는 것이니라.
49 그러니 샛길로 빠진 자들이 월계관을
받으면 무엇하느냐?
50 그를 받은들 무엇하느냐?
51 그리하여 거기서 샛길로 빠진 자가 부
끄럽고 창피하여 잔칫상을 벌여 놓고

모든 백성에게 와서 먹고 즐기자 그
리 말함이니,
52 거기에 썩은 것이 모여드는 파리처럼
지금의 나의 백성이 모여듦이니라.
53 그리하면서 그들이 무어라 하느냐?
54 월계관 그까짓 것이 무엇이며 무슨
값진 것이냐 하고 말하듯이,
55 인간인 너희가 선행을 아무리 하며
인간이 아무리 아름답게 살며 고고한
삶을 살며 선행을 베풀며 살고자 노력
하고 노력해도,
56 아무리 노력해도 인간이 노력한 공덕
으로써는 나 여호와를 볼 수 없으며
나에게 오를 수 없으며 나의 뜻에 천
국에 오를 수 없다 그리 가르치고 전
함이니,
57 저 자신이 중간에 샛길로 빠진 자는
저만이 낙오자가 되면 되는 것을 나의
피조물 만백성을 그리 이끌어 가느니
라.
58 사랑하는 나의 아들이요, 나에게 선택
된 백성 너희가 볼 때 과연 나 여호와
가 이를 보며 노하지 아니하며 이들을
징벌하지 아니하며 이들을 재앙으로
써 다스리고 싶은 마음이 없겠는가?
59 이제 너희가 있기 때문에 내가 용서
함이요, 너희가 있기에 그들의 만행을
덮어 주고 있는 것이니 그리 알라.
60 너희는 정녕 잘못되어 가고 있는 이
집단을 어찌 잡아야 하겠는가?
61 저희가 지은 성전에 물질을 바치면 모
두를 구원받는다고 그리 쉽게 가르치
는 자, 그리고 거듭난다 가르치는 자,
노력하지 아니하여도 구원을 받을 수
있다 하는 자,
62 그리하여 그들의 말을 듣고 현혹되어
잘못 가는 나의 피조물 만백성을 구원
하는 것은 나로부터 선택되었다는 너
희가 바로 이 백성을 구하지 아니하
면 절대 구할 수 없다는 것을 알아야
할 것이니라.
63 그리하여 쉽게 구원을 받을 수 있으며
쉽게 오를 수 있다는 그 사악한 방법
으로 나의 백성을 이끌어 가기에 지
금처럼 사악해졌으며, 그러면서 너희
는 무어라 말하느냐?
64 인간 노력의 공으로써는 구원할 수 없
으며 역사할 수 없으며 나를 볼 수 없
다면서,
65 너희는 재물을 많이 바치면 구원을
받는다 하니 그것이 행함이요,
66 하늘에 많이 쌓아 놓으면 구원을 받는
다 하니 그것이 행함이요,
67 그리고 너희는 '두드리라 그리면 열릴
것이요, 구하라 그러면 얻을 것이라'
하니 그것이 또한 너희가 행함이 아
니던가?
68 그러니 너희는 그와 같이 모든 것을
바치며 역사하는 것도 행함이며, 바치
는 것, 하늘에 쌓아 놓는 것도 행함이
거늘,
69 그리 행해서는 구원을 받을 수 없다
함이니,
70 행함으로써 구원을 받을 수 없다는 너
희가 두드리며 구하는 것이 있어서는
안 되며 하늘에 많이 쌓아 놓는 것만
이 너희가 천국에 와서 영광을 받는다
그리 가르치는 것은 아니 되지 않는가?
71 그러나 너희가 행한 대로 거둬들인다
는 것을 잊지 말라.

72 누가 무어라 말하든 너희는 행한 대
로 너희가 지은 죄는 너희가 받으며,
너희가 선행을 베푼 것은 선행을 베푼
대로, 거둬들이는 것은 거둬들이는 대
로 받는다는 그 무서운 사실을 명심하
라.
73 거짓 종교 지도자에게 너희가 속지
말라.
74 신흥 종교의 간판은 새로운 종파가 생
기는 것이며 사탄의 종파가 생기는 것
이니,
75 그 많은 종파가 처음에 다 같이 생기
는 것이 아니요, 세월이 흘러가면 인
간의 머리로 인간의 노력에 의해 하나
씩 저희가 샛길로 가 만든 자들이니,
76 그들은 샛길로 빠진 자요, 원천을 배
신한 자요, 주인을 배신한 자들이니라.
77 그러니 그들을 믿고 모두를 가르쳤던
나의 아들이 죽음으로써 그를 깨우쳐
주려 했던 그 백성이 그를 다 저버리
며 그를 욕되게 하며 다 짓밟으며,
78 어렵고 힘든 나의 아들 예수의 삶이
아니요, 그를 포기하고 샛길로 빠진
자들이 이 세상을 지배하고 있음을 알
라.
79 그들은 절대 나에게 구원을 받을 수
없으며 성서대로 사는 백성이 아니요,
하나의 신흥종교요, 하나의 집단이 생
기는 것이 이단이 생기는 것이니, 그
들이 지옥으로 이끌어 가는 것에 준비
하는 자이니라.
80 그들을 따라가는 자 구원을 받지 못한
다는 그 무서운 사실을 나의 아들, 나
의 딸들에게 전하여 깨우쳐 주라, 사
랑하는 나의 아들딸들아!

6,409 번째 하나님 말씀

2003년 6월 13일 06시 48분

1 사랑하는 나의 아들아!
2 "네, 아버님! 말씀하옵소서."
3 '너는 나 여호와의 이름을 망령되이
일컫지 말라.' 내가 너희에게 가르친
그 대목이 있느니라.
4 너희는 너희 하나님 여호와의 이름을
망령되이 일컫지 말라, 이는 너희가
나의 이름을 욕되게 하는 것 그리고
나의 뜻을 거역하는 것 그 모두가 너
희가 나를 욕되게 하는 그 행위이니라.
5 그러나 여기서 너희는 알아야 할 것
이니라.
6 너희가 지금 '나 여호와의 이름을 망
령되이 일컫지 말라.' 함은 너희가 나
를 위하여 내 이름을 부르며 나를 위
하여 한다 하며 너희가 너무나도 지
나친 행위를 하는 것,
7 나의 이름을 앞세워 너희가 해서는
안 되는 역사를 하는 것, 모든 것을 나
여호와의 이름이요, 나의 뜻이라 하면
서 너희 인간의 생각대로 행하는 것,
그것이 나 여호와의 이름을 망령되게
일컫는 가장 큰 죄목임을 너희는 알
아야 할 것이니라.
8 너희는 나 여호와의 뜻이며 나 여호와
를 위하여 그리고 내가 원하는 길이라
하여 나의 이름을 팔아 너희가 나의
이름을 내세워 세상에 악한 짓 사악한
짓을 다 한다면,
9 그것보다 더 내 이름을 욕되게 하는
사악한 행위는 없음을 너희는 알아야
할 것이니라.

10 인간 세상에 너희가 살아가면서 작은
권력을 위하여 그를 앞세워 남용하고
흔드는 자, 그와 같은 자가 한 시대를
잘못 가게 하는 자들이 아니던가?
11 그러니 너희가 나 여호와의 이름을
빙자하여 모든 사악한 짓을 하고 있다
면 그는 나로부터 용서받을 수 없으
며, 그것이 나 여호와의 이름을 가장
망령되게 하는 가장 큰 죄목이요, 너
희가 가장 사악한 자들이라는 것을
알아야 할 것이니라.
12 지금 나의 아들까지 희생하여 너희에
게 주었으며, 너희로 하여금 바르게
살며 하늘에 오르는 그 길로 나의 가
슴에 올 수 있도록 내 품에 돌아올 수
있도록 너희를 그리 내가 바라고 원
하며 내가 너희를 그리 사랑하였음이
니라.
13 그러나 너희는 지금 어떠한 형국에
와 있는가?
14 나의 뜻에 의하는 것이 아니요, 가장
가슴에 사악한 욕심을 하나도 버리지
못하며 욕심으로써 그득히 차 있는 너
희의 그 모습을 볼 때, 내가 세상에서
가장 아름답고 예쁘게 만든 나의 백성
이라 과연 말할 수 있는가?
15 나의 백성을 내가 만든 것은 선하고
아름다운 모습이요, 천사와 같은 마음
을 가진 너희를 세상에 만들어 내보
냈음이니,
16 너희를 내가 가장 아름다운 모습으로
만들었으니, 그 마음이 가장 아름다워
천사일 때 그는 보기가 아름다우며 한
송이 꽃보다도 더 아름다운 인간의 꽃
이니라.
17 그러나 너희가 욕심으로써 가득 차 그
얼굴이 찌들며 그 마음이 찌든 자, 그
와 같은 모습을 볼 때 너희는 얼마나
흉한 모습인 줄 알겠는가?
18 아름답게 피어 향기를 보내며 그 예쁘
게 보이던 꽃도 세월이 지나 태양의
열에 의하여 시들고 찌들어 그 추한
모습으로 남아 있는 것이 그 꽃이나,
19 그것보다도 열배 백배 더 초라하며 그
보다 더 흉한 모습으로 한쪽에서는 시
들어져 가며, 한쪽에서는 말라 비틀어
지는 그와 같은 형국보다도 더 험악한
인간의 꽃이 되어 있다는 것을 알겠는
가?
20 너희는 나의 이름을 빙자하여 나의 이
름을 욕되게 하는 것보다 더 큰 죄가
없다 했음이니,
21 그와 같은 형국으로서 그 대표적인
것이 종교 집단이요, 지도자들이 가르
치는 방법이요,
22 그곳에서 구원의 길을 간다는 것, 재
물을 바치며 구원의 길을 얻는다는
것, 쉽게 하늘에 오르는 길이 있다 하
여 그 길을 선택하는 자들, 그곳에 재
물로써 얻고자 말하는 자,
23 그리 재물로써 얻고자 행하는 자, 그
모두가 다 너희가 나의 이름을 욕되
게 하는 자이며 나를 능멸하는 자들이
니라.
24 그러니 너희가 나의 이름을 팔아 하는
사악한 짓을 내가 더 이상 볼 수 없으
며 더 이상 덮어 둘 수가 없음이니라.
25 내가 아름다운 그 꽃이 시들어져 흉한
모습으로 떨어져 가는 그 모습보다도
더 흉악한 모습으로 인간의 꽃이 되어

갔다면 내가 그를 더 보고 용서하겠는
가?
26 그리하여 지금 내가 그 모두를 자를
것 자르며 버릴 것 버리고자 하여 내
가 160권의 법전으로써 세상에 내려
보내 다스리고자 함이니,
27 너희가 160권의 법전을 읽어 소생하
는 자, 다시 살아나는 자, 그와 같은
자가 돼야 할 것이니 그리 알라.

6,410 번째 하나님 말씀

2003년 6월 13일 20시 56분

1 사랑하는 나의 아들아!
2 "네, 아버님! 말씀하옵소서."
3 이 세상에 살아가면서 너희가 만든
그 물건이요, 너희가 만든 제품을 팔
기 위하여 너희들은 광고를 하며, 선
전을 하며, 남에게 들으라 그리하느니
라.
4 그리하는 것이 선전이요, 너희의 상술
의 하나의 방법이니라.
5 모든 종교 집단이요, 그들이 지금 제
품을 만들어 선전하고 장사하는 사람
들보다도 저희 종교 집단이요, 그 자
체를 넘어 선전하고 광고하며 그 요란
을 떠는 모습을 보고 있지 않은가?
6 진정한 보석이요, 진리를 가지고 있으
며 나로부터 선택된 백성이라면 나 여
호와가 역사함을 다 알 수 있을 것이
니라.
7 그러니 장사꾼이 물건을 파는 것처럼
광고, 선전을 그와 같이 해서는 아니
될 것이니라.
8 또한, 너희도 그러하니라.
9 나의 법전이 세상에 역사하고 이루는
것은 네가 몸부림치며 상품을 팔듯이
광고요, 선전이요, 그와 같은 역사로
써 이루어지는 것이 아니니라.
10 그와 같은 방법으로써 모두가 이루어
진다면 이는 진리가 아니요, 나의 뜻
이 아니며, 창조주 나의 뜻에 따라 역
시히는 것이 아니라는 것을 알아야 할
것이니라.
11 모든 것은 나의 계획에 의하여 나의
주관하에 이루어지며 모두 역사하게
되어 있음을 알라.
12 때와 시기가 이르지 아니하면 모든 것
이 이루어질 수 없음이니라.
13 다 정해져 있는 때와 시간이 있다는
것을 알아야 할 것이니라.
14 받을 자가 받게 되며 볼 자가 보게 되
며 역사할 자가 다 모여들게 되어 있
음이니,
15 그리하여 너희가 찾고 만들려 그리하
지 말라.
16 너희의 조급한 마음이요, 너희가 나를
따르며 나에게 경배를 하며 나의 법전
을 만백성에게 전하고자 하는 마음이
요, 너희가 그리 노력하는 것을 알고
있음이니라.
17 그러나 그와 같은 것으로써 모두가 역
사되지 않음을 알라.
18 나의 법전은 나의 계획에 의하여 감이
니, 너희가 장사꾼처럼 선전하며 광고
하며 광고 속에서 무엇인가를 전하고
자 하는 그와 같은 방법으로 전달됨이
아니니라.
19 받을 자가 받으며 얻을 자가 얻는 그
와 같은 역사가 이루어짐이니라.

20 너희가 개나 돼지에게 진주를 주면 되겠는가?
21 그 진주를 준다 해서 그것이 과연 그들에게 무슨 득이 있으며 무슨 가치가 있으며 무슨 소용이 있는가?
22 그저 진흙탕에 밟아버리며 귀한 진주만 버리게 되는 것이 아니더냐?
23 너희가 나의 법전이요, 내가 역사하는 것은 다 계획에 따라 이루어짐이니라.
24 진주를 아무에게나 주어서는 아니 되는 것처럼, 개나 돼지에게 진주를 주어 그들이 짓밟아 버리는 그와 같은 형국으로 역사하는 것이 아님이니라.
25 진주를 팔 자, 진주를 소중히 관리할 줄 아는 자, 그 값을 아는 인간 너희가 그를 알지 않느냐?
26 그와 같이 모두가 다 준비되어 있으며 역사되어 있음이니,
27 너희는 다만 나의 법전을 읽고 깨우쳐 나의 아들이 너희에게 명했듯이 너를 따르는 자가 되라 그리 말할 수 있는 너희 자신으로 다스리도록 하라.
28 너 스스로 한 점의 부끄럼이 없으며 너 자신이 남에게 책잡히는 것이 없으며 남에게 당당히 서지 못하는 너희가 되지 않도록 하며,
29 단 하나의 너의 제자가 나왔다 해도 나는 역사하기 시작할 것이니라.
30 그와 같이 너희가 제자의 길을 가도록 먼저 그리 가르치며, 나의 법전을 정독하고 또 정독해 그 뜻이 무엇인지 모든 자들에게 너희가 그를 가르치고 대변할 수 있도록 나의 법전을 읽고 연구하는데 최선을 다하도록 하며,
31 나의 강론을 들어 그것을 너희 것으로 만들어 만백성을 깨우치는 데, 그 양식의 준비를 다지는 데 최선을 다해야 할 것이니라.
32 돼지에게 진주를 던져준들 그것이 무엇이 되겠느냐?
33 아무것도 아니 됨이니 그와 같으니라.
34 내가 전할 자, 받을 자를 선택하여 보낼 것이며 서서히 역사할 것이니, 너희는 너무 두려워하지 말며 조급히 생각하지 말라.
35 서서히 갈 수 있음이니라.
36 그것이 나 여호와의 뜻이요, 나의 주관이라는 것을 믿고 또 믿고 그리 가라.

6,411 번째 하나님 말씀

2003년 6월 14일 01시 44분

1 사랑하는 나의 아들아!
2 "네, 아버님! 말씀하옵소서."
3 나의 십계명은 바로 무엇이라 그리하였던가?
4 내가 직접 불로 바위라는 그 돌에 새겼음이요, 그 내가 직접 썼으니 그는 내가 친필이라 그리 말하였느니라.
5 네가 사탄이요, 사악한 자요, 이 시대의 마지막 거짓 선지자라 하여도,
6 내가 내려 직접 쓴 그 친필의 십계명을 암송하고 네가 암송하며 그와 같이 살아가겠다 몸부림을 치고 있는 그 모습을 본다면 사탄이라 해도 그는 천사가 됐을 것이며 악마라 해도 그는 천사가 되었을 것이니라.
7 너희가 정성을 들여 다스렸을 때 그 소원이 이루어진다는 말이 있듯이,

'부처도 돌아앉는다'는 말이 있느니라.
8 너희의 정성과 정성 앞에 말이 없는
그 돌로, 나무로 깎아져 있는 그 부처
라는 형상도 그 뜻에 감복하여 돌아앉
아 그 뜻을 들어준다 함이니,
9 너희가 아무리 사탄이요, 사악한 자라
해도 내가 직접 내린 그 친필의 십계
명을 너처럼 많이 암송하며 경건히 그
를 암송하며 그 생명보다도 더 소중히
하는 자,
10 과연 이 세상에 어느 종교 지도자요,
지파가 그리 있나 한번 들어보라.
11 아무도 그 정성이요, 그를 따라갈 수
없을 것임이니라.
12 그러니 너의 제자들과 그리고 나의 법
전을 읽는 모든 백성 너희는 알아야
할 것이니라.
13 나의 아들이 사탄이요, 사악한 자라
했다 해도, 내가 직접 쓴 친필을 암송
하며 그 뜻대로 살아가고자 변하는 모
습을 보고 너희는 과연 무엇을 깨닫
느냐?
14 오늘 나의 아들은 천지가 진동하는 그
와 같은 말을 하였느니라.
15 '나를 따르라!' 나의 아들이 제자 그들
에게 말하였느니라.
16 '나의 제자 너희는 나를 따르라'.
17 그들보다 더 험악하고 잘못 살아오며
나약한 실정에서 나약한 환경에서 네
가 60이 되어 하나님의 말씀을 듣고
나의 십계명을 지키며 나의 법전대로
지키며 살아가니,
18 그들은 너보다 더 좋은 환경이요, 좋
은 여건이며 더 젊음이니, 너를 따르
지 않는 자는 내가 사랑하지 아니할
것이며, 나에게 오를 수 없으며, 구원
을 받을 수 없다고 그리 말하였느니라.
19 그리하여 네가 당당히 말하였느니라.
20 '나를 따르라. 나를 따라 나의 삶을 살
며 나의 살아감을 보고 살라' 그리 말
하였으며, 그 제자들에게 또한 그리
말하였느니라.
21 너의 제자들이 나가 그 제자들을 육성
할 때, '나를 따르라' 그리 말할 수 있
는 자, 그 말을 자신 있게 할 수 있는
자, 그렇지 아니한 자는 나에게 오를
수 없다 하였음이니라.
22 네가 '나를 따르라' 하며 제자들 앞에
외치며 너를 따라 배우라 그리 말할
수 있는 것은, 그 말 한마디는 천지를
진동하는 천둥번개보다도 더 무서운
소리였음이요,
23 아래로는 너의 제자들의 축복이요, 영
광이며 만백성의 영광이요, 축복이니
라.
24 그리고 하늘에 있는 천사요, 또한 사
탄들도 지금 감히 몸을 떨고 있으며,
위로는 나 여호와의 기쁨이요, 이보다
도 더한 큰 영광을 네가 나에게 주지
아니하였던가?
25 이를 보는 나 여호와의 기쁨이 이루
말할 수 없음이니라.
26 '나를 따르라', 너를 따라 배우라 그리
말할 수 있는 것은 네가 얼마만큼 독
한 마음으로, 얼마나 무서운 마음으로
너 자신을 다스렸으며 당당히 설 수
있으면 '나를 따르라' 그리 말을 하는
가?
27 네가 '나를 따르라' 말을 하며, 너를
따라 사는 모습을 보고 배우라 그리

말하는 것은 네가 끊기 어려운 것, 버리기 어려운 그 악습이요, 그 모두를 다 너는 지워 버리며 지키고 갈 수 있게 섰기 때문에 그리 말함이니,
28 그 말의 뜻이 얼마나 이 세상을 진동하는 것인 줄 아는가?
29 우주 모두를 다 진동함이니라.
30 위로는 하늘을 울렸으며 아래로는 땅을 진동케 한 것이 '나를 따르라'는 말임을 알라.
31 너희 제자들의 그 축복이요, 영광이요, 만백성의 축복이요, 영광이요, 하늘로써 나 여호와의 기쁨이요, 영광이니라.
32 그러니 나에게 네가 그와 같은 큰 상을 전함이니, 나 여호와의 이 기쁜 마음을 어찌 표현할 수 있겠는가?
33 그리 살아가라. 그것만이 네가 가는 길이요, 네가 이미 그를 지키고 행함이니라.
34 너를 따르는 가까이 있는 제자들도 그리 말할 것이니라.
35 선지자요, 나의 아들이 아직 그때가 되지 아니하였을 것이며, 그와 같이 깨달음이 있지 아니하며 그와 같이 지켜 가지 못할 것을, 어찌하여 벌써 '나를 따르라' 말을 할 수 있으며 그리 말할 수 있는가?
36 아직은 아닐 것이라 그리 생각하나,
37 네가 변하고 네가 노력으로 스스로 깨달아 온 그 길을 그들은 모름이니,
38 오늘 '나를 따르라'는 그 말이 천지를 진동했으며, 하늘의 기쁨이요, 나 여호와의 눈물을 흘리게 하였으며,
39 내가 눈물을 거두고 내가 눈물을 흘리며 내가 그 눈물을 닦으며 그 눈물을 또 흘리며, 이와 같이 네가 나를 그리 울렸음이니라.
40 그리고 아래로는 만백성의 축복이요, 영광이니,
41 사탄도 놀라며 천사도 놀람이니, 네가 그와 같이 살아가도록 하라, 사랑하는 나의 아들아!
42 너는 갈 수 있으며 그리 갈 것을 내가 미리 알았음이니라.
43 장하고 사랑스러운 나의 아들아!

6,412 번째 하나님 말씀

2003년 6월 14일 01시 49분

1 사랑하는 나의 아들아!
2 "네, 아버님! 말씀하옵소서."
3 하늘에 오르는 길이 얼마나 힘들고 어려운가?
4 먼 길을 달려 그 영광의 면류관을 씌워 주는 마라톤이라는 그 경기가 있지 않으냐?
5 인간으로서 그 한계를 넘어 그 멀고도 먼 길을 제 힘을 다하여 달림이니라.
6 먼 길을 달리는 마라톤 선수보다도, 그 결승점을 생각하며 우승의 영광을 차지하려 그때까지 달리는 그 선수보다도, 너희가 열배 백배 더 힘들고 어려운 그 고통의 길을 가는 것이 하늘에 오르는 길이요, 나에게 오르는 길이니라.
7 너희는 마라톤이라는 경기에서 그 영광의 명예를 차지하기 위하여 아무것도 생각하지 아니하며 죽을 힘을 다하여 뛰는 그 선수와 같은 자가 되라.

8 그보다 더한 자가 너희가 돼야 함을 잊지 말아야 할 것이니라.
9 너희는 그 많은 선수가 중도에서 포기하고 주저앉는 자처럼 그들처럼 못난 백성이 되지 말며, 못나고 어리석은 지도자가 돼서는 아니 될 것이니라.
10 너희가 무엇이 아쉬워 비릴 수 없으며, 무엇이 인간 세상에 그리 그리움이 많아 연연하며 바로 서지 못하는가?
11 모든 마음을 비우고 욕심을 비우면 세상사 모두를 다 놓을 수 있는 것이니라.
12 너희는 어렵고 힘든 이 길을 중도에서 포기해서는 아니 됨이니라.
13 중도에서 포기하는 자는 시작하지도 못함이니,
14 나의 법전을 읽고 깨우친 백성이요, 나의 아들을 따르는 그 소중한 제자들이요, 나의 법전을 듣고 깨우치며 나의 강론을 듣고 하는 자들이 어찌하여 어렵고 힘들다 하여 중도에서 포기하는 자가 있어야 하겠는가?
15 너희는 마라톤 선수가 달리는 그만큼의 고통도 안 되는 것을 가지고 인내하지 못하며,
16 그보다 열배 백배 더 어렵고 힘든 그 길이 하늘에 오르는 길이거늘, 어찌하여 그리하고 너희가 하늘에 오르고자 그리하는가?
17 모든 백성의 희망을 안고 꿈을 안으며 저희 집단의 명예를 안고 출전하는 선수, 그가 처음에는 제가 면류관을 쓸 것이며 저는 반드시 우승할 것이라는 그 들뜬 마음으로 출발하나, 그 모두를 보고 기대하는 백성이요, 저희 집단이요, 많은 사람의 희망을 저버리면서 주저앉는 것은 샛길로 빠짐이니라.
18 샛길로 빠진 자가 바로 무엇인 줄 알겠느냐?
19 지금의 수천수만의 이름을 가진 종교집단이요, 종파가 생긴 것이니, 그게 바로 이단이며 사탄의 자식이요, 사악한 자이니라.
20 그와 같이 지금 이루어지는 것이 그들이니, 그 이름을 하나 가지고 새로운 종파가 생김으로 인해서 그것이 무엇이더냐?
21 이단이요, 나 여호와의 뜻을 거역하는 사악한 자들이 세상에 뿌리를 내리게 됨이니라.
22 그와 같이 뿌리를 내리는 모든 종파가 최후의 목적을 위하여 그 뜻을 위하여 그 힘을 다하여 달려가는 그를 무너트리고자 하며, 그들도 너희처럼 샛길로 빠지며 주저앉기를 바라는 마음 그것이 바로 모든 종교 집단들이 내가 새로 내리는 성령이요, 하늘에 오르는 길이요, 나의 법전을 이 세상에 나오지 못하도록 하며 나의 아들을 존재치 못하게 하는 사악한 종파들이 이 세상을 지배하고자 할 것이며, 너희를 무너트리고자 갖은 방법으로써 너희를 공격할 것이며 배척하는 그 무서운 회오리바람이 불 것이니라.
23 그를 대비하여 너희가 오늘의 삶을, 오늘의 깨달음을 한 발짝 더 나가 한 발짝 경지가 더 높아졌을 때,
24 그들이 하는 추악한 행위요, 그들이 하는 만행에 넘어지지 않는 나의 백성

이요,
25 영원히 너희는 중간에서 샛길로 빠지
며 중간에서 어렵고 힘들다 하여 포기
하는 그와 같은 백성이 나오지 아니할
것이니,
26 오늘의 깨달음이요, 오늘의 가르침을
너희 것으로 만들고 마음을 다스려,
27 하늘에 오르는 그 길이요, 나를 믿으
며 내가 존재한다는 그 믿음이 변화되
는 나약한 자가 돼서는 아니 된다는
것을 깊이 깨우쳐야 할 것이니라.

6,413 번째 하나님 말씀

2003년 6월 14일 01시 57분

1 사랑하는 나의 아들아!
2 "네, 아버님! 말씀하옵소서."
3 이제 선택된 백성 너희는 어찌 살아
가야 하겠는가?
4 이제는 너희 스스로 그 길을 알 것이
니라.
5 하루의 삶을 마칠 때 너희가 남을 위
해서 얼마나 아름답게 살았으며, 남을
위해서 사는 삶이요, 선행을 하며 사
는 삶으로 하루하루가 그리 지탱되며
그와 같은 삶을 살아야 한다 할 것이
니라.
6 그러나 나의 법전을 읽고 깨우친 백성
너희는 그리해서는 아니 될 것이니라.
7 초를 다퉈 너희가 남을 위해 사는 삶
이요, 너희 자신을 접어 두고, 자신을
날려 보내듯이 떼어버리고,
8 낙엽이 바람에 날려 가듯이 그 낙엽
처럼 너희를 날려 떼 버리고, 남을 위
하는 삶이요, 선행을 베푸는 삶을 초
를 다투어 살아가야 함을 알라.
9 내가 너희에게 일찍이 깨우쳐 뭐라 하
였는가?
10 너희 자신을 지탱하는 것은 1초도 되
지 않는다 그리 말하였음이니라.
11 1초 안에 너희는 많은 세포가 죽어 가
며 새로운 세포가 너희 몸에 탄생하니,
12 그리하여 수없이 많이 이루어짐이니,
13 온전한 너 자신은 1초도 지탱하지 못
한다 하지 아니하였던가?
14 그러니 1초도 지탱하지 못하는 너희
가 1초 동안에 선한 마음, 아름다운
마음, 남을 위한 삶을 살게 한다면 영
원히 1초 동안 존재하는 네 삶은 없어
지는 것이며,
15 너는 선행을 베풀지 못하는 그와 같은
삶이 아니던가?
16 1초도 제대로 세우지 못하는 자, 너
자신을 지키지 못하는 너희의 그 삶
에서 1초마다 너희는 남을 위하는 삶
이요, 선행을 베푸는 삶을 살아갈 수
있도록 뒤돌아보고 다스려야 할 것이
니라.
17 이제는 선택된 나의 백성 너희는 하루
의 삶이요, 한 시간의 삶을 반성하고
회개하며 뒤돌아봐 부끄럼이 없는 것
이 아니라,
18 초를 다투어 변해 가는 그와 같은 삶
을 살아야 함을 잊지 말라.
19 선행을 하며 남을 위해 사는 삶을 사
는 것, 그것이 바로 하늘에 오르는 길
이요, 나로부터 선택된 백성 너희가
갈 길이며 너희가 행해야 할 길임을
잊어서는 아니 될 것이니라.
20 너희는 인간 세상에서 살면서 가장 큰

행복과 축복이 무엇인 줄 알겠는가?
21 너희가 남을 위한 삶이요, 선행을 베
풀며 사는 그 삶이니라.
22 너희가 남을 위하며 선행을 베풀고 사
는 삶은 손해 보며 모든 것을 잃으며
바보가 되며 뒷전으로 밀려나는 사람
들 같으나,
23 그보다 더 위대한 행복과 영광이 없다
는 것을 너희는 알아야 할 것이니라.
24 이 세상에서 가장 행복한 백성은 살면
서 남을 위하고 남을 위해 살며 사랑
을 베풀며 선행을 베풀면서 너희가
손해 보는 듯한 그와 같은 삶을 사는
자,
25 손해 보는 것 같은 삶을 사는 것이 행
복이라는 것을 느끼는 자들이 가장 이
세상에서 행복한 자들이며,
26 손해 보며 사는 것이 행복하다 느끼며
사는 것이 나의 법전을 읽은 백성이
요, 나의 아들을 따르는 제자들 너희
의 삶이 돼야 한다는 것을 잊어서는
아니 될 것이니 그리 알라.
27 초를 다퉈 남을 위해 사는 삶이요, 초
를 다퉈 선행을 베푸는 삶을 그리 살
다 보면, 너희가 악하고 추한 것을 생
각할 시간이 어디 있겠는가?
28 초를 다퉈 너희가 변하는 아름다운
모습으로 살라.
29 너희가 초를 다퉈 너희 자신이 변하
는 것처럼, 그리고 남을 위해 사는 육
의 삶이 그 속에서 행복이 어떤 것이
며 그 즐거움이 어떤 것인가를 깨닫고
느끼는 제자들이 돼야 할 것이니 그
리 알라.

6,414 번째 하나님 말씀

2003년 6월 14일 02시 01분

1 사랑하는 나의 아들아!
2 "네, 아버님! 말씀하옵소서."
3 농부는 씨를 뿌리며 가꾸는 것을 1년
의 농사라 그리 말함이니라.
4 그리하여 저희가 가꾸어 놓고 뿌린
만큼 1년에 그 모두를 거둬들이는 그
기쁨이요, 영광이 거기에 있음이니라.
5 그러나 농부가 씨앗을 뿌려 놓고 그를
가꾸지 아니하며 그를 잘 관리하지 아
니한다면 과연 그는 남들이 추수의 기
쁨을 느낄 때 어찌하겠는가?
6 그는 알곡식을 추수할 수 없으며 알곡
식을 거둬들일 수 없을 것이니라.
7 그저 그가 씨를 뿌린 그 논에는 잡초
가 무성하며 쭉정이만이 기다리는 형
국이 될 것이니라.
8 그러니 너희가 씨를 뿌려 농사를 짓는
것 가을이라는 그 계절에 추수의 기쁨
을 느끼는 것은 얼마나 힘들고 어려운
한 계절을 지나면서 그와 같은 역사가
이루어지는가?
9 농부는 그것을 알고 있을 것이니라,
뿌리고 가꾼 만큼 거둬들인다는 것을.
10 그러나 지금의 모든 종교 집단이요,
수천 년 동안 흘러오는 그들은 지금
어찌하는가?
11 힘들게 노력하여 변하며 얻어지는 그
어려운 길을 선택하지 아니하며 그 길
을 피해가는 자들이요,
12 그 길을 당연한 것이라 받아들이지 아
니하는 것이니라.
13 그리하여 스스로 어렵고 힘들어 피해

감이니, 스스로 무너지고 쓰러져 가는
그와 같은 형국이라는 것을 너희는
알아야 할 것이니라.
14 지금 모든 종교 집단이 가는 것이 어
떤 것인 줄 알겠는가?
15 봄에 씨앗을 뿌려 놓고 그 농부는 '내
가 이제 곡식의 씨앗을 뿌렸으니, 가
을에 걷기만 하면 될 것이니라. 하나
님께서 모든 알곡식을 그득히 나의 창
고에 채워 줄 것이며, 나의 곳간에 채
워질 것이라' 하여,
16 그 농부가 게으름을 피우며 그를 거두
고 가꾸지 아니한다면, 과연 그 농부
는 무엇을 얻겠는가?
17 아무것도 얻을 것이 없는 그와 같은
형국이니라.
18 농부의 1년 농사가 그러하거늘, 하물
며 천 년이요, 만년이요, 영원히 존재
하는 나의 피조물 만백성 그들을 지도
하고 깨우쳐 하늘에 오르는 길로 인도
한다는 오늘의 종교 집단이요, 지도자
들의 그 믿음이 과연 어찌 가고 있는
가?
19 너희야말로 씨앗을 뿌려 놓고 거두지
아니하고 돌보지 아니하며,
20 그저 나 여호와가 가을에 그득히 곳간
에 쌓을 수 있는 알곡식을 건질 것이
라 그리 생각하는 농부의 허황된 꿈
과 같은 그와 같은 믿음의 길을 가는
것이 너희며 그 예가 어떤 것인 줄 알
겠는가?
21 너희가 나의 아들 예수가 행하며 지
키라 했던 그 어렵고 힘든 길은 뒷전
으로 밟아버리며 다 가둬버리고, 나의
아들 예수의 보혈로써 구원을 받았다
그리 말하는 자 그리하여 교회에 오는
자만이 구원을 받는다 하며 교리요,
교회의 법규를 만들어 나의 피조물 만
백성들에게 재물을 거둬들이는 그와
같은 형국으로 가고 있음이니, 바로
너희 종교 집단이 지금 씨앗을 뿌리고
가꾸지 아니하고 곡식을 거둘 수 있다
고 기대하는 그 허황된 백성의 그 자
세이며, 그와 같은 형국으로 지금까지
왔음이니라.
22 그러니 너희가 아무것도 가을에 거둘
것이 없는 농부처럼, 너희가 나에게
올라와 심판을 받을 때 너희는 천국
에 오르는 길에 그 힘을 들인 것이 없
으며 선의 무게가 하나도 없으며,
23 오로지 악의 무게만 있음이니, 너희는
지옥으로 가 나로부터 그 무섭고 어려
운 형벌을 받는다는 것을 잊어서는 아
니 될 것이니라.

6,415 번째 하나님 말씀

2003년 6월 14일 02시 09분

1 사랑하는 나의 아들아!
2 "네, 아버님! 말씀하옵소서."
3 나의 사랑하는 백성 너희는 육의 삶
을 벗어나지 못하고 사는 자들이니라.
4 내가 나의 아들을 통하여 일찍이 너희
에게 깨우쳐 주었음이니라.
5 너희는 보이는 세상이 있으며 보이지
않는 세상이 있으며, 그다음에 하늘나
라 세상의 삶이 있다 내가 너희에게
그리 가르쳐 주었음이니라.
6 그러나 너희는 보이는 세상의 삶에서
모든 기쁨과 행복을 추구하며 살아가

는 것이 아니던가?
7 육의 세상에서 살면서도 보이지 않는
세상, 마음이 열린 세상이 있다 하였
음이니라.
8 마음이 열리면 너희의 눈으로 볼 수
없는 아름다움을 보며, 맡을 수 없는
향기를 맡으며, 그와 같이 살아가는
것이 보이지 않는 마음의 문을 여는
또 한 세상이 있다 내가 그리 말하였
음이니라.
9 그러나 너희는 오로지 보이는 육의
삶의 행복을 위하여, 그 행복은 오로
지 더 많이 가지고 더 많이 소유하며
권력을 더 가지며 남들에게 군림하는
그와 같은 삶을 사는 것, 그것이 가장
큰 행복이라 그리 말하고 있음이니라.
10 그리하여 모든 삶의 그 기준을 인간의
행복이요, 기쁨이요, 향락에 맞추다
보니, 더 많이 소유한 것이 가장 행복
한 기준이라 그리 생각하느니라.
11 그러나 소유로써 충족의 기쁨을 얻으
려 하며 그를 충족시키고자 발버둥치
고 사는 그와 같은 삶은, 결국 그것은
다 허무한 삶으로써 끝난다는 것을 알
아야 할 것이니라.
12 그와 같은 마음은 하늘에 오르는 길이
아니요, 다른 신을 모시는 그 욕심이
그득한 자들이니,
13 너희 마음속에 다른 신을 두고 있는
것이 하나가 아니요, 수많은 다른 신
을 두고 있음이니, 나를 경배함이 아
니요, 사탄을 경배하는 그와 같은 삶
을 산다는 그 무서움과 두려움을 어찌
모르고 산단 말이던가?
14 아무것도 얻음이 없으며, 아무것도 얻
은 것이 없는 자도 그가 믿음의 길을
가며 정신적으로 행복한 자가 수없이
있음을 너희는 알아야 할 것이니라.
15 너희는 정신적인 욕구요, 육체적인 욕
구요, 그 모든 욕구를 충족시키는 데
만 모두를 다하며, 그를 거둬들이기
위해 잠시도 쉬지 아니하며,
16 너희는 남을 무너트려서 무엇인가를
채우고 이루고자 하는 자들이니,
17 그 속에서 어찌 너희가 초를 다퉈 남
을 위한 아름다운 삶을 사는 자가 나
오며 그와 같은 삶을 살 수 있다 하는
것인가?
18 너희는 더 많이 소유하고 많이 가진
것만이 행복이요, 영광이요, 축복이라
그리 생각하는 것이 보이는 세상에서
그것만을 위해 사는 것이니,
19 그 모두가 얼마나 허무한 것인지를 그
때 그것을 알게 될 것이니라.
20 그러니 이제 육의 세상이요, 지금 너
희가 사는 세상에서도 보이는 세상이
있으며 보이지 않는 세상이 있음이니,
21 너희가 하늘나라의 나와 더불어 영원
히 사는 것은 육이 존재하는 그 세상
에서 보이지 않는 세상을 볼 수 있도
록 그와 같이 마음이 변하여 마음의
문을 열고 사는 것이 중요함이니,
22 이는 곧 가슴속에 있는 욕심이라는 뿌
리를 다 버린 자만이 볼 수 있음이니
라.
23 너희는 보이지 않는 세상이요, 보이지
않는 아름다움이 있으며 들리지 않는
멜로디가 있으며, 보지 못하는 색채가
있으며, 이 세상에 다음 세상과 같이
아름답고 위대한 세상이 있다는 것을

들여다보라.
24 그것을 들여다보지 아니하면 너희는
하늘에 오르는 그다음 단계요, 천국의
그 문을 보지도 못하며 생각도 할 수
없다는 것을 알라.
25 너희가 인간 세상에서 한 차원 높은
그 삶이요, 마음을 열고 보는 세상에
진입할 수 있는 것은, 그 안에 욕심의
뿌리를 버려야 할 것이며,
26 육에서 소유하는 것, 더 많이 갖는 것,
더 갖추는 것, 더 높아지는 것,
27 소유의 충족에 의해서 노예가 되는
것, 소유의 충족에 의해서 그 모든 기
쁨을 얻고 향락이 얻어진다는 그와 같
은 삶의 형태를 바로잡고 바꿔야 한다
는 것을 잊지 말라.

6,416 번째 하나님 말씀

2003년 6월 14일 02시 19분

1 사랑하는 나의 아들아!
2 "네, 아버님! 말씀하옵소서."
3 지금의 종교 집단이요, 지도자들이 불
쌍한 나의 백성을 그들이 어찌 이끌
어 가며 유혹해 가는가?
4 나 여호와의 하늘나라에 올라와 나의
품에 오를 수 있는 것은 너희가 나에
게 와서 심판을 받을 때 그 심판의 기
준이라는 것이 바로 나 여호와가 원하
는 하늘나라 나 여호와의 사업을 얼
마나 많이 했느냐, 많이 역사했느냐가
기준이 된다 그리 말함이니라.
5 그러나 너희는 나 여호와의 사업을
무엇이라 말하는가?
6 나 여호와의 사업이라는 것은, 너희가
욕심을 비우며 아름다운 마음으로 살
며 나 여호와가 존재함을 믿으며 그와
같이 너희가 나의 계명을 지키고 살며,
7 지금 내가 새로 내린 나의 법전과 같
은 그 내용을 따라 그와 같이 역사하
는 것,
8 그리고 이웃에게 깨우쳐 줘 바로 그
하늘의 진리를 알 수 있게 하는 그것
이 바로 하늘의 나 여호와가 원하는
그 사업이며,
9 내가 역사하는 사업을 너희가 행하는
것이니라.
10 그러나 지금의 종교 집단이요, 지도자
들은 나 여호와의 뜻이요, 하나님의
사업을 많이 하는 것이 천국에 오르는
길이라 하며, 어떠한 것이 그 사업이
라 가르치는가?
11 너희는 나의 참진리요, 내가 존재함을
믿으며 아름답게 살아가며 나의 십계
명대로 살아가는 그 사업이 아니라,
12 죄의 온상이라 내가 말하는 교회를 어
찌하면 크게 지으며,
13 그 교회를 짓는 데 있는 것, 없는 것,
재물을 얼마나 많이 바쳤으며 얼마나
노력 봉사를 했으며,
14 그 잘못된 종교 지도자들이 부르고 지
은 명칭에 따른 각종 헌금을 얼마나
많이 했느냐, 그리고 너희가 가지고
있는 재산을 다 털어 얼마만큼 하늘에
바쳤느냐,
15 그 바친 양에 대해서 몇 배의 그 역사
를 이루며 축복을 준다며 그것이 곧
나 여호와의 사업이요, 하늘에 오르는
그 사업이라 그리 가르치느니라.
16 그리고 너희는 하늘나라에 네 이름이

기록되는 것이 가장 큰 영광이며 그보다 더 큰 축복이 없다 그리 말하느니라.

17 그래서 하늘에 이름이 기록되는 그 영광을 얻기 위해서 너희들은 모든 재물을 털어 바치는 것이 나 여호와 하나님이 원하는 하늘의 사업이라 그리 가르치는 것이니라.

18 그보다 더한 영광이 없으며 그보다 더한 축복이 없으며 그보다 더한 기쁨이 없다 그리 말하느니라.

19 심지어 너희는 어찌 말하는가?

20 어린아이가 탄생했을 때 또 그가 자라서 죽을 때까지 그가 하나하나 움직일 때마다 감사헌금이요, 역사의 헌금이라 하여 거둬들이고, 그를 많이 거두는 것이 하늘에 재물을 쌓는 것이요, 축복을 받는 것이며, 너희의 이름이 하늘에 기록되는 것이며, 그 기록되는 것보다 더 큰 영광이 없음이니,

21 그 영광을 얻는 것은 많이 바치라, 그리고 많이 바치라,

22 없는 자가 바치는 것은 더 큰 영광이요, 있는 자가 있는 재산을 많이 바치는 것도 더 큰 영광이라 그리 말하니,

23 없는 자가 뼈 빠지게 벌어서 바치는 것은 더 큰 영광이요, 또 가진 자가 더 많이 바치는 것은 또 더 큰 영광이라 그리 말함이니,

24 앞으로 가도 재물이요, 뒤로 가도 재물이요, 그와 같은 형국으로써 너희가 교묘한 방법으로써 나의 피조물 만백성들에게 재물을 거둬들이며,

25 그 재물을 많이 바치는 것이 하늘에 이름이 기록되는 것이요, 하늘에 이름이 기록되는 그 축복과 영광을 너희가 얻는다 그리 말함이니라.

26 그리하여 나의 불쌍한 백성에게 재물을 갈취하니,

27 너희는 나의 존재함을 믿으며 십계명대로 사는 것이 하늘에 오르는 길이라는 것은 뒷전으로 접어 두며, 그 말 한마디를 단상에서 설교할 때 하지 아니하는 자들이니,

28 그와 같은 자 밑에서 과연 어찌 하늘에 오르는 길을 볼 수 있으며 진리가 역사하는 그 뜻을 너희가 볼 수 있단 말이던가?

29 나 여호와가 나의 아들을 통하여 너희에게 말하느니라.

30 너희가 하늘에 오르고자 하는 것은 나 여호와가 존재함을 믿는 그 굳건한 믿음이요, 그리고 내가 직접 친필로 내린 십계명을 지키고 사는 것이요,

31 이제는 내가 나의 법전을 내려보냄이니 나의 법전대로 지키고 사는 그것이 구원을 얻는 길이요, 하늘에 오르는 길이라는 것을 알라.

32 하늘에 재물을 쌓아 놓는다는 하는 것은 너희의 탐욕스러움이요, 욕심에서 나오는 것이며,

33 물질에 대한 욕심으로 얼룩져 있는 지도자들이 현혹하여 그리 끌어들이려는 것이니,

34 거기에 현혹되어 가는 자는 절대 나에게 올 수 있는 자가 못되며,

35 하늘에 오르는 그 길도 볼 수 없는 자들이라는 것을 너희는 알아야 할 것이니라.

36 모든 종교 집단 지도자들이 재물을 먼

저 거둬들이려 하는 자, 그 재물을 위
해 그는 무엇을 원하는가?
37 저 자신을 위해 명예를 사고자 하며
명예를 얻고자 하는 것이 그들이니라.
38 그러니 나의 사랑하는 피조물 만백성
에게 우리 부자의 이름을 사악하게 팔
아 저희가 재물을 거둬들이니, 그 재
물을 거둬들이는 그 이면에는 명예를
얻으며 모든 백성이 제 이름을 날리
며 군림하고자 하는 것이니,
39 그들은 질투와 시기와 욕심으로써 얼
룩진 자들이니라.
40 그들의 그 죄가 얼마나 무서운 것인지
그들은 모르나, 그들이 머지않아 나에
게 와 심판을 받는 날,
41 그들이 심판을 받고 지옥에서 허덕이
며 그 대가를 치르는 것을 너희가 다
볼 수 있을 것이니 그리 알라.
42 지도자요, 그 모든 종교 집단이 지금
가는 형국이 지금 내가 나의 아들을
통하여 전하는 이 뜻과 맞지 아니하며
그와 같은 역사가 이루어지지 아니하
며 그와 같이 사악한 행위가 이루어지
지 아니한다면, 너희는 나의 법전을
던지고 떠나도 내가 말하지 아니할 것
이니라.
43 그러나 너희는 내가 나의 법전에 기
록하여 전하지 못할 만큼 사악하고 험
악한 것을 잘 알 것이니라.
44 모든 종교 집단들은 그 교회라는 것이
도둑이 우글거리며 세상에 사악한 것
이며, 이는 하늘에 오를 수 없는 길이
며 이는 정녕 잘못되었다는 것을 아는
백성이 수없이 있으나,
45 그들은 성경을 공부하지 아니하며 그
가르치는 설교를 듣지 아니하면 하늘
에 오르지 못한다는 그와 같은 그 불
안 심리에서 인간은 누구나 다 죄를
지을 수 있으며 인간은 잘못될 수 있
음이니, 너희를 가르치는 종교 지도자
도 잘못될 수 있다.
46 그저 성경 말씀이요, 그가 전하는 하
나님의 말씀을 듣고 구원을 받겠다 생
각하며 그리하여 떠나지 못하는 그 백
성 너희는 들어야 할 것이니라.
47 나의 아들이 그리 말하였느니라.
48 '나를 따르라, 한 점의 부끄럼이 없이
삶을 살아가노라.' 바로 그와 같은 지
도자가 나로부터 선택된 지도자요, 만
백성을 구하는 역사를 할 수 있는 지
도자라는 것을 알라.
49 너희가 그와 같은 지도자를 찾지 아니
하며,
50 그저 너희가 죄를 지으며 더불어 살
며 그저 순간순간 향락과 더러는 남을
속이는 것도 죄가 되지 아니하며,
51 인간의 삶에서는 그와 같이 더불어 사
는 것이 인간 세상의 사는 것이니, 좋
은 것도 있고 나쁜 것도 있으며,
52 악이 있음으로써 선이 존재하며 선이
존재하기에 악이 있다 말하는 자들이
니라.
53 악이 존재하는 것은 선을 바로 세우기
위하여 악이 존재한다고 가르치는 종
교 지도자들이요, 사악한 자들의 그
설법에 너희가 넘어가서는 아니 될 것
이니라.
54 너희가 선하게 사는 것도 중요하나,
너희가 악한 짓을 하는 것도 더불어
존재할 수 있다 그리 말할 것이니라.

55 너희가 악한 것을 행하는 것은 선한
것을 행하기 위해 깨우치려고 그 본
보기로 악이 존재함이니, 악도 결국은
나쁜 것이 아니니,
56 너희가 그저 타협하고 대충 그저 넘어
가며 얼렁뚱땅 인생을 살아가면 하늘
에 오를 것이다 그리 가르치니,
57 그보다 편안하고 간단한 방법으로써
하늘에 오르는 길이 없음이니 그 죄가
얼마나 무서우며,
58 그리 살아가는 너희가 얼마나 인생을
허무하게 살았으며, 나의 심판대에 서
지도 못하는 그 분통함과 억울함을 알
때, 그때는 너희는 누구에게도 풀 수
없으며 하소연할 길도 없으며 원망할
길도 없다는 것을 알라.

6,417 번째 하나님 말씀

2003년 6월 14일 02시 26분

1 사랑하는 나의 아들아!
2 "네, 아버님! 말씀하옵소서."
3 수천 년 동안 흘러온 종교 집단이요,
그 믿음의 길을 가는 자들이 어찌 가
는가?
4 나는 나의 아들 예수의 그 죽음으로써
그를 희생시켜 너희를 바로 세우며
바로 깨우치고자 그리했건만, 그와 같
은 백성이 오늘날 살아오면서 너희가
하고 있는 그 작태가 어떠한 줄 알겠
는가?
5 수천 년 동안 흘러오면서 너희가 이
세상을 지배하며 저희만이 하늘에 오
르는 길이요, 나에게 올 수 있는 그 영
광의 종교 집단이라 말하는 그들이 지
금 어찌 가르치는가?
6 인간은 완벽해질 수 없으며 인간이 완
벽해지면 평생 아무것도 이룰 수 없는
것이며 역사할 수 없는 것이라 너희는
그리 말함이니라.
7 인간이 부족하며 인간이 완벽하지 못
하기 때문에 너희가 이 세상에 존재
하며 모두가 존재한다 그리 말하느니
라.
8 그리하여 너희는 인간은 완벽하게 살
수 없기 때문에 너희가 손으로 지은
그 죄의 온상인 교회라는 곳에 와 죄
를 짓고 회개하며 또 회개하고 또 죄
를 짓고 그 죄의 대가로 재물을 바치
며 헌금을 바치며 그와 같이 살아가는
것만이 너희가 하늘에 오르는 길이요,
축복의 길에 올 수 있다 그리 말하면
서 너희는 나의 사랑하는 백성에게
뭐라 말하느냐?
9 십계명이라는 것을 지키고 철저히 살
아야 한다는 그 무서운 회초리를 너희
가 후리는 것이 아니요,
10 인간은 인간이기 때문에 완벽할 수 없
다는 것은 무엇을 의미하느냐?
11 대충대충 그럭저럭 그저 얼렁뚱땅 살
다 오면 바로 구원을 받는다 그리 가
르치지 않는가?
12 대충대충 그럭저럭 살다 죄를 많이 지
었다 생각하면, 많은 죄를 지어서 부
끄러워 세상에 살 용기가 없을 때,
13 너희가 손으로 지은 죄의 온상인 교회
에 와 재물을 바치며 기도하고 경배함
으로써 그것이 또 가벼워지며 그 죄는
다 떨어진다 말함이니라.
14 그리하여 얼렁뚱땅 대충 살아가는 것

이 백성이 살아가는 것이요, 나에게
선택된 백성이요, 하늘에 오르는 백성
이 살아가는 형국이라 그리 가르침이
니,
15 과연 너희는 이러고도 하늘에 오를
수 있다 말할 수 있는가?
16 너희는 인간 세상에서 선생이 그 제자
들을 가르칠 때, 그들에게 얼마만큼
완벽하게 노력을 해야 얻어지느냐 그
리 가르치느니라.
17 그 선생이 대충대충 얼렁뚱땅 세상을
살아가며 그저 노래하고 춤추며, 시간
날 때 공부하며 그와 같이 살아가도
인생은 행복하게 살 수 있으며 부를
누리며 살아갈 수 있으며,
18 너희가 얻고자 하는 명예요, 권력이
요, 그 모두를 다 얻을 수 있는 것이
며, 너희가 사회에 나가면 보장되었으
니 그리 알라고 그리 가르쳤을 때,
19 그 말을 듣고 얼렁뚱땅 사는 그 학생
이 사회에 나와서 무엇을 할 수 있는
가?
20 그는 제 이름 하나 제대로 쓰지 못하
는 낙오자가 될 것이니라.
21 지금 모든 종교 집단이요, 지도자들이
그와 같은 형국이니라.
22 내가 너희에게 십계명대로 지키며 살
라 했으며, 완벽한 것이 너희며 그리
해야 한다 하였거늘,
23 너희는 감히 인간은 완벽해질 수 없으
며, 완벽한 인간은 아무도 평생 이룰
수 없는 것이며, 준비하고 계산을 하
다 망치는 인생을 사는 것이니,
24 너희는 그저 대충 살며, 죄를 짓고 죄
를 지었을 때, 재물을 싸 가지고 너희
가 손으로 지은 죄의 온상인 교회라는
곳에 와 울고불고 회개하고 눈물지으
며 그리하면 너희는 모든 것은 다 지
워지며,
25 새로운 인생으로 또 살아가며 백지와
같은 하얀 눈의 인생이 된다 너희가
그리 가르치는 이것이 지금 나의 피조
물 만백성을 지옥으로 이끌어가는 것
이니,
26 이를 바라보는 나 여호와의 분통한 마
음이요, 나의 분개한 마음을 너희는
알겠는가?
27 내가 재앙으로써 너희 모두를 다 다스
리고 싶어도,
28 나의 법전을 지금 내가 세상에 내려보
내 이를 받아 전하는 나의 아들이 세
상에 있으며, 이를 보고 깨우치는 그
를 따르는 제자들이 있으며, 이를 보
고 깨우치는 백성이 있기에, 내가 오
늘의 그 모두를 인내하고 참는다 하였
음이니,
29 이 무서운 사실을 너희는 알아야 할
것이니라.
30 정녕 너희는 나의 법전이 세상에 내
려가 너희를 구원하고자 하며 160권
이 세상에 나가 너희를 깨우치고자
하나,
31 너희가 이를 태워 버리며 찢어 버리며
나의 아들을 세상에 존재치 못하게 할
때,
32 따르는 제자들을 너희가 핍박할 때,
그때 너희는 나 여호와의 분노함을
감당하기 어려울 것이니 그리 알라.

6,418 번째 하나님 말씀

2003년 6월 14일 02시 31분

1 사랑하는 나의 아들아!
2 "네, 아버님! 말씀하옵소서."
3 나 여호와가 나의 아들 너를 따르는
그 제자들이요, 나의 법전을 읽고 깨
우친 그 백성, 너희를 통하여 새로운
역사요, 위대한 그 역사를 이루고자
함이니,
4 너희야말로 나로부터 선택된 그 영광
의 기쁨을 과연 알고 있는가?
5 이 세상 수십억 인구요, 그리고 예수
가 이 세상에 와 깨우치고자 했던 때
부터 지금까지 죽어 간 그 많은 백성,
그리고 이 지구가 존재하는 날까지 살
아가는 그 많은 백성 중에서 너희는
내가 이루는 그 역사의 기초 작업에
선택된 자들이니,
6 나 여호와가 너희를 불렀음을 알겠는
가?
7 너희는 그와 같이 중요한 대명을 이루
기 위하여 그 많은 나의 백성 중에서
내가 너희를 선택하여 불렀음이니,
8 만백성을 구하며 심판의 기본인 나의
법전이 작은 동양의 나라에 내려오는
것만 해도 너희는 그 기쁨이요, 감사
함으로써 나의 은혜에 보답할 길이 없
거늘,
9 어찌하여 나의 아들을 따르는 제자들
이요, 내가 선택한 그 백성, 그들을 거
룩히 찬양하며 그들을 환영하지 아니
하고,
10 그들을 핍박하며 그들을 사탄이요, 이
단이라 그와 같이 그들에게 욕하며 그
들에게 돌을 던지는 그와 같은 행위를
하는가?
11 과연 이러고도 너희가 나의 백성이라
말할 수 있단 말이던가?
12 너희는 내가 이루고자 하는 새로운 역
사요, 위대한 나의 법전이 세상에 나
가 만백성을 구하며 너희를 심판하는
기준을 가르쳐 주는 이 역사를 할 신
택된 나의 백성에게 너희가 어찌하여
그와 같은 행위를 할 수 있단 말이던
가?
13 그들은 내가 부른 자들이며, 내가 불
러 다스려 그들을 쓰고자 하며 내 뜻
에 따라 그 주역을 맡아 가고 있는 백
성이니,
14 그들에게 감사하며 그들에게 감사의
은혜를, 그리고 감사한 마음을 표현하
여, 그들이 갈 수 있도록 그들에게 용
기를 주는 것이 너희가 해야 할 도리
거늘,
15 어찌하여 동양의 작은 나라의 그 언어
로 내려오며, 그중에서 선택된 이 어
렵고 힘든 길을 가는 이 백성,
16 내가 불러 쓰는 것이며 내가 역사하는
데 그 주역을 담당할 그 소중한 백성
에게 너희가 감히 핍박하며 그들이
세상에 존재하지 못하게 한단 말이던
가?
17 너희는 이제 그들의 행위에 개의치 말
며, 그들의 행위에 두려워하지 말며,
그들의 행위에 겁먹지 말라.
18 너희는 내가 불러 쓰고자 하여 내가
선택한 백성이니,
19 너희는 내가 이루고자 하는 그 역사함
에 참여한 자들이며 가장 기초를 다지

는 자들이며 시작하는 자들이며, 너희
로 하여금 그 모두가 이루어짐이니라.
20 그러니 너희가 처음으로 이 역사를
시작하는 자요, 창업을 이루는 자들로
서, 너희에게는 당연히 고통과 시련이
요, 그 어려움이 있음이니라.
21 너희가 인간 세상에서 한 나라를 창업
하는 것도 그 고통의 역사가 따르며,
22 하나의 기업을 역사하는 것도 창업자
는 고통과 시련이 따르지 아니하는가?
23 나 여호와가 이 세상에 만백성을 바로
세우며 하늘에 오르는 그 길을 역사하
는 나의 법전을 만드는 그 위대한 역
사를 창업하는 너희는 오늘의 고통과
시련에 감사하며 기뻐하는 마음으로
오늘의 길을 가야 한다는 것을 잊어
서는 아니 될 것이니라.
24 너희는 내가 불렀음이니라.
25 그리고 너희가 심판의 기준인 법전을
만드는 것이며,
26 이 수십억 인구 중에서 헤아릴 수 없
는 그 많은 백성 중에서 너희가 선택
되어, 기초 작업의 역사를 이룬다는
것을,
27 그 기쁨으로써 모든 고통과 시련을 인
내하고 나가는 그와 같은 삶을 살도록
하라, 사랑하는 나의 아들딸들아!
28 선택된 너희를 내가 사랑함이니라.

6,419 번째 하나님 말씀

2003년 6월 14일 02시 35분

1 사랑하는 나의 아들아!
2 "네, 아버님! 말씀하옵소서."
3 지금의 모든 종교 집단이요, 지도자들
이 말로써 나 여호와의 말씀이요, 나
의 뜻을 전한다 말하느니라.
4 그러나 너희는 그와 같이 나의 뜻이
요, 내가 이루고자 하는 그 역사의 나
의 성령을 가르치며 그를 이끌어 나의
피조물 만백성을 구한다 그리 말하고
있으나,
5 너희는 정녕 나의 뜻과는 전혀 관계도
없는 그와 같은 믿음의 세월을 너희가
가고 있다는 것을 알아야 할 것이니라.
6 말로써는 나의 뜻을 전하며 창조주인
하나님 말씀의 역사에 저희가 모두를
이루는 자들이며, 거기에 어긋나지 않
는 그 삶을 사는 자들이 너희라 그리
말하느니라.
7 그러나 지금 내가 내려다보는 너희의
그 믿음의 삶의 길이 어떤 것인 줄 알
겠는가?
8 인간 너희 조상이 만들고 또 거기에다
너희가 만든 인간의 계명을 나의 백
성에게 가르치며 그것이 하늘에 오르
는 길이라 그리 가르치고 있음이니라.
9 너희는 나의 계명이요, 나의 참진리
요, 하늘에 오르는 그 기본이요, 빛이
되는 그 모든 나의 뜻은 뒷전에 짓밟
아 버렸으며,
10 그를 쳐다보지도 아니하며 짓밟혀져
있는 그것을 너희는 보지도 못함이니,
11 돼지우리에 가 있는 진주와 같은 형국
이 되어 버렸음이니라.
12 그리하여 2천 년이라는 세월이 지금
그리 흘러왔음이니,
13 너희가 나의 법전이요, 나의 성령이
요, 나의 뜻이요, 그 모두가 이 세상에
다시 내려오는 것은,

14 너희가 나의 계명이요, 내가 친필로
쓴 것을 인간의 뒷전에, 돼지우리에
진주를 버리듯이 버려 바라보는 자가
없으며, 그를 찾는 자가 없으며,
15 그 소중함을 모르는 그와 같은 오늘의
그 믿음이 2천 년 동안 흘러왔음이니
라.
16 그 속에서 너희는 그 모두를 뒷전으
로 접어 버리고, 각종 교회의 교리와
규정을 만들어 그를 전수하면서, 나의
피조물 만백성에게 하늘에 오르는 길
이라 가르치고 있음이니,
17 이것은 나의 진리요, 나의 뜻이 아니
라, 인간 너희가 만들어 내려오는 그
전통을 구원의 길이라 지금 너희가
하고 있는 그와 같은 형국이니라.
18 그러니 이를 바라보는 나 여호와의 마
음이 과연 어떻다 너희는 생각하는가?
19 너희가 나를 믿는 것이 아니요, 구원
의 길을 오는 것이 아니요,
20 다 허황된 꿈이요, 헛된 짓만을 지금
하고 있는 것이 너희들임을 알아야
할 것이니라.
21 너희는 깨달아야 할 것이니라.
22 꽃이 떨어지고 그 잎이 떨어지는 것
같이 이 세상에 너희의 모든 삶은 어
찌 되는가?
23 육은 흙으로 돌아감이라 그리 말하였
음이니라.
24 그러니 너희 조상이 만든 교리요, 또
너희가 거기다 더 보태서 만든 교리
요, 이를 가지고 나의 피조물 만백성
을 가르친다 함이니,
25 너희는 육이 흙으로 돌아간다는 것을
모르는 자들이니라.
26 꽃이 떨어지고 잎이 떨어지는 것처럼,
너희 육은 한 줌의 흙으로 돌아가게
된다는 그 엄연한 사실을 모르기에,
너희가 만든 교리로 감히 나 여호와의
뜻이라 그리하고 있음이니,
27 너희가 낙엽이 되어 떨어져 나에게 와
심판을 받을 날이 있을 것이니, 그때
너희가 천지개벽하는 그 무서움을 알
게 될 것이니 그리 알라.

6,420 번째 하나님 말씀

2003년 6월 14일 08시 58분

1 사랑하는 나의 아들아!
2 "네, 아버님! 말씀하옵소서."
3 이 세상에 수천 년 동안 흘러오는 종
교 집단이요, 지파요, 그 모든 지도자
요, 그리고 구원을 받았다 말하며 구
원의 길이라 울고불고 가는 그 백성,
4 그리고 평생 저희가 헌금이요, 기금을
갖다 바치며 그것으로써 구원의 길을
볼 수 있으며 얻었다 생각하는 그 백
성, 그들이 가지고 있는 생각이 무엇
이던가?
5 원초적인 기초의 뿌리가 잘못되었다
면 그는 아무것도 역사할 수 없다 내
가 말했듯이,
6 너희가 하나의 건축물을 세우는 것도
기초가 단단하며 기초가 다져지지 아
니하면 그곳에 아무리 좋은 설계도요,
아무리 좋은 자재요, 아무리 좋은 것
을 가지고 너희가 역사한다 해도 그
는 지탱할 수 없으며 그 근본이 설 수
없다 하였음이니라.
7 그와 마찬가지니라.

8 지금의 하늘에 오르는 길의 모든 종교
집단은 내가 보기에 그들은 나로부터
등을 돌리며 나를 능멸하는 행위를 하
고 있으며, 기초요, 근본이 안 되었다
하였음이니라.
9 그것이 바로 무엇인 줄 알겠는가?
10 인간이기 때문에 너희가 대충대충 살
수 있으며, 인간이기 때문에 얼렁뚱땅
살며, 그저 인간이기 때문에 그럭저럭
세월 속에 묻혀 사는 것이 하늘에 오
르는 길이요,
11 그러면서 너희가 죄를 짓고 또 용서
를 빌고 하는 것이 구원의 길이라 그
리 말함이니,
12 그것이 기초 공사가 전혀 되지 아니하
였으며 아무런 기초의 터도 닦지 못한
형국이니라.
13 지금 나의 아들 너는 과연 어찌하는
가?
14 너도 너 자신이 어떻다 생각하는가?
15 지금 네가 가고 있는 길은 무엇이던가?
16 너는 '나를 따르라' 그리 외치며 그리
소리 지르느니라.
17 그러니 바로 그것이 나의 아들 예수가
말하지 아니하였는가?
18 '나를 따르라. 그리고 나에게 오는 자,
나를 보는 자, 내가 행함을 보는 자만
이 나의 아버지에게 갈 수 있으며 하
늘의 영광을 얻을 수 있음이니라.' 나
의 아들도 '나를 따르라' 그리 말하였
느니라.
19 너희가 회당을 짓고 그곳에서 기도하
고 경배하며 많은 백성이 지은 죄를
사면해 준다며 재물을 받고 죄를 용서
해 주는 그와 같은 사악한 행위를 한
그 뿌리서부터 시작하였음이니,
20 그리하여 나의 아들 예수가 세상에 나
가 너희가 재물로써 은혜를 얻으며 회
당에서 예배 보는 것으로써 구원을 받
는 것이 아니요,
21 '나를 따르라' 그리 말하지 아니하였
던가?
22 나의 아들 예수가 그리 말하였으니,
지금 네가 '나를 따르라' 말할 수 있는
것은, 네가 예수와 같이 한 점의 부끄
럼이 없는 삶을 살 수 있는 네 생활을
시작하였음이니, 네가 네 제자 앞에
만백성에게 '나를 따르라' 말하면서
네가 한 점의 부끄러운 짓을 하며 네
가 잘못된 길을 갈 수 있단 말이던가?
23 인간이기 때문에 너는 '나를 따르라'
말을 할 수 있으며, 인간이기 때문에
네가 그와 같은 길을 갈 수 있거늘,
24 어찌하여 이 세상에 많은 종교 지도자
의 집단에 속해 있는 자들, 그리고 배
우고 똑똑한 자, 너보다도 더 훌륭하
다 말하는 자, 너보다 많은 책을 읽은
자, 인격을 갖춘 그들이 어찌하여 재
물을 바침으로써 구원을 받으며, 인간
이기에 바로 갈 수 없으며, 인간이기
에 완벽한 삶을 살 수 없다는 그 말에
현혹되어 저 자신을 무너트리는가?
25 그들이 인간이기 때문에 완벽하게 살
수 없다는 그와 같은 잘못된 거짓 종
교 지도자들로부터 가르침을 받지 않
았다면 그들은 스스로 깨우침이 있었
을 것이며, 스스로 그들은 바로 서서
저희가 영광이요, 축복의 그 길을 갈
수 있을 것이니라.
26 그와 같이 너희가 대충 살아가라며

죄를 짓고 용서를 비는 것이 하늘에
오를 수 있으며, 그것이 용납되며 그
것이 허용된다 하는 말에,
27 바로 살고 곱게 살아야 하거늘, 그 믿
음이 있으며 그 기대함이 있기에 더러
는 저희가 실수하는 것을 죄라 생각
하지 아니하며 그 부끄러움을 모르고
행하느니라.
28 인간은 더불어 살아가면 그 사람을 서
로 배우고 닮아 간다 하지 아니하였더
냐?
29 너희가 처음에 죄를 짓는 것은 가슴을
졸이며 공포에 떠나, 한 번, 두 번 짓
기 시작하여 만성이 되면 그것이 죄인
줄 모르며 그것이 즐거움으로 변한다
하였음이니,
30 순진한 백성이요, 그저 스스로 살도록
놔두었더라면 그들이 인간의 도리를
깨우쳐 하늘에 오를 수 있는 백성까지
도 죄를 지으며 용서를 빌고, 죄를 지
으며 용서를 빌고 만성이 되다 보니,
31 그들이 배운 학식이요, 그들이 가지고
있는 질서를 지키는 마음이요, 그 모
두도 다 무너졌으며, 그 모두가 다 파
괴된 이와 같은 형국이 되었음이니라.
32 그러니 이제 너희는 그 기초를 다지
는 훈련부터 해야 할 것이니라.
33 나의 아들이 '나를 따르라' 했듯이, 모
든 종교 지도자는 반드시 '나를 따르
라' 말할 수 있는 자신이 돼야 하는 것
을 잊지 말라.
34 그러니 나의 아들은 모든 악습을 버리
며 변해 가건만 어찌하여 너희는 그
와 같이 살 수 없다고 말하는가?
35 너희가 그와 같이 말하여 너희 혼자
죽음으로 가는 것은 내가 말하지 아니
하나,
36 나의 사랑하는 피조물 만백성, 나의
아들딸을 수없이 죽이는 그와 같은 살
인마의 행위를 하고 있으니, 내가 그
를 보고 어찌 용서하겠는가?
37 버젓이 살아서 숨 쉬는 젊은이의 가슴
에 총부리를 대어 적이라 간주하여 그
를 죽어 가도록 하여 그 생명대로 살
지 못하는,
38 전쟁터에서 적을 향하여 총을 쏘며 그
를 살상하도록 명령을 내리는 명령권
자보다도 더 사악한 짓을 하는 것이며
더 많은 자를 죽이는 것이, 지금 너희
가 인간은 얼렁뚱땅 그저 그럭저럭 죄
를 짓지 아니하고 살 수 없기 때문에,
죄와 더불어 살아가는 것이며, 지은
죄를 용서를 받을 수 있다 하며,
39 그와 같이 가르치는 자가 나의 아들딸
을 수없이 죽이고 있음이니,
40 나의 아들딸, 젊은이들이 죽어 가는
것을 보는 내 마음이 얼마나 아프며,
내가 그들을 용서하지 못할 마음을 얼
마나 지금 가슴에 안고 있는가?
41 내가 그리하여 문을 닫으며 거미줄을
치며, 너희의 그 포악하고 사악한 행
위를 만천하에 다 헤쳐 보이고자 하
는 것이니 그 뜻을 너희는 알라.
42 이제는 나의 아들이 '나를 따르라' 하
며 바로 설 수 있음이니, 나 여호와가
세상에 내보낸 나의 성령이라는 것,
내가 잘못된 것을 의혹할 것이 없으
며, 내가 나의 아들이라 명한 것이 부
끄러움이 없으며 잘못된 것이 없음이
니,

43 이제는 내가 나의 아들이 원하는 것,
생각하는 것, 그 따르는 제자들이 생
각하는 것, 그 모두의 은혜와 영광이
요, 축복이 내려질 것이며, 이제는 너
희가 역사하기 시작할 것이니라.
44 나의 아들의 머리가 하얗게 되었을 때
그리 갈 수 있다 하나,
45 지금 나의 아들이 '나를 따르라' 그리
들고 일어섬이니,
46 그가 얼마나 깨끗하며 그가 얼마나 당
당히 자신 있으면 그리 말할 수 있겠
는가?
47 그러니 그를 보라.
48 그걸 보지 아니하는 자는 구원을 받을
수 없으며,
49 이제는 나의 아들이 '나를 따르라' 하
여 그리 곧고 바르게 감이니,
50 나 여호와가 그에게 은혜와 상을 내
려, 너희가 나의 법전을 세상에 덮는
역사를 불과 같이 이루어 줄 것이니
그리 알라, 사랑하는 나의 아들딸들아!
51 모든 제자는 '나를 따르라'는 그와 같
은 자리에 설 수 있는 제자들로서 변
하라 하라.
52 이는 한 점의 부끄럼이 없으며 당당
한 모습이며,
53 알고는 죄를 짓지 아니하며, 너희 목
숨을 던져서라도 나 여호와에게 부끄
러운 행위를 하지 아니하는 자가 곧
나 여호와의 이름을 망령되게 하지 아
니하는 자요, 나를 능멸하지 아니하는
자라는 것을 잊지 말라, 사랑하는 나
의 아들딸들아!

6,421 번째 하나님 말씀

2003년 6월 14일 11시 05분

1 사랑하는 나의 아들아!
2 "네, 아버님! 말씀하옵소서."
3 내가 직접 써 내린 그 십계명의 친필
을 암기하고 암송하는 그 마음의 정성
이 과연 무엇이던가?
4 내가 직접 써 내린 십계명을 암송하고
또 암송하면서 너 자신을 다스려 가
는 그 길을 간다 하였음이니,
5 이 세상 너를 보고 사탄이요, 이단이
요, 사악한 자라 말하는 그 종교 집단
이요, 지도자요, 만백성들,
6 과연 어버이가 직접 친필로 써 내린
그 유언장을 들고 그를 지키려 발버둥
치는 자가 그 부모의 뜻을 따르는 자
식이던가,
7 그를 버려두고, 그대로 행하는 저희
형제에게 잘못된 자라 하며, 그를 밀
어붙이고 욕하는 자가 과연 부모의 뜻
을 따라 그 유업을 계승할 수 있는 자
식이라 생각하는가?
8 내가 직접 친필로 써 내린 나의 십계
명을 들고 그것이 오로지 하늘에 오르
는 길이요, 영혼의 구원의 길이요, 그
길을 지키고 가는 것만이 만백성을 구
하는 길이요, 너희 형제를 구원하는
길이라 하여 그를 암송하고 또 암송하
며 내가 내리는 성령의 그 뜻을 들음
이니,
9 나의 성령은 과연 무엇이라 말하였느
냐?
10 나의 모두를 태워서 마지막 너희를 구
원하기 위하여 내가 하늘에서 내리는

나의 법전이요, 새로운 성경이라 그리
말하였으니,
11 그 뜻에 따라 계명을 암송하고 암송
하며, 그를 지켜 가며, 그를 지키는 것
이 나 여호와의 뜻을 따르는 것이요,
만백성을 구하는 것이요,
12 아래로는 너의 제자들이 너를 따르는
길이요, 위로는 나 여호와의 뜻을 순
종하는 길이라 하여 그를 암송하며 네
가 고쳐 가고 살아가는 그 모습을 과
연 그를 보고 그것이 사탄이요, 이단
이요, 잘못된 자식이라 말할 수 있으
며, 나의 유업을 이어받는 자식이 아
니라 누가 감히 말할 수 있단 말이더
냐?
13 그를 지키지 아니하며 지킬 수 없다고
말하며 나의 뜻을 거역하는 자가 나의
유업을 이어받을 수 있는 자라 너희는
생각하느냐?
14 그를 받을 수 없는 것이니라.
15 또한, 지금 너를 따르는 제자들이요,
나의 뜻을 따르는 백성 너희가 하나
의 아름다운 삶을 살며,
16 하늘에 오르는 그 길에 너희가 악습
이요, 잘못된 것을 하나하나 고치고
가는 것이 얼마나 힘들고 고통스럽더
냐?
17 너희는 생명을 내던지다시피 하며 모
든 부귀영화요, 육이 즐겁고 행복한
그 모두를 다 눈물로써 하나하나 지워
버리고 그를 버리며,
18 나의 뜻에 따라 가고자 그 변하는 삶
이 얼마나 힘들고 고통스러운 그 삶이
던가?
19 나로부터 똑같이 선택된 나의 아들딸
들이 누구는 나의 뜻에 따라 살아가려
고 고통스러운 그 길을 마다하지 아니
하며 그 길을 인내하고 살아가는 그
백성이 있거늘,
20 그렇지 않고 그저 대충대충 살아가면
서 그저 얼렁뚱땅 세상 즐기며 살다
보면 하늘에 오르는 길이요, 그리 살
다 죄를 지으면 너희가 손으로 지은
성전에 와 재물을 바치고 회개하고 눈
물의 기도를 드리면 구원을 받는다 그
리 말함이니,
21 너희가 서로 이 세상을 살아가는 길이
요, 나를 향하여 온다는 그 길을 가는
백성이 과연 어떠한 것이 나를 따르는
백성이란 말이더냐?
22 나의 아들이 십계명을 지키는 것만이
하늘에 오르는 길이요, 너희 영혼의
생명이라 하여 그를 지키려고 발버둥
치며 사는 그 삶이 내가 유업을 이어
받는 자라 하였음이니,
23 너희가 오늘 하나의 악습을 버리며 나
의 뜻에 따라 변하고자 하는 것, 그 욕
심의 고리를 놓고 살아가는 그 고통이
얼마나 힘들고 어려웠더냐?
24 그 고통을 버리며, 어렵고 힘든 그 길
을 마다하지 않고 오는 너희와 그 길
을 피해서 가는 자들,
25 과연 너희는 여기서 그들이 살아가는
것이 얼마만큼 잘못된 것이며, 그들이
나의 진리요, 나의 뜻을 잘못 알고 있
는지 너희는 눈으로 보고 있을 것이
니라.
26 그러니 너희가 오늘의 그 고통을 마다
하지 아니하며,
27 오늘의 그 고통을 즐거움이요, 하나의

악습을 버리면서 스스로 기쁨을 얻으
며 행복함을 얻으며, 인간인 너희가
할 수 있다는 그 자신을 얻고 가며 그
와 같이 노력하는 그 삶이 오늘의 육
의 세상에서는 고통스럽고 힘들지 모
르나,
28 너희가 죽어 나에게 왔을 때 받는 영
광은 그보다 수백 배의 영광이요, 은
혜요, 사랑이요, 은총을 받는다는 것
을 알아야 할 것이며,
29 오늘 그저 되는대로 살아가는 자, 흥
얼흥얼 저희가 그저 즐기며 살아가는
백성, 그러면서 나에게 구원을 받을
수 있다 하는 자들,
30 그들은 결국 죽음이라는 그 문턱을 넘
어왔을 때, 그것이 얼마나 잘못된 것
이며 허황된 삶이요, 허황된 꿈속에서
허덕이고 살았는가를 그때는 알 것이
니라.
31 너희는 오늘의 육의 삶의 그 고통보다
더 많은 은혜와 영광을 받는 미래가
보장된 백성이요,
32 오늘을 그저 대충 사는 그와 같은 자
들은 미래에 어떠한 보장도 없으며,
그 누구도 그 길을 가지 아니하려 몸
부림치는 지옥이라는 그곳에 가게 되
어 있음이니, 그것이 너희와의 차이임
을 알아야 할 것이니라.
33 오늘날 너희 자신을 다스리기가 얼마
나 힘들고 어렵더냐?
34 욕심을 버리며 마음 하나 다스리기가
그렇게 어렵고 힘든 것이니,
35 그를 위하여 얼마나 노력하며 그를 위
해 얼마나 수고스러운 삶을 사는가?
36 그리 살아도 바로 살 수 없으며,
37 육의 세상에서 육의 눈으로 보는 세상
과 마음으로 보는 세상이 있다 했음이
니,
38 그와 같이 아름답게 살고자 노력하는
너희도 마음의 세상을 보지 못하고 나
에게 오는 자가 수없이 있거늘,
39 너희는 노력하지 아니하며 변하지 아
니하며, 그저 인간이기 때문에 죄를
짓지 아니하고 살 수 없으니, 그저 대
충대충 분위기에 맞춰 살다 보면 구
원을 받는다 그리 말하고 가는 백성,
40 그들이 너희가 가고 있는 그 행복함
을 알며 너희가 가고 있는 오늘의 노
력함을 알며 그 고통스러움을 알겠는
가?
41 그들은 아무것도 모르는 자들이니라.
42 그러니 모르고 사는 것만큼 그들은 그
대가를 치를 것이며, 너희는 알고 산
만큼 그 대가를 얻을 것이니라.
43 인간 세상에 살아가는 가장 중요한 삶
의 기본이 있음이니라.
44 노력하는 것은 고통스러우나, 고통을
인내하며 참고 가는 자는 영화가 있다
그리 말하지 아니하였던가?
45 인내하는 자에게는 부귀와 영화가 있
으며 그 대가가 있다 하였음이니라.
46 노력하지 않는 자는 바로 쓸 수 없으
며, 노력하는 자는 얻는 것이 있다는
너희 그 말이 있지 않더냐?
47 그래서 '인내는 쓰나, 그 열매의 결과
는 달다'는 말이 있지 않더냐?
48 그와 같은 이치를 알면서, 너희는 구
원이요, 영원히 살고 못 사는 것, 나의
하늘나라에 오르고 못 오르는 것은 그
인내와 그 노력함이 얼마나 쓰고 고통

스럽겠는가?
49 그러나 그 길을 가야만 그 열매의 결과는 달고 아름답다는 것을 어찌하여 생각하지 못하는가?
50 인간의 백 년도 되지 못하는 그 삶 속에서 너희가 노력이요, 인내는 쓰나 그 열매는 달다 그리하여, 그 단 열매를 위하여 노력하는 삶을 살면서,
51 그것이 살아가는 도리요, 그 역사 위에 모든 것이 이루어진다는 것을 알면서,
52 하늘에 오르는 길이요, 정녕 너희가 다시 태어나는 길이요, 상상할 수도 없으며 그림으로 그릴 수도 없으며 사진으로 찍을 수도 없는 그 하늘나라에 가서 사느냐,
53 그렇지 않으면 너희가 고통과 고통의 불바다 속으로 들어가는 그 지옥으로 가느냐,
54 그걸 놓고 선택하는 너희가 그 길에서는 어찌하여 그 쓰고도 쓴 인내와 노력을 해야 너희가 단 열매를 거둔다는 그 이치를 적용하지 못하며,
55 그저 대충 흐르는 세월 속에 그저 흥얼거리고 살다 보면 나에게 오를 수 있는 것이요,
56 그리고 너희가 손으로 지은 성전이요, 거짓 지도자 앞에 가서 재물을 바치고 눈물 흘리고 기도하며 가장 편안한 방법으로 살면 구원 얻는다 그리함이니,
57 인간 세상에서도 좋은 열매를 거두려면 피나는 노력과 인내요, 그 대가로만 이루어지거늘,
58 어찌하여 너희는 그보다도 더 천배 만배 소중하며 영원히 살고 영원히 존재하는 나의 나라에 오르는 그 삶을 위해서는 노력하지 아니하며 인내하지 아니하며, 그와 같이 편한 방법으로 살아가는 어리석은 삶을 산단 말이던가?
59 이제 나의 아들을 따르는 백성이요, 선택된 그 제자들이요, 나의 법전을 읽고 깨우친 백성, 너희는 오늘의 고통과 시련을 행복이요, 즐거움으로 알라.
60 피나는 노력 속에 욕심을 버리며 너희 자신의 악습을 하나하나 버릴 때, 너희에게 얻어지는 그 기쁨을 그들은 모르는 것이니라.
61 그들은 너희가 고통스럽고 힘든 그 길을 가는 것이 어리석은 백성이요, 불쌍한 백성으로 보이나,
62 너희가 변화되었을 때의 행복을 육에서 얻으며 그 노력한 만큼 육에서 행복을 얻은 만큼 너희가 나에게 와 열배 백배 상상할 수 없는 그 은혜와 축복과 영광을 받는다는 것을 미리 보장해 놓은 것을 그들은 모르는 자들이니라.
63 너희는 인간의 백 년도 안 되는 그 삶을 위해서 미래를 위해서 적금이라는 것을 들며 보험이라는 것을 들며 재산을 축적하며 온갖 짓을 다 하느니라.
64 그리고 미래를 위해 관상을 보는 자를 찾아가며 미래를 봐주는 무속인 앞에 가 돼지머리 놓고 운명이요, 미래를 알고자 하며, 온갖 방법을 다 동원하면서 육의 삶을 위해 축적함이요, 육의 삶의 미래를 위해 준비하는 것이거늘,

65 어찌하여 너희는 영원히 사는 그 삶
을 위해서 준비할 줄 모른단 말인가?
66 너희는 장래가 정해져 있으며 죽을 날
짜가 정해져 있으며 모든 것이 끝나는
그 삶을 위해서 그리 투자하고 그리
노력하면서,
67 장례 날만을 기다리는 것이 너희의
삶이거늘,
68 장례 날을 기다리는 그 삶을 위해서
모두를 다 바치며, 영원히 새로 태어
나는 세상이요, 새로 나는 역사의 그
길을 너희는 보지 못함이니,
69 어찌하여 죽음이 정해져 있는 끝나는
그 육을 위해 모두를 다 바치며,
70 너희가 새로 태어나 영원히 사는 그
위대한 삶을 위해 투자할 줄 모르며
거기에 헌신하지 못하며 그를 돌아다
봐 거기에 맞는 삶을 살지 못한단 말
이더냐?
71 장례 날짜를 받아 놓은 너희가 죽음
의 그 삶을 위해, 새로 태어나는 그 아
름다운 삶의 길을 모르며 그를 저버리
니, 얼마나 어리석고 불쌍한 백성인가
그들에게 깨우쳐 주라.
72 나의 법전을 읽고 깨우치고 오늘의 고
통을 인내하는 너희는 장례 날짜의
그것을 이미 알기에, 너희는 이미 그
것을 접어 두었으며 그걸 뒷전으로 밀
어 두었으며, 그 삶을 접어 둔 자들이
니라.
73 오로지 다시 태어나는 미래의 행복이
요, 미래의 영광의 그날을 위해 지금
보험을 들며 적금을 들며 하나하나 그
리 쌓아 나가니,
74 그 쌓아 나가는 것은 고통스러운 삶에
서 악을 버리고 선을 선택해 살아가는
그 삶이니,
75 하나의 악을 버릴 때 하나의 보험을
드는 것이며, 하나의 악을 버렸을 때
적금을 드는 것이며,
76 하나의 악을 버렸을 때 미래를 위한
완전한 준비 단계에 들어선다는 것이
니,
77 그러기에 너희가 나로부터 선택된 소
중한 백성이요, 선택되어 나에게 부름
을 받은 걸 영광으로 알며, 오늘날 내
가 역사하는 길에 들어선 것을 너희는
영광으로 알아야 할 것임을 잊지 말
라.
78 나의 모든 뜻은 죽지 아니하며 영원히
존재하며 영원히 역사함이니,
79 영원히 죽지 아니하며 영원히 역사하
는 나의 뜻에 너희가 그 반열에 서서
그 길을 가며 그를 역사하며 살아가
니, 너희가 얼마나 소중한 자들이며
얼마나 축복과 영광을 받은 자들인가
를 가슴에 손을 얹고 너희 자신을 돌
아다보는 그와 같은 시간을 수시로 갖
고 또 가져야 함을 잊지 말라, 사랑하
는 나의 아들딸들아!

6,422 번째 하나님 말씀

2003년 6월 14일 11시 12분

1 사랑하는 나의 아들아!
2 "네, 아버님! 말씀하옵소서."
3 이제 나의 아들이 '나를 따르라' 그리
부르짖으며 횃불을 높이 들고 너희 보
고 그리 따르라 하였음이니,
4 그를 따르는 자 또한 '나를 따르라' 그

리 외쳐야만 할 것이니라.
5 나의 아들이 '나를 따르라' 외침이니,
그를 받은 그 제자들이 '나를 따르라'
외치며,
6 너희를 따르는 제자들이 또 '나를 따
르라' 그리 외침으로, '나를 따르라' 하
는 그 천둥보다도 더 무서운 그 음성
이 세상을 덮게 됨이니라.
7 나의 아들이 '나를 따르라' 외치는 것
을, 그 음성으로서는 세상을 덮을 수
없으나,
8 그 제자들이 그리 '나를 따르라' 외치
며, 나의 법전을 읽은 백성이 '나를 따
르라' 자신 있게 외치고 갈 때,
9 이 세상은 나를 따르는 그 백성으로서
이루어질 것이며, '나를 따르라' 하는
당당한 모습으로 살아가는 그와 같은
백성이 될 것이니,
10 모두가 그와 같이 되었을 때, 나이 먹
은 자가 '나를 따르라' 자신 있게 말하
며 어린 아이가 '나를 따르라' 사신 있
게 말할 수 있는 그와 같은 세대가 이
루어지는 것이 너희 후손으로서, 하늘
에서 이루어진 것같이 지상에서 그 낙
원이 이루어지는 그와 같은 영광된 길
이니라.
11 이제 바로 나의 아들이 '나를 따르라'
하며 횃불을 들었음이니, 너의 제자들
이요, 나의 아들을 따르는 제자 너희
가 당당히 '나를 따르라' 하는 그와 같
은 삶을 살아야 할 것이니라.
12 내가 너희에게 일찍이 말하였느니라.
13 그 어렵고 힘든 역경 속에서 나의 아
들이 당당히 '나를 따르라' 횃불을 높
이 들고 그가 뛰기 시작하였음이니,
14 그 제자들이 그를 따르지 못하는 자,
숨이 가쁘다 주저앉는 자, 다리가 아
프다 주저앉는 자, 힘이 들다 주저앉
는 자, 그들은 샛길로 빠져 가는 자들
이니, 버림을 받는 자들이요, 나에게
오를 수 없다는 것을 너희가 깊이 명
심해야 할 것이니라.
15 이제 나의 아들이 모든 백성을 위하여
'나를 따르라' 그가 외침이니,
16 너희는 순간적인 마음의 변화요, 순간
적인 계산된 마음에서 변화되는 그와
같은 역사의 뿌리를 이제 접어 두어
야 할 것이니라.
17 너희가 살아가면서 환경에 따라서 그
분위기에 따라서 순간적으로 마음이
선하게 바뀌며 착한 마음을 갖는 그것
은 단 몇 초도 안 가서 너희의 악한
마음의 근성이요, 독한 마음의 근성이
그대로 나타나는 그와 같은 변화를 원
하는 나 여호와가 아님이니라.
18 너희는 완벽히 변한 자들이요, 완벽히
욕심을 버린 자들이요, 완벽히 악습의
뿌리를 뽑아 버리는 그와 같은 선택된
백성으로 되어야만 '나를 따르라' 부
르짖을 수 있음을 알아야 할 것이니라.
19 위장된 변화요, 순간적으로 모면하기
위하여 그와 같이 변화되는 마음은 너
희의 죄만을 가중하는 것이니라.
20 그리고 선량하고 착한 나의 백성을
인도하는 지도자로서 자격이 없음을
너희는 알아야 할 것이니라.
21 내가 나의 아들을 통하여 너희에게 일
깨워 주었음이니라.
22 이제 너희가 나에게 약속하는 것은
모두 다 지킬 것만을 약속할 수 있으

며, 너희가 지켜 나가는 것만이 변했
다 나에게 기도하며 나에게 그리 말하
라 하지 아니하였는가?
23 그러니 순간적인 위장된 것이요, 남을
속이기 위해 하는 것이요, 그 분위기
에 따라서 그 환경에 따라서 너희 마
음이 선한 쪽으로 변화되는 그와 같은
위장된 뿌리를 뽑지 못한 마음의 행위
를 해서는 절대 아니 됨이니라.
24 너희는 완벽하게 그 악의 뿌리요, 욕
심의 뿌리를 버리는 것, 그리고 너희
가 행동하는 것은 오로지 진실된 것이
며 가슴에서 우러나오는 아름다운 그
마음의 변화를 이루어야 할 것이니라.
25 마음속에서 변화되는 그 변함이 아니
요, 순간적인 변화되는 마음으로 너희
가 살아간다면 나를 기만하는 것이요,
아래로는 모든 백성을 기만하는 자들
이니,
26 종교 지도자요, 구원을 받았다는 백성
이 진정으로 변함이 없으며 위장된 변
화요, 그저 연막을 치는 그 변함이요,
남을 속이기 위한 그와 같은 변함의
방법으로 가니,
27 그는 바로 지도자가 될 수 없으며, 만
백성을 구원할 자가 없음이니, 그와
같은 자가 당당히 나의 아들처럼 '나
를 따르라' 부르짖을 수 있다 말하는
가?
28 '나를 따르라' 부르짖을 수 있는 그 종
교 지도자가 있다면 그는 나로부터 선
택된 자요,
29 그와 같이 제가 자신이 있는 삶을 산
다면 나 여호와가 그를 거두었을 것이
니라.
30 지금 나의 아들이 횃불을 높이 들고
'나를 따르라' 외치는 것처럼, 모든 종
교 지도자들은 '나를 따르라, 나를 보
고 따르라, 나를 보고 살라.' 그리 말
할 수 있는 자가 되지 아니하면 나에
게 구원을 받을 수 없음이니라.
31 나의 아들 예수가 뭐라 말하였느냐?
32 '나를 따르라. 나에게 오라. 그러면 구
원을 받을 것이니라.' 하였으니, 그는
바로 무엇이던가?
33 예수는 한 점의 부끄럼이 없이 살아가
는 그 삶이요, 나 여호와의 뜻이 무엇
이며 그 행함을 알고 있었기 때문에,
34 오로지 그를 따르며 그 앞에 오는 자,
나에게 오를 수 있으며, 그를 보고 행
하는 자는 하늘에 와 구원을 받을 수
있다 하였음이니,
35 바로 예수의 행함을 보고 따르라 하는
것이며, 그가 살아온 그 행적을 보고
살라 하는 것이며, 그 행함을 보고 살
라 하는 것이니,
36 지금 나의 아들이 '나를 따르라' 하여
외치는 것은 나의 아들의 살아가는 모
습을 보며 그가 행함을 보며 너희가
따라오라,
37 그리하는 자는 구원을 받으며 나에게
올 수 있다는, 예수가 2천 년 전에 부
르짖은 그 뜻을 오늘의 나의 아들이
너희에게 그리 당당히 말함이니,
38 나 여호와의 기쁨이 이루 말할 수 없
음이니,
39 여기에 나 여호와의 행복함이요, 나
여호와의 기쁨이 더하다는 것은, 그를
따르는 가장 가까이에 있는 그 제자
너희가 '나를 따르라' 부르짖을 수 있

는 당당한 모습으로 변화됨이니,
40 너희가 겉과 속이 다른 그와 같은 말을 해서도 안 되며,
41 그와 같은 삶을 잠시라도 살아간다면, 너희가 겉과 속이 다른 말 한마디를 한다면, 1초라도 그와 같은 생각을 한다면 너희는 정녕 언제 무너질지 모름이니,
42 너희가 '나를 따르라' 그와 같이 말할 수 없는 자들임을 알아야 할 것이니라.
43 '나를 따르라' 이 한 마디가 이 세상의 천둥번개보다도 더 무서운 소리며 이 세상을 정화함이니,
44 그로 인하여 천사도 떨며 사탄도 떨고 있음을 너희는 알아야 할 것이니라.

6,423 번째 하나님 말씀

2003년 6월 14일 11시 20분

1 사랑하는 나의 아들아!
2 "네, 아버님! 말씀하옵소서."
3 너희는 이 세상에 태어나 죽고 사는 변화 속에 존재하며 살아가는 것이 아니던가?
4 나로부터 생명을 받아 나간 너희가 아무리 영웅호걸이라 한다 해도, 너희는 태어나 죽고 사는 그 변화 속에서 존재하며, 그를 벗어날 수 없는 것이 너희 삶이 아니던가?
5 그러나 나 여호와가 창조하며 나 여호와가 역사하고자 하는 그 모든 일은 중단함이 없으며 죽음이 없으니, 너희가 그와 같은 이치를 깨달아야 할 것이니라.
6 나 여호와가 역사하고자 계획한 것, 내가 시행하고 있는 그 모두는 변질하는 것이 없으며 버려지는 것이 없으며,
7 너희가 죽고 사는 것처럼 죽어 없어지는 그와 같은 것이 없음을 너희는 알아야 할 것이니라.
8 너희에게 나의 아들을 통하여 하나의 가르침을 전하며 너희가 행해야 할 작은 명령을 내가 너희에게 내렸음이니라.
9 '너는 오늘부터 고기를 먹지 말라' 내가 그리 간단한 것을 너희에게 가르쳐 주었거늘, 너희가 그를 행하지 아니하며 그를 듣지 아니할 때,
10 너희는 모든 고기를 다 먹지 못하는 그와 같은 체벌이 내려지는 것을 알고 있을 것이며, 그 무서운 나 여호와의 뜻을 너희는 알고 있을 것이니라.
11 그리고 너희가 사랑을 베푸는 것도 모두 다 배로 주는 것이 사랑이요, 나눔이라 내가 그리 말하지 아니하였던가?
12 받은 것을 배로 줄 수 있는 것이 사랑이요, 나의 뜻이라 하였음이니라.
13 너희가 나의 작은 명령을 따르지 아니하였을 때, 내가 열 가지 스무 가지를 더 지켜야 하는 어려운 그 길을 명한다는 것을 너희는 이미 알고 있을 것이니라.
14 그러니 나 여호와가 이 세상에 무엇을 내려보내며 이루고자 하는 것,
15 내가 나의 법전 한 권을 세상에 내려보냄이니, 나의 법전을 태우고 찢어 버리는 자가 있다면 그것은 열 권 백 권으로써 내가 법전을 더 내려보내며, 나의 법전으로써 세상에 전하게 되는

그 역사함을 너희는 알아야 할 것이
니라.
16 이 세상의 모든 종교 집단이요, 지도
자요, 그리고 믿음의 길을 가는 그 백
성 너희가 잘못 가고 있으며 잘못 깨
우치는 것을, 나의 법전으로 인하여
너희의 추한 모습이 드러나며, 너희가
악행을 더 이상 할 수 없다 하여 나의
법전 열 권을 버렸을 때,
17 나는 천 권, 만 권으로써 법전을 세상
에 더 내려보내어 나의 뜻을 심어 준
다는 것을 너희는 알아야 할 것이니
라.
18 너희가 어떠한 방법으로써 나의 법전
을 지우려 해도, 너희가 한 권을 지우
면 열 권 백 권이요,
19 천 권을 버리면 그 수백 배의 법전을
내가 세상에 심어 나의 뜻을 역사한다
는 것을 너희는 알아야 할 것이며,
20 나 여호와의 뜻이 지상에서 이루어지
는 것은 그 모든 것이 무궁무진한 준
비의 역사가 되어 있음을 너희는 알
아야 할 것이니라.
21 내가 지금 나의 아들을 세상에 내려보
내어 이 법전을 전하고자 만들어 냄
이니,
22 이를 태워 버리는 자, 찢어 버리는 자,
그와 같은 행위를 하는 것은 그보다도
몇십 배씩 내가 더 준비되어 있음을
너희는 알아야 할 것이니라.
23 너희는 2천 년 전 나의 아들 예수의
그 제자 열두 명으로써 그를 따르고
그 역사를 하고자 하였음이니라.
24 그러나 그 제자들로써 그 역사를 하지
못했으며 오늘과 같은 사악한 형국이
이루어졌기에,
25 오늘날 나의 성령이요, 나의 모두를
태워 지금 내려보내는 마지막 심판대
인 나의 법전을 세상에 내려보내며,
이를 접하고 따르는 그 제자들을 내가
수를 헤아릴 수 없이 많이 나의 아들
의 제자를 만들며, 나의 법전을 따르
는 나의 백성으로 만듦이니,
26 2천 년 전 나의 아들 예수에게 열두
명의 제자로써 그를 바로잡고 깨우쳐
가라 하였으나,
27 너희가 그를 죽게 하였으며 그의 뜻을
따르지 아니하였으며 나의 아들 예수
의 뜻을 따르지 아니하여 지금 이와
같이 2천 년의 역사가 흐른 지금, 나
의 성령을 마지막 태워 세상에 내려보
냄이니,
28 나의 아들을 따르는 그 제자들의 수를
헤아릴 수가 없으며 나의 법전을 읽고
깨우쳐 역사하는 백성의 그 수를 헤
아릴 수 없는 것이 나의 뜻이니라.
29 내가 이 세상에 이루고자 하는 것, 하
늘에서 이루어진 것같이 지상에 낙원
을 이루는 그 모든 준비는 완벽하게
되어 있으며,
30 그 역사는 죽지 아니하고 이루어진다
는 것을 너희는 알아야 할 것이니라.
31 지금의 모든 종교 집단이요, 지도자
그들이 생각하는 것, 저희가 태어나
죽고 사는 그 변화 속에서 저희가 죽
고 사는 것만 모면하면 다음의 세상은
저희와 관계가 없으며,
32 그다음의 역사는 어떻게 뒤죽박죽이
되든 사악한 것의 뿌리라 하든 저희는
관계없다 그리 말하고 있을 것이니라.

33 그러나 너희는 그것이 얼마나 어리석
은 깨달음이며 얼마나 어리석은 생각
인지를 나에게 와 심판을 받을 때 알
것이니라.
34 너희는 내가 역사하는 것, 내가 이루
고자 하는 것도 너희가 태어나고 죽
는 것처럼 나의 법전도 세상에 나왔다
없어질 날이 있을 것이라 그리 생각하
나,
35 나의 법전을 열 권을 너희가 태웠을
때 백 권, 천 권, 만 권이요, 그와 같은
법전이 준비되어 나간다는 것을 너희
는 알라.
36 그러니 너희는 나의 뜻을 핍박하지
말며 나의 법전을 버리려 하지 말며,
나의 아들을 핍박하려 생각하지 말라.
37 내가 이제는 모든 준비된 그 생활이
요, 그 모든 형태로써 이끌어 감이니,
38 너희가 지금 나의 아들 하나를 핍박하
며 나의 법전을 보고 따라가는 백성에
게 핍박할 때,
39 나는 그들을 감당할 수 있는, 그들보
다 더한 제자요, 그들보다 더한 깨달
음 있는 백성을 수없이 이 세상에 내
려보낼 것이며, 그들로 하여금 역사하
는 그 일을 할 것이니,
40 너희가 지금이라도 바로 깨닫고 바로
깨달아 내가 역사하는 일에 동참하는
자는 구원을 받을 것이며,
41 그렇지 못한 자는 내가 수십 배 수백
배로 늘려 가며 내 뜻을 준비해 역사
하는 것에 너희가 더는 견딜 수 없음
을 알아야 할 것이니 그리 알라.
42 나 여호와는 너희가 나에게 와 심판
을 받기 전에, 내가 법전에 기록하여
너희가 가야 할 길과 역사할 일과 너
희가 행할 것, 그 모두를 기록하여 전
했음이니,
43 나에게 와 너희가 변명의 여지가 없
을 것이니 그리 알라.

6,424 번째 하나님 말씀

2003년 6월 14일 11시 28분

1 사랑하는 나의 아들아!
2 "네, 아버님! 말씀하옵소서."
3 나 여호와가 역사하는 것은 죽음이 없
으며 중단이 없으며 끊어짐이 없다
내가 그리 말하지 아니하였는가?
4 그리하여 아무리 사악한 종교 집단이
요, 지도자요, 그리고 믿음의 길을 간
다며 광분하는 그 신도들이요, 그와
같은 자들이 아무리 나의 법전을 태우
고 찢어 버린다 해도,
5 너희가 열 권을 찢어 버렸을 때, 나는
백 권이요, 천 권이요, 만 권을 준비하
여 세상에 내려보내는 이와 같은 역사
로써 내 뜻은 관철될 것이며 이루어
질 것이라 내가 너희에게 그리 전하였
음이니라.
6 그러니 오늘 나의 아들을 따르는 제자
들이요, 그리고 나의 법전을 읽고 깨
우친 백성 너희는 이와 같이 내가 변
화하는 그 역사의 과정에서 참여하는
자들이며,
7 나의 뜻을 역사하는 것이 너희들임을
알아야 할 것이니라.
8 그러니 너희는 하늘과 지상에서 나의
뜻을 역사하는 나 여호와가 이루고자
하는 공적 책임을 떠맡아 지도하는 자

들이며,
9 그 공적 책임을 떠맡아 많은 백성을
일깨워 하늘에 오르는 진정한 길을 깨
우쳐 주는 것이 너희이니라.
10 그러니 너희가 지상에서는 나 여호와
로부터 부름을 받은 자요,
11 나 여호와가 너희를 불렀기에 너희는
내가 원하는 고유의 위치에서 자세를
지켜야 하며 너희가 행해야 할 그 대
명이 있으며,
12 너희가 그 역사를 마치고 죽어 나의
나라에 왔을 때, 또한 고유하게 정해
진 자리의 위치가 있으며 너희가 가
야 할 그에 대한 영원한 축복과 영광
을 누릴 수 있는 정해진 자들이라는
것을 알아야 할 것이니라.
13 그러니 지상에 있는 너희에게 인간
누군가가 책무를 내린 것이 아니요,
14 지상과 하늘 모두를 창조하고 통제하
는 나 여호와가 공적인 책임을 너희에
게 맡겼음이니라.
15 그리하여 너희는 다 각자가 그 맡은
책임이 있다 말하지 아니하였던가?
16 법전을 만드는 자, 성전을 관리하는
자, 법전을 전하는 자, 그리고 만백성
앞에서 강론하는 자,
17 그와 같은 너희의 그 책임은 나 여호
와가 하늘과 땅을 통틀어서 창조주인
내가 너희에게 명을 한 그 임무이니,
지상과 하늘의 공적 책임을 맡은 자들
이라는 것을 너희는 잊지 말라.
18 그리하여 너희는 고유한 권한이 있으
며, 너희가 받아야 할 상이 있으며, 너
희가 와야 할 자리가 있으며, 너희가
해야 할 직분이 있다는 것을 알아야
할 것이니라.
19 지금 수천 년 동안 나의 백성이요, 나
에게 오르는 길이라 하여 그 믿음의
길을 간 백성이, 전임자인 그 백성이
너무나 잘못했으며 잘못 가르쳤으며,
인간 저희의 생각이요, 저희 계명을
가지고 모두를 이끄는 그와 같은 형국
으로 지금 이 사악한 시대가 되었음이
니,
20 이를 바로잡으며 이를 바로잡기 위한
자격이 갖춰진 자며 지도자로서 자격
이 갖춰진 자만이 만백성을 구하는
그 역사를 할 수 있음이니, 바로 너희
가 선택됨이 거기 있음이니라.
21 이 모두를 역사하는 것은 너희밖에 없
음을 내가 다시 한 번 너희에게 전함
이니, 선택된 너희가 얼마나 소중한
것인가를 알라.
22 그리고 하늘과 땅의 모든 공적 책임을
떠맡아 일하는 지도자가 얼마나 중요
한 것인가를 너희는 알아야 할 것이
니 잊지 말라, 사랑하는 나로부터 선
택된 아들딸들아!

6,425 번째 하나님 말씀

2003년 6월 15일 07시 25분

1 사랑하는 나의 아들딸들아!
2 "네, 아버님! 말씀하옵소서."
3 너희가 인간사 세속에서 살아가면서
누구는 노력하는 것만큼 아무리 노력
해도 이루지를 못하고,
4 누구는 노력하지 아니하여도 그 역사
의 이루어짐이 순탄한 그 길을 간다
하여, 너희는 그 이치요, 그 의미를 알

지 못하는 자가 수없이 있음이니라.
5 이는 너희가 나로부터 생명을 받아
세상에 나갈 때, 너희는 그 모든 짐을
다 지고 나가는 것이 너희이니라.
6 그러니 그것이 바로 너희의 운명이라
하며, 너희가 태어날 때 양손에 쥐고
나오는 너희가 살아가는 인생의 그
길이 결정되어 세상에 나오는 것이니,
이는 바로 너희에게 무엇을 의미하는
가?
7 어찌하여 나 여호와가 너희가 세상에
나갈 때 누구는 부귀영화를 두 손에
쥐도록 하며, 누구는 고통과 시련만을
두 손에 쥐고 세상을 나가게 하는가
그리 말할 것이니라.
8 그러나 너희는 여기서 알아야 할 것
이니라.
9 내가 너희에게 뭐라 일렀더냐?
10 너희가 세상에 나가는 것은 나 여호와
로부터 심판을 받고, 그 심판의 점수
에 따라서 너희가 세상에 살아가는
그와 같은 기회를 다시 한 번 얻었다
하였음이니,
11 너희가 나로부터 심판을 받아서 나가
는 것은 너희가 인생으로서 다시 한
번 태어날 수 있는 그와 같은 자격이
있을 때 나간다 하였음이니라.
12 그러나 그가 그 자격을 받으며 그가
그 자격에 따라서 나올 때, 얼마만큼
아름다운 삶을 살았으며 얼마나 험악
하게 살았느냐 하는 너희가 갚아야
할 그 모든 죄에 대하여 그 대가로써
좌우된다 하면 너희는 그리 믿겠는가?
13 그를 너희는 믿지 않으려 할 것이니
라.
14 그러니 너희는 지금의 생활이 어려운
자, 고통스러운 자, 그 모두가 자기의
생활에 최선을 다하여 그 길을 넘어야
한다는 것을 알아야 할 것이니라.
15 너희가 풍요로운 마음이요, 용서하는
마음이요, 나누는 마음이요, 베푸는
마음을 갖고 살며, 너희가 사악한 마
음이요, 욕심스런 마음이요, 남을 시
기·질투하는 그와 같은 마음을 가지
고 이 세상에서 살 때,
16 그 대가에 대해서 나에게 와서 심판을
받는다 말하지 아니하였던가?
17 지금 너희는 일차로 그와 같은 것을
치르는 그 삶을 사는 것이요, 그 삶의
기회를 한 번 더 얻은 것이니,
18 그리하여 너희가 얼마나 은혜 받은
자라 하였던가?
19 한 번의 기회도 얻지 못한 자도 있거
늘, 너희는 한 번의 기회를 얻어 세상
에 나왔으니,
20 앞으로 아름답게 살면 되는 그 삶을
살아야 하는 것을,
21 너희는 그를 거역하며 그를 버리고 사
는 그와 같은 삶을 사는 것이니라.
22 그러니 그와 같은 삶을 살았을 때, 정
녕 너희는 결국 또 어떠한 결과를 맞
이하는가?
23 심판대에 와 그 심판을 받음으로 인하
여 그 삶에 대하여 그 대가를 치른다
는 것을 잊어서는 아니 될 것이니라.
24 이를 명심하고 또 명심해야 할 것이니
라.
25 그와 같은 이치를 정녕 믿는다면, 오
늘의 삶을 한 점의 부끄럼이 없이, 한
점의 거짓됨이 없이 얼마나 아름답게

살아야 하는가를 알아야 할 것이니,
26 그것도 아직 깨닫지 못하는 것이 나의
어리석은 백성이니, 이를 어찌해야 한
다는 말이더냐?
27 그러니 이를 말로써 전할 수가 없으며
이 뜻을 너희에게 말로써 전할 수가
없기에,
28 내가 나의 아들을 통하여 나의 새로운
성경에 이 하늘의 비밀이요, 하늘의
뜻을 기록하여 전함이니,
29 이를 보고도 깨우치지 못하는 자, 과
연 내가 나의 아들을 통하여 너희에게
깨우치는 것이 무엇이 잘못되었으며
너희가 그로 인하여 사악하게 살아간
다면, 나의 법전이 잘못된 것이라 말
할 것이니라.
30 너희는 이 세상에 나오기 전에 죄를
지었으며, 그 죄를 사하고자 나에게
연판장에 네 이름을 적고 나왔다 하
였으니,
31 그리하여 네가 지은 죄를 사하는 지금
의 인생을 아름답게 살라는 것이 너희
에게 무엇이 잘못되었는가?
32 너희가 죄를 짓고 용서를 받으려고
연판장에 쓰고 나왔으니,
33 너희는 전생에도 죄를 짓고 산 자들
이니, 이승에서 또 죄를 짓고 또 지금
의 삶을 잘못 살도록 한다면, 이것은
나 여호와의 뜻이 아니요, 진리의 말
씀이 아니라 너희가 그리 말하고 반
박해도 내가 할 말이 없음이니라.
34 그러나 너희는 그 모두를 다 털어 버
리고, 아름답고 욕심을 버리는 마음으
로 그리 살라 가르치는 것이 과연 무
엇이 잘못되었는가?
35 그러면 너희는 이를 보고 전생이 무엇
이었으며 죽어 가 오로지 심판을 받
는 것뿐이니,
36 너희가 심판을 받을 때 인간이 행하는
것으로써 너희가 심판을 받을 수 없
으며,
37 인간으로서 선한 역사를 해도 그 공으
로 너희가 심판을 받는 데는 도움이
되지 않는다 하니, 이보다 더 사악하
고 이보다 악랄한 자들이 어디에 있
느냐?
38 이를 너희가 되돌려서 생각하면 무엇
이더냐?
39 인간은 아무리 착하고 선하게 살아본
들 너희가 구원을 받는 데는 관계없
으니,
40 악한 대로 살아가며 그저 재물을 바
치고 그때 가서 용서를 빌며,
41 그저 나의 아들 예수를 찾으며 나 여
호와 아버지요, '아버지 품에 가고 싶
습니다, 아버지를 믿습니다, 아버지를
공경하옵니다, 아버지의 아들딸입니
다.' 이를 부르짖기만 하면 너희가 구
원을 받는다 그리 말하니,
42 얼마나 사악한 자들이요, 사탄의 자식
으로서 지금 변질되었는가 그 뜻을
알라, 사랑하는 나의 아들딸들아!

6,426 번째 하나님 말씀

2003년 6월 15일 12시 05분

1 사랑하는 나의 아들아!
2 "네, 아버님! 말씀하옵소서."
3 너의 부족한 그 제자가 학업을 계속하
여, 네가 강론하며 네가 만백성에게

나의 뜻을 전하는 그 장소에 그가 먼
저 나가서 먼저 보이며, 오늘의 강론
은 누구의 뜻을 전하는 것인가를 먼저
전하는 그 대명을 수행할 자가 그 제
자라 하였음이니라.
4 그러니 그가 오늘의 고통과 시련이 없
이 무엇이 이루어진다 생각하지 말라
그리 말하라.
5 너희 살점이 찢어지는 그와 같은 아
픔과 고통의 시련이 있다 해도 그는
그 길을 가야 할 것이며 그는 역사해
야 할 것이니라.
6 나 여호와 창조주가 명하였음을 내가
그리 전하라 하였거늘,
7 그를 그가 행하지 아니한다면 그가
어찌하여 지혜를 얻을 수 있으며, 그
가 생각을 얻을 수 있으며, 그가 판단
하여 역사할 수 있으며,
8 나의 뜻을 대신하는 나의 아들 네가
강론하기 전에 그 앞에 나가 만백성의
눈물을 자아내는 그와 같은 심금을 울
리는 있는 그대로를 제가 어찌 호소력
있게 전할 수 있단 말이던가?
9 노력하지 아니하고 공부하지 아니하
며 배우지 아니하면, 지혜를 얻을 수
없으며 지혜를 터득할 수 없는 것이
너희 마음이니라.
10 지혜를 터득한 자와 지혜를 터득하지
못한 자의 차이점이 얼마나 무서운 것
인가를 너는 알아야 할 것이며, 너의
제자들에게 그리 전하여 주라.
11 그리하여 나 여호와가 내리는 작은 명
령이 미래에 큰 역사가 있다는 것, 너
희가 지혜가 있는 자와 지혜가 없는
자의 그 판결이 얼마나 무서운 것인
줄 알겠느냐?
12 너희는 알고 있지 않은가?
13 솔로몬의 지혜라는 것이 있느니라.
14 한 자식을 놔두고 두 여인이 서로 제
자식이라 말함이니,
15 그 고통스러운 것을 판단하는 솔로몬
은 과연 어디에서 그와 같은 역사를
했겠는가?
16 그는 지혜가 있기 때문에 지혜가 있어
서 그는 판결할 수 있지 않았던가?
17 그 아이를 서로 죽여 나눠 준다 할 때,
그 친어머니는 그를 거절하였으며 친
어머니가 아닌 자는 그리 나눠 달라
그리 말하였음이니,
18 그와 같은 지혜요, 그와 같은 현명한
판단은 무엇이더냐?
19 지혜가 있기 때문이니, 너의 제자 또
한 그와 같이 하지 아니하면 지혜를
얻지 못함이니 그리 알라.
20 사랑하는 나의 아들아!
21 지금의 모든 종교 집단이 그리 흘러가
고 있음이니라.
22 솔로몬의 그 심판처럼, 진정한 자기
아들은 그 아이를 죽여서 나눠 갖기를
원하지 아니하지 않았던가?
23 지금 살아가는 종교 집단이요, 지도자
가 다 그러하니라.
24 자식을 둔 그 부모가 자식이 잘못 가
는 것을 걱정하는 것이 그 자식으로부
터 재물을 거둬들이지 못하기에 자식
이 잘못되며 자식이 무너지는 것을 걱
정하는 부모가 있다 하면 과연 그것이
진정한 부모인가?
25 자식이 잘못되어 쓰러지는 것이 자식
이기에 고통스러워 아파하는 그 마음

이 부모의 마음이 아니던가?
26 어떠한 것이 진정한 부모의 마음이라
너희는 생각하느냐?
27 자식이 쓰러지고 무너짐으로 인하여
자기가 재물을 거둬들이며 부귀영화
를 누릴 수 없으며 거둬들일 수 없어
서 그를 걱정하는 부모가 있다면 그는
진정한 부모의 자세가 아니지 않은가?
28 너희는 여기서 하나를 깨우쳐야 할
것이니라.
29 모든 종교 지도자요, 집단들이 어렵고
힘든 제 제자들을 위해서 기도하고 경
배하는 것이 저희가 무엇을 거둬들이
고 대가를 받아들이기 위해서 기도한
다면,
30 그 기도는 종교 지도자로서 나 여호와
를 대신하는 지도자요, 나를 대신하여
사랑을 베풀며 기도하는 백성이라 말
할 수 있겠느냐?
31 너희 제자들이 어렵고 힘들 때, 그 제
자가 바로 서고 아름다운 삶을 살아갈
수 있도록 그 가슴 아픈 진정한 기도
를 드리는 것이 종교 지도자의 자세
며, 나를 대신하여 역사하는 나로부터
명받은 목자라는 것을 너희는 알아야
할 것이니라.
32 이 간단한 이치가 너희가 손바닥을
엎고 젖히는 것보다도 더 쉬운 진리이
거늘,
33 어찌하여 너희가 죽고 살고 하늘에
오르고 못 오르는 그 위대한 역사의
가르침에 현명한 눈을 뜨지 못하는가?
34 너희는 바로 지혜가 없음이니라.
35 너희가 지금 어렵고 힘든 그 제자에게
기도를 해 주며 그에게 모든 말을 다
해 주며 말로써 그에게 희망을 주고
그에게 용기를 주었다 하자.
36 그러고서 그들이 대가를 받아 오면,
그것이 어렵고 불쌍한 그 사람의 미래
를 위하여 그 사람을 걱정하여 기도하
고 인도하는 종교 지도자라 말할 수
있느냐?
37 진정 그 제자를 사랑하며 아끼는 종교
지도자요, 나로부터 선택된 백성은 기
도하며 그를 위하여 경배하며 그를 위
해 온갖 정성을 다 들이며, 그를 도울
길이 무엇인가 알아,
38 제가 가진 은화 몇 잎이라도 그를 위
해 놓고 올 수 있는 것이 진정한 부모
의 마음이며 부모가 자식을 사랑하는
마음이 아니더냐?
39 이를 봐야 할 것이니라.
40 나 여호와의 마음이 과연 어떠하겠느
냐?
41 너희가 재물과 그 모두를 바쳐야 너
희를 구원하는 나 여호와며 그걸 바치
는 것을 생각하는 나 여호와라 너희는
생각하는가?
42 이는 너희가 나를 얼마나 욕되게 하
며 나를 사악한 자로 만들며, 나를 얼
마나 무능한 자로 만들며 나 여호와
앞에 침을 뱉는 행위인 줄 아는가?
43 재물과 금화를 하늘에 바침으로써 그
자식을 사랑한다는 것,
44 그 어렵고 힘든 삶 속에서 너희가 재
물을 바치는 것이 나의 즐거움이라 말
하며 나 여호와라 말하는 것은 내 앞
에 침을 뱉는 자들이며 나에게 발길
질을 하는 자요, 온갖 사악한 짓을 하
는 것이니,

45 사형수를 죽이기 위해 망나니가 춤추
는 것보다 더 사악하고 더 흉악한 짓
을 하는 것이 너희라면 과연 믿겠는
가?
46 내가 너희를 보기에도 그러하니라.
47 자식이 쓰러져 가는 것보다 제가 모
든 것을 잃기에 가슴 아파하는 자, 그
리고 제가 얻기 위해서 자식이 쓰러지
는 것을 걱정하는 부모는 부모가 아니
라 하였음이니라.
48 하물며 나 여호와는 어떻겠는가?
49 그리고 나로부터 선택되어 만백성을
구하는 종교 지도자들이 저희가 재물
을 거둬들이기 위하여 쓰러지고 힘든
저희 신도를 격려하고 위로하는 기도
를 하고 그 대가를 받는다 하면,
50 너의 제자들과 너는 그와 같은 기도를
해서는 아니 될 것이며, 그와 같은 마
음의 자세로서 너희는 나의 지도자요,
선택된 백성이라 할 수 없을 것이니
그리 알라.
51 이 나의 찢어지는 마음을 바로 표현할
수 없으며 너희 가슴에 깊이 심어 주
지 못하며 만백성에게 한 번에 전하지
못하는 나 여호와의 이 아픈 마음을
아는가?
52 오로지 '하늘에 오르는 길'이요, '하나
님! 말씀하옵소서' 나의 '새로운 성경'
이요, 나의 법전을 통하여 이를 전해
야 함이니,
53 너희는 나의 이 간절한 아픈 마음을
안다 하면 너희가 오늘의 삶을 어찌
살아가야 할 것인가를 생각해 보며,
54 어느 것이 진정한 하늘에 오르는 길이
요, 어떤 종교 지도자가 나의 뜻에 나
의 목자로서 역사하는지 알아야 할
것이니라.
55 사랑하는 나의 아들, 나의 성전에 와
오늘 강론을 듣는 너희는 들으라.
56 내가 너희를 사랑하는 만큼 너희는
정녕 나를 사랑할 수 없단 말이더냐?
57 내가 너희를 사랑하는 만큼 너희가
나를 사랑한다면, 너희가 재물 같은
것으로써 나의 마음을 편하게 해 주며
나에게 축복받으며 영광이며 나에게
기쁨이 아니라는 것을 알 것이니라.
58 너희가 변하는 모습이요, 아름답게 역
사하는 것, 그리고 너희가 갔던 그 자
리로 돌아올 수 있는 그 믿음의 삶을
사는 것, 그것이 너희가 나를 울리지
않는 삶이라는 것을 가슴 깊이 새겨
두라.
59 내가 오늘 나의 아들을 통하여 너희에
게 전하였음이니라.
60 어렵고 가난하고 힘들어 쓰러지고 고
통 속에 있는 제자요, 신도를 위하여
기도하면서 무엇인가를 받는 자는,
61 그가 죽어 가든 쓰러져 가든 관계없
이 제 주머니를 채우기 위한 자요,
62 진정으로 그를 위하여 기도하며 그를
위하여 금화와 은화를 돌려주고 전해
줄 수 있는 자는 진정 고통을 같이 나
누는 것이니,
63 어떠한 것이 나 여호와의 뜻이며 나의
마음인지 가슴 깊이 새기고 돌아가도
록 하라, 사랑하는 나의 아들딸들아!

6,427 번째 하나님 말씀

2003년 6월 15일 21시 11분

1 사랑하는 나의 아들아!
2 "네, 아버님! 말씀하옵소서."
3 마음을 한자리 다스려 가는 것이 과연
어떠하더냐?
4 같은 말이요, 같은 언행도 너희가 마
음을 다스려 세상에 마음의 문을 열고
세상을 내려다본다 하면 그 아무것도
다 너희에게 관계없는 것이라는 것을
알지 않겠더냐?
5 너희가 언성을 높이며 화를 내며 남에
게 듣기 싫은 소리를 하는 그와 같은
것도 너희가 한 번만 마음의 문을 열
고 세상을 보면 그것이 아름다움으로
세상에 전해지게 되어 있는 것이니라.
6 그러니 그와 같이 무서운 것이 마음의
문을 열고 안 여는 것이 너희의 삶에
그와 같이 차이가 있음이니라.
7 마음을 열지 아니하면 너희가 독한
말이요, 상대방의 감정을 사는 얘기
요, 상대방의 가슴에 못을 박는 그와
같이 아픈 말로써 전해질 수 있으나,
8 너희가 한 번 더 생각하여 마음의 문
을 열고 내다보면, 마음의 문을 열고
대화를 한다 하면, 그는 사랑의 대화
요, 용서의 대화요, 그 속에서는 서로
신뢰함이 있으며 사랑하는 그와 같은
마음의 대화로써 모두를 행할 수 있는
것이니라.
9 그것이 마음을 열고 안 여는 자의 하
늘과 땅의 차이이니라.
10 그리고 나의 피조물 만백성 너희가
지금 얼마만큼 이 세상에 살아가면서
마음을 열고 살며, 과연 지혜라는 것
을 얼마만큼 많이 활용하는가?
11 나 여호와가 너희에게 내려 준 그 지
혜요, 그 누구도 따를 수 없는 짐승과
인간 너희와의 그 차별화 되는 것은
바로 지혜이거늘,
12 그 지혜를 너희가 과연 어찌 쓰고 어
찌 활용하느냐에 따라서 하늘과 땅의
그와 같은 무서운 결과의 차이가 나는
것이니, 또한 너희가 마음을 비우며
지혜를 활용함이 그러하니라.
13 내가 나의 법전에 기록하여 전하기를
뭐라 말하였느냐?
14 솔로몬 왕의 지혜를 들어 나의 아들이
너희에게 강론하였음이니,
15 그가 지혜로움으로 인하여 그 자식을
어미에게 찾아 주며 한 생명을 구원하
지 아니하였던가?
16 그가 지혜롭지 못하여 그 여인들이 원
하는 대로 그를 반씩 나눠 가지라는
결정을 내렸다면, 그 결정권자가 우매
하며 지혜가 없었다면 어찌 되겠는가?
17 처참하게 한 생명은 죽어 감이니, 두
여인은 다 실제의 자식이요, 옳고 그
름을 가리지도 못하며,
18 진실한 어머니요, 가짜 어머니가 구분
되지도 못하고 그게 다 그저 묻히는
그와 같은 형국으로 될 것이니, 지혜
라는 것이 그러한 것이니라.
19 그러니 지금 나의 피조물 만백성 너희
는 지혜라는 것을 어찌 쓰고 있는지
알겠는가?
20 나의 피조물 만백성이요, 나의 아들
예수가 죽은 그 후에 2천 년 동안 흘
러온 그 역사에 너희가 지혜로움을

활용하는 것은 나를 거역하며 나를 능
멸하는 그와 같은 쪽으로만 지혜를 활
용하였음이니라.
21 그러니 그 지혜는 죄를 낳고 그 악은
악을 낳아 지금까지 흘러온 것이 종교
집단이요, 지도자요, 흐름이라 하는
것을 너희는 알아야 할 것이니라.
22 나의 십계명을 인간이기 때문에 지킬
수 없다 하는 그 자체가 너희가 그 지
혜를 악용한 것이요, 그 지혜를 너희
가 잘못 썼기 때문임을 알아야 할 것
이니라.
23 너희가 나의 지혜를 어찌 쓰고 어찌
활용하느냐에 따라서 한 사람이 죽고
사는 그와 같은 결과가 나듯이,
24 지금 너희가 지혜를 진리 쪽으로 곧
게 바르게 썼다면 너희의 살아가는
모든 모습이요, 행함은 나에게 오르는
길이요, 구원을 받을 수 있는 그 길이
나,
25 너희가 그 지혜를 나의 뜻과는 반대
쪽으로 항상 쓰고 그리 연구하다 보
니, 너희는 나에게 오르는 길이 아니
요, 나를 거역하는 길이요, 나를 분노
케 하는 그와 같은 삶을 지금 살아가
고 있음을 알아야 할 것이니라.
26 너희가 얼마나 지혜를 나쁜 쪽으로
쓰는가?
27 나 여호와가 친필로 써 내린 십계명을
지킬 수 없다, 인간은 그리 행할 수 없
다는 그 지혜의 뜻이 얼마나 무서운
결과를 낳고 있는가?
28 그것이 바로 너희가 그 지혜를 어찌
쓰느냐, 어찌 활용하느냐에 따라서 그
와 같이 무서운 차이가 나며, 어리석
고 둔한 자의 차이가 여기에 있음이니
라.
29 어찌하여 너희는 솔로몬 왕 같은 그
지혜를 가진 자가 세상에 없단 말이던
가?
30 너희가 그와 같은 지혜를 가진 자가
있다면 지금 나의 아들처럼 지금의 모
든 종교 집단이요, 나를 거부하는 것,
그를 다스리고 바로잡고자 하는 그와
같은 역사가 이루어졌을 것을,
31 너희는 그와 같이 내가 내려 준 그 높
고도 아름다운 지혜를 나의 진리요,
나에게 오는 쪽으로 연구하고 깨우치
는 것이 아니라,
32 나를 거부하며 나를 화나게 하며 나를
슬프게 하는 쪽에만 모든 지혜를 동원
하여 지금까지 오고 있다는 것을 알
아야 할 것이니 그리 알라.
33 그리하여 내가 나의 아들을 통하여 법
전을 세상에 내려보내어 너희가 잘못
가는 것, 잘못 흘러온 것, 그리고 너희
가 잘못 지혜를 활용하는 것, 이 모두
를 구분하여 너희를 깨우쳐 주고자
이 법전을 너희에게 전해 주나,
34 이를 읽으려 하지 아니하며 이를 보려
하지 않는 것이 너희이니 이를 어찌
해야 하겠는가?
35 나 여호와의 아픈 마음을 너희가 과연
알 수 있다고 생각하는가?
36 나 여호와의 아픈 마음을 너희는 모를
것이니라.
37 예수요, 나의 아들을 죽게 하여 그로
하여금 너희를 깨우쳤을 때도 나에게
서 등 돌렸음이니, 그때 나 여호와의
아픔을 이제 나의 성령을 태워 직접

너희에게 마지막 기회로 너희를 다스
리고자 하나,
38 이를 보지 아니하며 이를 따르려 하지
아니하는 너희를 보는 나 여호와의
아픈 마음을 너희는 과연 알고 있는
가?
39 나 여호와의 아픈 마음을 들여다보는
그와 같은 백성으로서 변해야 함을
잊지 말라.

6,428 번째 하나님 말씀

2003년 6월 15일 21시 20분

1 사랑하는 나의 아들아!
2 "네, 아버님! 말씀하옵소서."
3 나로부터 명을 받은 백성 너희는, 또
나로부터 책임을 명받은 너희는, 나의
만백성을 이끌고 지도하는 너희는 겸
손함부터 먼저 배워야 함을 알아야 할
것이니라.
4 나로부터 선택된 백성 너희는 우선
겸손한 그 마음부터 배우며 그 마음부
터 갖도록 하라.
5 모든 백성이 겸손해질 수 있도록 가르
쳐야 함을 절대 잊어서는 아니 됨이
니라.
6 겸손한 그 자체가 나 여호와에게 오르
는 길이며 나에게 감사하는 길이기 때
문이니라.
7 이를 너희는 알아야 할 것이며 이를
잊어서는 아니 됨을 알아야 할 것이
니라.
8 나 여호와가 지금 나의 아들을 통하여
법전으로써 모두를 기록하여 세상에
내려보내나,
9 나 여호와의 분노함이요, 나 여호와의
아픈 마음을 그 아무도 모르는 것이
나의 백성이니라.
10 그러니 너희는 우선 나 여호와의 기쁨
이요, 너희가 나에게 오르는 길이요,
나를 경배하는 마음이라면, 너희 자신
부터 겸손한 마음을 가지며, 겸손한
것을 배우며, 만백성에게 겸손함을 가
르치는 그와 같은 역사함을 이루어야
할 것이니라.
11 내가 오늘 나의 아들을 통하여 너희에
게 전함이니, 너희가 그 겸손함 속에
서 살아가는 삶을 살아야 하는 것은,
이는 곧 너희가 하는 일, 너희가 역사
하는 것, 그 모두도 너희는 모르기 때
문이니라.
12 너희에게 이루어지는 문제요, 너희가
해결하며 나가야 할 문제요, 지도자
요, 전사로서 나의 뜻을 역사하며 가
는 그 모든 것을 너희는 아무것도 알
지 못하며,
13 내가 명하여 내가 뜻한 대로 감이니,
너희는 오로지 겸손한 자세로 살아가
는 것이 나의 뜻을 행하는 것이요,
14 나의 뜻을 행할 때 만백성이 너희를
보고 따를 수 있다는 것을 알아야 할
것이니라.
15 너희가 이루는 것 역사하는 것, 그것
은 아무도 모르느니라.
16 오로지 나 여호와밖에 모른다는 것을
너희는 알아야 할 것이니라.
17 내가 너희에게 왜 겸손한 그 마음을
갖고 살라 말하는지 알겠는가?
18 나의 아들 예수가 죽고 난 후 수천 년
동안에 종교 집단이요, 지도자요, 그

들이 모두 잘못 가는 것이요, 그들의
사악한 행위는 이루 말할 수 없이 내
가 지금 그를 다 기록하여 알고 있으
며, 그 모두를 내가 다스리고자 함이
니라.
19 그러나 종교 집단이요, 지도자보다 더
나쁘며 잘못된 자들이 누구인지 알겠
느냐?
20 그 신도라 하는 자들이니라.
21 그리고 지금 믿음을 위하여 구원을 받
았다 말하는 교만한 자들, 그들이 더
욱 잘못되어 있으며, 그들의 행패는
이루 말할 수 없음이니라.
22 그들은 겸손을 모르며, 믿음을 모르
며, 진리를 모르며,
23 그리하여 그들이 부리는 그 행패는
이루 말할 수 없다는 것을 너희는 알
아야 할 것이니라.
24 그리하여 너희가 그들과 차별화되는
것은 겸손함이니라.
25 종교 지도자요, 교회 목자 하나를 선
택할 때, 그 신도라는 자들이 어찌 선
택하는지 너희는 알겠는가?
26 그 신도라는 자들이 감히 저희가 나
여호와의 진리요, 나의 뜻을 가르치는
훌륭한 종교 지도자요, 바로 서는 그
와 같은 지도자를 저희가 선택하는
데 중점을 두며 거기에 모두를 다 맞
춰야 하나,
27 감히 신도라는 자들이 진리를 가르치
며 깨끗하게 본보기가 되는 그와 같
은 종교 지도자를 목사요, 종교 지도
자라 하여 선정하여 저희를 이끌어
가는 그와 같은 사람을 선택하는 것이
아니라,
28 오만불손하며 교만에 젖어 있는 그들
이 저희의 말을 잘 들을 수 있는 목사
요, 종교 지도자요, 저희가 이끄는 대
로 따라올 수 있는 자들로 저희 취향
에 맞도록 저희 입맛에 맞도록 종교
지도자를 선택하며 저희가 그를 고르
는 그와 같은 형국으로 가는 것이 신
도들이요,
29 몇십 년 동안 믿음의 길을 가며 돈을
주고 산 직함을 가진 흉악한 자들이
하는 행위이니라.
30 나의 뜻을 가르치는 종교 지도자는 진
리를 가르치며 참된 종교 지도자를 저
희가 받아들여, 그로부터 참된 진리
요, 나 여호와의 뜻을 배우며 듣고자
하는 것이 아니요,
31 저희 입맛에 맞는 자, 저희의 취향에
맞는 자, 저희가 마음대로 다스릴 수
있는 그와 같은 자를 저희가 종교 지
도자라 하여,
32 저희 손으로 지은 죄의 온상이 천국에
가는 길이요, 하늘에 오르는 길이라
하여, 또 성전이라 그리 부르며, 교회
라 부르며,
33 그 단상에 서서 그들이 내리는 강론을
듣고 저희가 '아멘, 할렐루야!' 하니,
34 저희가 종교 지도자를 선택하고 고를
때 그들이 얼마나 교만하며 얼마나 사
악하고 흉악한 자들이요, 흉물스런 자
들인지 알겠는가?
35 나 여호와의 진리를 가르치며 나의 뜻
을 가르치며 만백성을 하늘에 오르게
하는 지도자를 저희가 모시고 선택할
때,
36 진리를 위해서 가르치는 것이 아니요,

저희의 취향에 맞도록 가르치는 자를
선택하니,
37 시장 바닥에서 콩나물을 사러 간 그
부인이 콩나물을 놓고 고르는 아낙네
의 수준만도 못한 짓을 하는 것이 너
희며,
38 종교 지도자요, 나의 뜻을 가르치며
하늘로 인도한다는 목사라는 자, 그리
고 종교의 책임자, 그들은 아낙네가
콩나물을 고르는 것만도 못한 그 수준
에서 그와 같은 방법으로 선택되어 그
가 단상에서 가르침이니,
39 그 얼마나 불쌍한 형국이며 얼마나 가
련한 모습이던가?
40 아낙네가 콩나물을 고르듯이 그저 그
와 같은 수준으로써 저희 입맛에 맞
도록 골라서 앉혀 놓고, 그가 가르치
는 설교에 '아멘, 옳소!' 그리하니,
41 제가 갖다 놓은 자가 하는 말은 무조
건 백 퍼센트 맞는 말이며, 똑똑한 이
야기요, 하늘에 오르는 진리요,
42 그렇지 아니한 자는 헐뜯고 물고 늘
어지며, 그의 설교가 아무리 진리라
해도 그를 비방하는 것이 나에게 오르
는 백성이요, 신도라는 자들이요, 하
늘에 오르는 자요, 사랑을 베푸는 자
요, 예수의 보혈로써 구원을 받았다
하는 자요,
43 세상의 좋은 말, 아름다운 말은 다 갖
다 붙여 대며 기도하고 눈물 짜고 콧
물 짜며 하는 자들, 그들의 사악하고
교활하고 간악한 그 형태를 너희는
알겠는가?
44 그들이 과연 욕심을 버릴 줄을 아는
가, 욕심을 버렸다 말하는가?
45 그들은 욕심이라는 것도 모르며, 욕심
을 버리는 것도 모름이니, 그를 보는
나 여호와의 분노함을 너희는 알겠는
가?
46 나의 분노함은 이루 말할 수 없음이니
라.
47 하늘에 오르는 참된 종교 지도자를 선
정하여 저희가 그로부터 진리를 배워
하늘에 오르고자 해야 할 자들이 제
손으로 그 지도자를 선택할 때, 저희
의 취향에 맞는 자 선택하며,
48 그저 진리요, 아름다움이요, 선하게
가르치는 것이요, 나의 뜻에 행하는
자는 저희와는 관계가 없음이니, 저희
입맛에 맞게 고르니 내가 뭐라 말하였
느냐?
49 아침 시장 바닥에 콩나물을 사러 나간
아낙네가 고르는 그 수준만도 못한 짓
을 하는 그 추한 모습이라 하였음이
니, 이를 보고 어찌 나 여호와가 분노
하지 아니할 수 있겠는가?
50 이를 보고 재앙으로써 다스리고자 하
지 않을 자가, 하나님이 또 창조주가
어디에 있겠는가?
51 이 모두를 재앙으로써 다스리며 이 모
두를 다 단죄하고 싶은 것이 나 여호
와의 마음이라면 너희는 알겠는가?
52 그러나 나 여호와는 사랑으로써 너희
를 다스리며, 마지막 한 번의 기회를
너희에게 줌이니라.
53 나의 아들이 세상에 내려가 내가 내리
는 성령을 기록하여 책으로 만들어 전
하며,
54 그를 보고 따르는 그 선택된 제자들의
가련하고 그 아름다운 모습을 보는 나

의 기쁨이요,
55 너희가 종교 지도자를 콩나물 고르는 수준도 못 되는 수준으로 고르는 그와 같은 사악한 자들을 내가 보는 고통이요, 괴로움이요,
56 그 볼 수 없는 추악하고 사악한 행위들을 이 나의 아들을 따르는 제자들이요, 나의 법전을 읽고 깨우쳐 가는 백성이 있기에 나 여호와의 서운한 마음을 접어 두도록 하며,
57 내가 너희에게 섭섭한 마음이요, 너희를 용서치 못하는 그 마음을 덮어 두고, 내가 달래 가고 있다는 것을 너희는 알아야 할 것이니 그리 알라.

6,429 번째 하나님 말씀

2003년 6월 15일 21시 26분

1 사랑하는 나의 아들아!
2 **"네, 아버님! 말씀하옵소서."**
3 너희는 나로부터 선택된 백성이니라.
4 그러니 너희가 지금의 고난과 시련이 있다 해도 결코 너희는 실패가 없다는 것을 알아야 할 것이니라.
5 이 세상에 어떠한 환란이 닥쳐온다 해도 이 세상의 모든 승자는 너희들임을 알아야 할 것이니라.
6 이는 나 여호와가 통제하며 나 여호와가 주관하는 이상, 어떠한 경우도 실패는 있을 수 없음이니라.
7 지금은 너희가 비록 힘들고 어렵다 해도, 나 여호와는 너희가 이루고 행하고자 하는 그 모든 것에 내가 신경을 쓰고 있음을 너희는 알아야 할 것이며,
8 내가 너희의 일거수일투족을 다 보고 있다는 것을 잊지 말라.
9 너희 아픔을 알며 너희의 눈물의 그 의미를 나 여호와는 알며, 너희의 무거운 모든 짐을 나 여호와가 떠맡아질 날이 머지않아 너희에게 있다는 것을 잊지 말라.
10 그 영광의 그 기쁨은 감히 이 세상에 그 누구도 누릴 수 없는 그와 같은 축복임을 너희는 알라.
11 그러나 내가 너희의 눈물의 고통이요, 오늘의 시련이요, 너희의 아픈 마음의 그 모든 고통을 나 여호와가 다 떠맡아 진다 하여,
12 모든 나의 법전을 접한 백성이요, 나의 법전을 읽고 나의 아들을 따르는 그 백성 너희의 모든 고통과 시련이요, 그 모든 것을 나 여호와가 다 무조건 그저 떠맡는다 그리 가르치지 말며, 그리 전해서는 아니 될 것이니라.
13 너희가 그리 전하였을 때는 나의 피조물 만백성을 구원이 아니요, 그들을 지옥으로 인도하는 그와 같은 결과를 낳을 것이니라.
14 모든 성경이요, 나의 아들 예수가 가르친 그 제자들이 이와 같은 형식으로 써 이와 같은 형국으로 전하였음이니라.
15 그저 너희를 구원할 것이라 하면 그저 구원할 것이라는 그것만 듣고, 저희가 '우리는 어떠한 삶을 살더라도 예수님께서 구원해 주신다' 하며 '우리는 구원받았다' 그리 말하니,
16 그다음 나의 아들 예수가 한 이야기를 기록하지 아니하며 그를 전하지 아니

한 것이 너희이니, 그리하여 너희가
사악한 자들이라 나 여호와가 그리 말
함이니라.
17 내가 어렵고 힘든 너희의 그 눈물의
고통의 의미를 알며, 그리하여 내가
너희의 그 모두를 떠맡을 날이 있다
하였음이니,
18 이는 오로지 나의 뜻을 순종하는 자
요, 나의 법전대로 살아가고자 하는
자, 그를 행하며 살아가는 자, 그들을
내가 선별하며 내가 그들을 구분하여
그 고통의 어려운 짐을 나 여호와가
다 끌어안으며 떠맡는다는 것을 알라.
19 나의 뜻을 순종하지 아니하며 나의 뜻
을 거역하고 산 자, 그는 나와 관계없
다 하였으며, 나를 능멸하는 자, 나를
욕되게 하는 자, 그와 같은 자의 그 짐
은 내가 떠맡지 아니함이니라.
20 그는 스스로 저희가 그 짐을 지고 가
야 할 것이며, 죄를 짓고 나의 뜻을 거
역한 자는 제가 거역한 만큼 그리 짊
어지고 가는 것이니,
21 그 모두를 다 내가 떠맡는다 생각하
지 말라.
22 오늘의 고통과 시련을 즐거움으로 알
며, 나 여호와가 존재하며 나 여호와
가 이 모두를 통제하니, 내가 주관하
는 것은 실패가 없으며, 오로지 승자
요, 너희에게 영광이 있다는 것, 그것
을 믿고 행하는 자,
23 그와 같은 백성의 고통과 짐을 내가
떠맡을 것이요,
24 그저 말로써만 믿음을 행하는 자, 말
로써만 믿음의 길을 가는 자, 행함이
따르지 못하는 그와 같은 백성은 나의
법전을 천 번 만 번 읽는다 해도 내가
그들의 고통을 떠맡을 일이 없으며,
떠맡지 아니함을 너는 너의 제자들에
게 전해야 할 것이니 그리 알라, 사랑
하는 나의 아들아!

6,430 번째 하나님 말씀

2003년 6월 15일 21시 32분

1 사랑하는 나의 아들아!
2 "네, 아버님! 말씀하옵소서."
3 너를 따르는 너의 제자들이요, 나의
법전을 읽고 깨우친 백성이요, 너로부
터 강론을 듣는 그 백성에게 너는 전
해야 할 것이니라.
4 나 여호와가 이 세상의 그 모두를 주
관하며 역사함이니,
5 너희는 내가 역사하며 내가 주관하는
것을 알려 하지 말며 그를 들으려 하
지 말며 그를 보려 하지 말라 그리 전
하라.
6 이 모두는 다 하늘의 뜻에 따라 내가
하늘에서 모두를 주관함이니, 육의 세
상에 존재하는 너희가 내가 주관하는
그 역사함을 알고자 하며 그를 바라보
고자 한다면, 너희가 그를 알 수 없으
며 너희가 잘못되어 감이니라.
7 오로지 너희는 육의 세상에서 너희
직분을 다하며,
8 내가 나의 아들을 통하여 너희에게 내
렸듯이, 하늘을 향하여 한 점의 부끄
럼이 없이 사는 그와 같은 삶을 사는
데 최선을 다하도록 하라.
9 그와 같이 할 때 나를 볼 수 있으며 나
의 음성을 들을 수 있음이니라.

10 그러니 육의 세상에 살면서 한 점의
부끄럼이 없는 그와 같은 삶을 살 때,
너희는 육의 삶의 한계를 벗어나며,
마음의 세상을 또 바라보며,
11 그 마음의 세상에서 보이지 않는 세
상을 볼 때, 그다음에 하늘나라에 올
수 있다는 것을 내가 일찍이 나의 아
들을 통하여 전하지 아니하였던가?
12 지금 수천 년 동안 믿음의 길을 오는
그 모든 종교 집단이요, 지도자들이
요, 그리고 구원을 받았다는 그 백성
이 나의 아들이 전하는 그 뜻을 모르
며 그가 행하고자 역사한 그 의미를
모르며, 그가 죽음으로써 무엇을 이루
고자 했던 것인가를 모르는 자들이 지
금 육의 세상에 제 직분을 다하는 것
이 아니요,
13 제가 육의 세상에서 아름답게 사는 데
최선을 다하는 것이 아니라,
14 저희가 제 직분을 모르며 나의 직분까
지도 도맡아 행하는 것처럼, 나의 직
분을 도맡아 저희가 할 수 있는 것처
럼 그들이 지금 나의 피조물 만백성을
그리 유혹하며 이끌어 가고 있느니라.
15 스스로 육의 세상에 사는 곳에서 저희
가 제 직분을 다하는 것이 우선이거늘,
16 제 직분을 다하지 못하며 하늘나라 나
여호와가 존재하는, 내가 통제하며 내
가 주관하는 내 직분을 저희가 도맡
아 모두 역사하며 행하는 것처럼 그와
같은 오만한 행위를 하고 있으며,
17 저희가 감히 나를 능멸하는 그와 같은
행위를 하고 있다는 것을 너희는 알
아야 할 것이니라.
18 그러니 제 육의 직분을 다하지 못하면
서 하늘의 직분을 알려 하는 자는 저
자신이 충실치 못함이니,
19 저 자신이 충실치 못하는 자는 바로
설 수가 없음이니라.
20 그러니 인간 세상에 살아가며 저희가
할 수 있는 것, 그 직분을 다하지 못하
면서 하늘의 천기요, 하늘의 뜻을 알
아 하늘의 직분인 나 여호와를 대신하
겠다는 자들,
21 그들이 그러니 저 자신이 흔들릴 수
밖에 없음이니라.
22 곧 저 자신이 흔들리며 그가 쓰러짐
이니, 쓰러지는 그 형국이 바로 지옥
행으로 떨어진다는 것을 그들은 모름
이니,
23 스스로 흔들려 쓰러져 무너졌을 때
그것이 바로 지옥행이요,
24 그곳에 와 내가 너희에게 내리는 그
죄의 대가 그 모두를 너희가 영원히
그곳에서 치러야 한다는 것을 잊지
말라.
25 내가 나의 아들을 통하여 법전에 너희
는 지옥행이요, 지옥 열차요, 지옥에
떨어져 그 대가를 치른다는 말을 수없
이 했음이니라.
26 천국이 있고 지옥이 있으며, 천국과
지옥이라는 것은 육의 세상과 하늘나
라 그보다도 더 엄격히 구분되어 있으
며, 한번 너희가 내려갔을 때 올라올
수 없다 내가 그리 말하고 가르쳤거늘,
27 너희가 이를 소홀히 들으며 이를 믿
으려 하지 아니하며 이를 지키려 하지
아니함이니, 이는 너희의 복이니라.

6,431 번째 하나님 말씀

2003년 6월 15일 21시 38분

1 사랑하는 나의 아들아!
2 "네, 아버님! 말씀하옵소서."
3 너희가 그리 갈망하고 소원하며 모두
를 바쳐 나에게 오르고자 하는 길은,
너희의 육의 세계가 아니요, 육의 형
태에서 이루어지는 것이 아니요,
4 영의 세계로서 거듭나는 그와 같은 역
사를 이루지 아니하면 나에게 오를 수
없다 내가 그리 말하였느니라.
5 너희가 육의 세상의 욕심이요, 육의
세상의 마음자리를 비우지 못하여, 거
듭나 영혼이 변화되는 그와 같은 세계
로 돌입하지 못하면 너희는 구원을
받을 수 없다 내가 그리 말하였음이니
라.
6 너희의 영혼만이 올 수 있는 것이 나
의 나라요, 영혼만이 나에게 올 수 있
는 것이며, 영혼만이 나에게와 심판을
받는다는 그 엄연한 사실을 잊고 살아
서는 아니 될 것이니라.
7 너희 육체가 나의 나라에 들어올 수
없는 것을, 너희는 그를 알아야 할 것
이며,
8 절대 너희 육체가 나에게 올 수 없거
늘 어찌하여 죽은 자 가운데 모두 다
살아가며 육체가 다시 살아나 구원을
받는다 그리 말하는가?
9 너희의 육체가 나의 나라에 들어오는
것이 아님을 이제 알아야 할 것이니
라.
10 죽은 자 가운데 다 들림을 받아 너희
의 육신까지도 그대로 나에게 오는 것
처럼 가르치며 그와 같이 깨닫는 백
성이 있음이니,
11 그들에게 너희가 깨우침을 줘야 할
것이니라.
12 너희는 완전한 육체가 없다 내가 그
리 말하지 않았는가?
13 완전한 육체는 없다 하였거늘, 어찌하
여 그 육체가 나에게 들림을 받아 그
와 같은 형국으로 거듭난다는 착각 속
에 사는가?
14 너희 육신은 초를 다투어 변하게 됨이
니, 영원한 너희 자신은 없다 내가 그
리 말하지 아니하였는가?
15 초를 다투어 세포가 생기며 세포가 죽
어 가며, 머리가 희어지며 몸이 변화
되며 주름살이 늘어 가며 그리 변화됨
이니,
16 너희의 원래의 그 모습의 기준은 영원
히 지속하는 것이 없다 내가 그리 말
하였거늘,
17 어찌하여 너희는 그 육체가 완전히
같이 구원을 받는다는 어리석은 생각
에서 벗어나지 못한단 말이던가?
18 육이 나의 나라에 온다는 그와 같은
생각을 하며 그걸 다 믿고 사는 자는
그걸 다 버려야 할 것이니라.
19 죽어 썩은 그 육체가 어찌하여 영의
나라에 올 수 있으며, 영혼과 같이 나
에게 들림을 받는다 그리 생각하는가?
20 그렇다면 죽은 그 육체가 하늘나라에
올 수 있다면, 하늘나라는 영혼의 세
상이 아니요, 육의 세상이라는 말이던
가?
21 너희는 어찌하여 그와 같은 간단한 이
치 하나도 깨닫지 못한단 말이더냐?

22 죽은 자가 다 같이 살아난다는 종교
집단이 있느니라.
23 육이 살며 영혼이 살며 그리 구원을
받아, 무덤 속에 있는 자, 썩어져 있는
자, 그들이 다 같이 하늘에 오른다고
그리 말하는 자들이 있으니,
24 그것이 영혼의 세상이더냐 육의 세상
이더냐?
25 육이 온다는 것은 하늘나라가 육의 세
상이라는 말이니 너희는 그리될 수
없다는 것을 어찌 모르는가?
26 이 세상에서는 육이 존재하는 것이요,
육이 하늘나라에 와서 존재할 수 없
다는 것을 너희는 알아야 할 것이니
라.
27 나 여호와는 영의 세계를 다스리는 것
이며, 나에게 오르는 것은 영의 세계
이니라.
28 너희는 물질의 세계가 하늘나라라 그
리 착각하는 자들이니,
29 너희는 육신이 살아 나에게 올 수 있
으냐, 하늘에 올 수 있으며,
30 이 지상에서 이루어지는 물질의 세상
이 그대로 하늘에서 이루어지는 것 같
은 착각을 하고 있음이니라.
31 그러면서도 너희가 믿음이요, 구원의
길을 간다 그리 말하니,
32 이제 그와 같은 망상에서 벗어날 때도
되지 아니하였는가?
33 그와 같은 망상에서 깨어날 때가 되지
않았는가?
34 어찌하여 너희는 그리도 어리석고 우
매한 믿음으로 간단 말이던가?
35 육이 같이 온다는 자들, 너희는 하늘
나라가 육의 세상이지 영혼의 세상이
아니라는 그 간단한 이치를 어찌하여
그리도 모르는가?
36 이를 나의 피조물 만백성에게 전해 줘
그들을 바로잡으며 바로 깨우쳐, 하늘
에 오르는 참진리가 무엇인가를 알며,
37 그들이 지금 가는 그 믿음에서 발길을
멈추고 나의 법전을 읽고 정독하고 정
독하여 하늘에 오르는 그 이치요, 하
늘에 오는 그 비밀이요, 하늘에 역사
하는 그 모두를 기록해 놓은 것을 보
고 깨우쳐 터득하여 스스로 구원을 받
도록 그리 전하도록 하라, 사랑하는
나의 아들아!

6,432 번째 하나님 말씀

2003년 6월 15일 21시 52분

1 사랑하는 나의 아들아!
2 "네, 아버님! 말씀하옵소서."
3 내가 너희에게 뭐라 전하였느냐?
4 나의 법전을 가슴에 안고 정독하면 하
늘에 오르는 그 길을 다 볼 수 있다 내
가 그리 말하지 아니하였던가?
5 너희가 그리도 갈망하는 하늘에 오르
는 길이요, 하늘에 역사하는 그 모두
가 다 나의 법전을 가슴에 안고 정독
하면 그를 다 들을 수 있으며 알 수 있
다 내가 말하였거늘,
6 어찌하여 너희는 나의 법전을 가슴에
안고 정독함을 그리 게을리하며, 그를
보려 하지 아니하는가?
7 너희가 인생을 산 다음 사후에 이루어
지는 것 때문에 무당을 찾으며 점술가
를 찾으며 재물을 축적하는 그와 같은
행위를 하지 않는가?

8 너희의 사후 세계의 삶이요, 그 속에
이루어지는 그 모두도 다 나의 법전
안에 상세히 기록되어 너희에게 깨우
쳐 주고 있거늘,
9 어찌하여 나의 법전을 읽고 깨우침을
얻으려 하지 아니하고, 그와 같은 잘
못된 길을 가는 것을 구원의 길이라
하며 그리 가는가?
10 너희가 마음을 열고 사는 것, 마음을
엶으로써 세상사 모든 이치를 다 아는
것, 그 모두도 나의 법전에 기록되어
있음이니라.
11 너희가 세상에 사는 육의 삶에 대한
것, 육의 세상에 사는 동기와 사는 목
적과 어찌 살아가야 하는지, 그리고
어찌 깨우쳐야 하는지, 그 모두도 나
의 법전에 다 기록되어 있으며,
12 너희가 가장 현명하게 써야 하는 그
지혜를 얻는 것 그 모두도 다 내가 거
기에 기록하여 전해 주었거늘,
13 어찌하여 너희는 이를 보지 아니하며
이를 깨우치지 아니하며, 캄캄한 밤을
그저 헤매고 있단 말이던가?
14 내가 너희에게 뭐라 전하였느냐?
15 이 법전이 나의 성령을 태워서 내리는
마지막 나의 뜻이라 하였음이니, 그
모두가 다 여기에 있음이니라.
16 내가 천 년에 걸쳐서 지상의 낙원을
이룸이니라.
17 그리하여 하늘과 같은 낙원을 이 지상
에 이루는 것을 천 년에 걸쳐 준비하
며, 그 후부터 이와 같이 역사가 이루
어짐이니,
18 천 년의 낙원을 건설하는 그 과정이
어찌 형성되는 것이며 어찌 건설되어
가는가, 그 상세한 내용까지도,
19 그 세상에서 사는 선택된 백성은 어떠
한 후손이요, 어떠한 백성이 거기에
살 자격이 있는가, 그곳에 살고자 하
면 어찌 가야 할 것이며 어찌 역사해
야 하는가 그 모두를 상세히 기록하
여 가르치는 것이 나의 법전이며,
20 그것이 곧 너희가 보고 깨우쳐 천 년
의 왕국에 들어갈 수 있는 길이라는
것을 어찌 모르는가?
21 그러니 내가 너희에게 미래에 이루어
질 것, 미래에 역사할 것, 너희가 사후
세계에 역사하는 것, 그 모두를 다 기
록하여 놓았음이니,
22 이는 곧 새로운 성경이요, 나의 뜻이
요, 곧 예언이 되는 것이니라.
23 모든 예언서가 된다는 것을 너희는
알아야 할 것이니라.
24 나의 뜻이요, 내가 직접 너희를 깨우
치고 다스리기 때문에, 이 모두는 예
언서가 되며, 예언으로써 기록하여 너
희를 깨우쳐 하늘에 오르는 그 길을
보게 하고자 하는 것이 나 여호와의
뜻이거늘,
25 어찌하여 내가 예언하여 내리는 나의
법전을 정독하지 아니하고 하늘에 오
르려 하며, 나에게 와 심판을 받는다
그리 말하는가?
26 나의 법전을 접하지 않는 자는 절대
심판대에도 설 수가 없다는 것을 알라.
27 나의 예언서요, 나의 법전이요, 새로
운 성경에 너희가 육의 세상에 존재하
며 사는 동기와 그 목적이요, 살아가
는 방법이요, 사후 세계의 그 모두를
내가 여기다 기록하였음이니,

28 이 위대한 예언서를 보지 아니하고는
너희는 앞을 볼 수 없기 때문에 구원
을 받을 수 없다는 것을 알아야 할 것
이니라.
29 창조주 나 여호와가 원하는 것, 나에
게 올 수 있는 그 길이요, 그 모두를
볼 수 있으며 깨달을 수 있음은, 내가
새로 내리는 나의 법전, '하나님! 말씀
하옵소서', '하늘에 오르는 길'이라는
이 나의 법전을 읽는 것, 그것만이 너
희에게 가장 큰 은혜요, 영광이라는
것을 내가 수없이 전했거늘,
30 어찌하여 그 영광과 은혜라는 것을
한 번도 들여다보지 아니하려 하는가?
31 잘못 가르치는 종교 지도자의 습관이
요, 관습에 젖어, 재물을 거둬들이는
그와 같은 믿음이요, 가장 편안한 길
로 가는 자들이요,
32 어찌하여 땀 흘려 노력하여 농사를
지어 거두려 하지 아니하며, 말로써
농사를 지어 가을에 추수하니 쭉정이
밖에 없는 그와 같은 결과의 농사꾼이
되고자 하며, 그와 같은 농사꾼을 따
라가고자 하는 어리석은 삶을 사느냐?
33 나의 사랑하는 백성, 나의 법전을 읽
는 너희는 이제 어떠한 것이 하늘의
뜻이요, 나 여호와의 뜻인지를 알 수
있을 것이니, 나의 법전을 읽은 백성
에게 물어보라.
34 너희가 나의 법전을 읽고 이를 들여
다보기 싫거든,
35 나의 법전을 읽은 백성에게 강론을 부
탁하면, 그들의 강론을 들어도 너희는
한 번의 깨우침은 있을 것이니, 그리
해서라도 깨달음을 얻는 현명함을 얻
도록 하라, 사랑하는 나의 백성들아!
36 이제 너희는 단 한 번의 기회밖에 없
음을 알라.
37 너희가 지은 죄요,
38 그 죄를 사할 수 있는 기회요, 그리하
여 너희를 아름다운 세상의 삶을 살
게 하고자 내가 세상에 내려보냈으니,
39 너희는 단 한 번밖에 기회가 없는 지
금의 삶을 사는 것이며, 단 한 번의 기
회밖에 없는 삶을 지금 살아감이니,
40 너희가 나이를 먹은 것만큼 나로부터
받아 나간 그 생명의 시간이 줄어들었
으며,
41 너희에게 단 한 번밖에 없는 그 기회
의 시간이 줄어들고 있다는 그 무서운
사실을 안다면,
42 불안하고 두려워 감히 십계명을 지킬
수 없으며 나의 법전대로 지킬 수 없
으며 율법을 지킬 수 없으며 그 모든
구약의 것은 흘러간 것이라 감히 그리
말할 수 있겠는가?
43 나의 법전을 접하고 정독하지 아니하
면 너희는 절대 나에게 오를 수 없으
며 길을 볼 수 없으며 심판대에 설 수
없다는 것을 알라.
44 내가 나의 아들을 통하여 너희에게 다
시 한 번 말하느니라.
45 너희는 노아의 방주를 만들 때, 그걸
믿지 아니하였으며 그걸 비방했던 백
성이 되겠는가, 그렇지 않으면 그 노
아의 방주를 타는 백성이 되겠는가?
46 노아가 방주를 만드는 것을 비웃고 욕
하던 자들은 죽음으로써 그 대가를 치
렀음이니,
47 너희는 지금 지옥의 길로 가는 것으로

써 그 대가를 치르겠는가, 그렇지 아니하면 선택된 백성이 되어 나의 법전을 읽고 깨우쳐 하늘에 오르는 길이요, 구원의 길을 얻겠는가?
48 그것은 너희에게 달렸음이니라.
49 노아의 방주를 탄 백성은 구원을 받았으며 그를 비방한 백성은 죽음으로 갔으니,
50 나의 법전을 읽고 이것이 나 여호와의 뜻이요, 마지막 시대에 너희를 심판하는 대장정의 역사가 이루어졌다고 믿는 자는 노아의 방주를 탄 그와 같은 은혜를 입은 자요,
51 이것을 사탄이요, 이단이라 하며 찢어 버리고 태워 버리며 오만하고 교만한 자는 바로 노아의 방주를 타지 못하고 죽은 자들이니,
52 노아의 방주를 타지 않고 비웃은 백성은 죽음으로써 그 대가를 치렀음이니라.
53 그러나 성령을 거역하는 자, 성령을 욕되게 하는 자는 용서받을 수 없다 하였음이니라.
54 의인의 가르침이요, 의인의 행함은 너희가 이유를 달 수 있으며 그걸 거부할 수 있으나,
55 성령이요, 나의 뜻은 거부할 수 없으며, 그를 거부하는 자는 용서받을 수 없다 하였음이니라.
56 나의 성령을 직접 태워 내리는 나의 법전을 버리고 찢어 버리며, 이를 접하고도 욕하는 자는 성령을 훼방하는 자며, 나 여호와의 가슴에 못을 박음이니라.
57 노아의 방주에 타지 않은 백성은 육의 죽음으로써 그 대가를 치렀으나,
58 너희는 영원히 사는 영혼이 지옥에 가 그 대가를 영원히 불바다 속에서, 또는 끓는 기름 가마 속에서, 진흙탕 속에서 미물로서 그 대가를 치른다는 것을 잊지 말라.
59 이러고도 깨닫지 못하는 그 백성이야말로 얼마나 우매하고 불쌍한 백성인가?
60 나의 아들이 160권의 대장정의 법전을 기록할 때, 내가 친필로 쓴 십계명을 암송하지 아니하고 쓴 적이 없으며,
61 너희에게 사악하고 기만하며 교활한 방법으로써 세상을 살아가며 남을 속이고 도적질하며 살아가라는 내용이 여기에 없거늘,
62 아름답게 살며, 욕심을 버리며, 이웃을 너희 몸처럼 사랑하며 그와 같이 나누며 살라는 그 애절한 뜻을 너희는 어찌하여 이단이요, 사탄이요, 사악한 자가 마지막 시대에 혼란케 하는 것이라 그리 말하는가?
63 성령을 훼방하는 죄가 얼마나 무서운지 알라.
64 나의 법전을 사탄의 것이라 하여 한번 집어던지는 것, 한 권을 태우는 자, 한 권을 짓밟는 자, 그 속에 나의 성령이요, 나의 뜻이 얼마나 구구절절이 기록되었는지 알겠는가?
65 나의 아들을 밤잠을 재우지 아니하며 밤과 낮을 가리지 않고 수없이 기록하고 기록하여 나의 성령이 거기에 기록되었으니,
66 너희가 한 권의 책을 버릴 때, 성령을 훼방하는 것이 백 번 천 번의 죄를 더

짓는 것보다도 무섭고 두려운 죄라는
것을 알라.
67 너희는 한 번의 성령을 거부하고도 구
원을 받을 수 없으며 하늘에 오를 수
없다 하였거늘,
68 나의 법전 한 권을 태우고 찢어 버리
는 자는 거기에 수천 번 나의 성령의
가르침이요, 내 가슴을 태워서 내려보
내는 나의 애절한 성령을 기록한 것을
태우고 찢어 버린 죄니,
69 그러고도 어찌 구원을 받을 수 있다고
감히 생각하는가?
70 그 무서움을 알도록 하며 그를 깨우쳐
주라, 사랑하는 나의 아들아!
71 그리고 나의 아들을 따르는 제자 너희
는 모두를 다 던져 이를 깨우쳐 한 사
람의 백성이라도 구하도록 하라.
72 나의 아들이 죽어 가고 썩어 가는 자
하나를 구원한다면 나의 기쁨이 어떠
하겠는가?
73 육의 세상에서 부모 앞에 자식이 먼저
죽어 가는 것을 바라보는 그 부모의
가슴이 얼마나 미어지고 아프더냐?
74 그보다 더한 것이 나 여호와이니라.
75 부모는 자식이 숨을 거두며 죽으면 그
저 그 육신을 땅에 묻어 주고 돌아서
면 그 모두는 세월이 지나가면 잊히
나,
76 나에게 와서 죽음을 당하는 것은 영원
히 죽지 않는 그 영혼의 세상에서 그
대가를 치르는 무서운 아픔이 있으니,
77 부모가 육으로써 자식을 보내며 그 육
의 죽음으로써 자식을 부모 앞에 먼저
떠나보내는 그 마음의 아픔보다 나 여
호와의 아픔이 천배 만배 더하다는 것
을 알겠는가?
78 육으로 죽어 가는 그 아들을 무덤에
넣고 돌아서면 세월이 지나면 너희 부
모는 잊을 수 있을지 모를지언정,
79 나에게 와서 성령을 거역하며 죽는 죄
는 어떠한 형태로 죽어 가는 것인지
알겠는가?
80 너희의 영혼이 죽어 가는 것이며, 그
영혼은 지옥 불에 가 그 고통의 대가
를 치르니,
81 그를 보는 나 여호와의 마음이 천배
만배 더 아프고 쓰리다는 것을, 너희
는 이제 나의 법전에 기록하는 내용을
보고 나 여호와의 마음을 알 것이니
그리 알라.

6,433 번째 하나님 말씀

2003년 6월 15일 22시

1 사랑하는 나의 아들아!
2 "네, 아버님! 말씀하옵소서."
3 내가 가장 아름답게 만든 피조물이요,
가장 높은 지혜를 주어 세상을 통제하
도록 내보낸 나의 백성 너희가 짐승
의 삶과 다른 것이 무엇인 줄 알겠는
가?
4 너희와 짐승의 삶이 과연 무엇이 다르
다 생각하는가?
5 첫째, 나의 아들딸로서 태어났음이니
그것이 바로 너희가 짐승과 다른 점
이요, 너희는 축복과 영광 속에서 은
혜를 받은 자임을 알고 있어야 할 것
이니라.
6 나 여호와를 또한 아버지라 부를 수
있지 않은가?

7 너희는 나 여호와를 아버지라 부르며
나에게 소원을 원하며 너희가 이루고
자 하는 역사를 나에게 전할 수 있는
그와 같은 인간으로서 태어난 그것이
얼마나 영광된 것이더냐?
8 내가 너희를 사랑함이니라.
9 내가 너희를 그리 사랑함이니, 그 또
한 영광이요, 은혜요, 축복이 아니던
가?
10 너희는 나에게 오를 수 있으며 나의
아들딸로서 태어났음이니라.
11 그러니 너희는 나의 품에 올 수 있으
며 나에게 오를 수 있으며 나 여호와
의 아들딸로 태어나 나를 아버지라 부
름이니,
12 그와 같이 태어난 자체가 존귀한 것이
며, 소중하고 귀한 자들이라는 것을
먼저 깨닫고, 너희의 소중함을 알아야
할 것이니라.
13 이 모두가 내가 너희에게 내려 준 특
혜요, 내가 너희에게 내린 은혜임을
어찌하여 모르는가?
14 그리하여 내가 너희에게 가장 큰 은
혜요, 영광을 내리는 것은 또한 무엇
이더냐?
15 너희가 나의 법전을 정독하고 읽어 깨
우친다면 하늘에 오르는 길이요, 그리
소망하던 내 품에 오는 그 길을 볼 수
있으며, 나에게 올라와 구원을 얻게
되며 하늘나라에 와 나와 더불어 살
아가는 그와 같은 영광을 얻을 수 있
는 것이 너희가 아니던가?
16 그것이 짐승과 너희의 그 삶의 차이
라 하였음이니라.
17 감히 짐승들이 나의 법전을 읽고 깨우
치며 그들이 나의 법전을 정독할 수
있으며 그들이 나의 법전대로 행하며
살아갈 수 있는 그 은혜가 있던가?
18 그들은 그것이 없음이니라.
19 다만, 아름다운 모습으로 태어난 나의
아들딸이요, 내가 사랑하기에 높은 지
혜를 내려 준 너희만이 나의 법전을
정독하고 읽고 깨우쳐 하늘에 오를 수
있는 것이며,
20 창조주 나 여호와를 아버지라 부르며,
너희가 아프고 쓰릴 때, 즐겁고 행복
할 때 또한 너희가 나를 부르고 찾을
수 있는 것이 아니던가?
21 그것이 너희가 나로부터 받은 은혜의
삶이라는 것을 잊지 말라.
22 그러한 백성이 어찌하여 나를 능멸하
며 나의 뜻을 거역하며,
23 나에게 순종하는 백성으로서 살아가
지 못한단 말이던가?
24 너희가 마음을 열고 살지 못하며, 육
의 삶에 연연하며 육의 삶에 뿌리내린
그 욕심을 버리지 못하기 때문이니라.
25 너희는 얼마나 축복받은 백성이며 얼
마나 영광된 백성이더냐?
26 너희가 욕심이라는 뿌리를 버리며 마
음을 열고 나의 법전을 정독하고 또
정독했을 때,
27 그리 노력하면 노력한 만큼 너희의
소망이 이루어지며 너희가 원하는 것
이 이루어지며,
28 육의 세상에서 얻고 살 수 있는 것을
다 얻고 구할 수 있는 지혜와 방법과
내가 너희에게 사랑의 은혜를 내렸음
이니라.
29 그리하여 사후의 세계요, 나에게 오르

는 것 또한 법전을 가슴에 안고 정독
하며 그 마음을 열었을 때, 새로운 세
상을 보며 천국의 문에 들어올 수 있
으며 천국에 와 영원히 살 수 있는 것
이니,
30 그와 같은 은혜와 영광의 특혜를 내가
내려 주었거늘, 어찌하여 너희는 짐
승만도 못한 행위를 하며 짐승만도 못
한 삶을 살며,
31 정녕 짐승으로 태어난 것만도 못한 그
와 같은 사악한 짓을 하고 살며, 그와
같이 사악한 방법으로 산단 말이던가?
32 아무런 지혜도 특별한 지혜도 주지
않은 그 짐승들보다 특별한 지혜, 높
은 지혜를 준 너희가 그 지혜를 악으
로 쓰면 짐승만도 못한 자요, 그 지혜
를 아름답게 쓰면 천사와 같은 삶을
사는 것이니, 너희는 이와 같은 이치
를 깨달아야 할 것이며,
33 그리고 내가 동식물이요, 짐승에게 내
려 준 은혜와 너희에게 내려진 그 은
혜의 차이점을 생각해 본다면,
34 너희가 얼마나 아름답고 귀하게 살아
가야 하며, 나의 뜻에 순응하며, 나에
게 감사하는 마음으로 살아가야 하는
지를 스스로 알게 될 것이니, 그 이치
를 깨닫도록 그리하라.

6,434 번째 하나님 말씀

2003년 6월 16일 07시 29분

1 사랑하는 나의 아들아!
2 "네, 아버님, 말씀하옵소서."
3 나의 피조물 만백성 너희는 육의 삶
이요, 육이 한 줌의 흙으로 돌아가는
그 죽음을 맞이하며, 너희 영혼은 나
에게 와 심판을 받으니, 그것으로써
모든 것이 끝난다 그리 생각하며 만백
성은 그리 알고 있다 하지 아니하였던
가?
4 그러나 내가 너에게 하늘의 그 뜻을
뭐라 가르쳤더냐?
5 그 중간에 너희가 마음을 여는 세상
이요,
6 육이 존재하면서 보이지 않는 세상을
볼 수 있으며, 들을 수 없는 세상을 듣
는 그와 같은 마음을 여는 그 한 단계
의 세상이 더 있다 하지 않았던가?
7 눈으로 보이는 육의 세상이요, 육이
존재하되, 너희의 육으로써 볼 수 없
는 그다음 세상을 보며,
8 그다음에 하늘에 오르는 길이요, 영혼
이 심판을 받아 나에게 오르고 못 오
르는 그와 같은 3단계로 되어 있다 하
였음이니, 이를 누가 과연 믿겠는가?
9 그러니 보이지 않는 세상의 삶을 위해
서 어떻게 살아야 하며 어찌 노력해
야 하는지 그걸 알아야 함이니라.
10 너희는 이 세상에서 구원을 받는 것이
얼마나 어렵고 힘든 길이며, 그것으로
써 보통 인간으로서는 갈 수 없다 그
리 말하며,
11 내가 지키고 하늘에 오르는 길이란 그
계명이요, 율법조차도 따르지 아니하
며 어렵고 힘든 그 길을 피해 가고자
하는 것이 너희가 지금까지 험악한
세상을 만든 원인이 되었다 하면 너
희는 과연 믿겠는가?
12 엄연히 그렇게 되었음을 알아야 할
것이니라.

13 너희가 육의 세상에서 마음을 열고 볼
수 있는 그 세상이요, 그 마음을 여는
것이 얼마나 힘들고 어려운 것인 줄을
알겠는가?
14 그 마음의 문을 열어 마음의 세상을
보지 못한다면 너희는 육의 세상에서
한 단계를 뛰어넘어 바로 나에게 오를
수 있는 그와 같은 역사가 이루어지는
것이 아님을 알아야 할 것이니라.
15 너희가 그 중간 단계의 마음을 열고
보는 세상이요, 욕심을 버리고 보는
세상,
16 거기에서는 바람이 세차게 불어오면
그 세차게 불어오는 바람에 대하여 모
든 동식물이 어찌 대처하며 그들이 뭐
라 말하며,
17 그저 서 있는 나무 한 그루가 불어오
는 바람 앞에 저를 지탱하기 위하여
얼마나 몸부림치며 그가 뭐라 이야기
하는지,
18 제 동료에게 같은 식물들에게 어떤
방법으로써 위기를 벗어나야 하는지
그들이 서로 대화하고 이야기하는 세
상을 너희가 알 수 있는가?
19 그 세상을 볼 수 있어야 하며, 그 세상
을 봐야 너희가 2단계에서 3단계요,
나에게 오르고 못 오르는 그 길을 올
수 있다 하지 않았던가?
20 이는 너희가 마음을 열고 봐야 할 것
이니라.
21 무덥게 내리쬐는 태양열 앞에 식물들
이 얼마나 고통스러워하며, 때로는 그
들이 얼마나 행복해하며, 그들이 하는
대화요, 그들이 말하는 것을 너희는
들어야 할 것이며 그를 보아야 할 것
이니라.
22 그를 보지 못하고 듣지 못한다면 너희
는 정녕 육의 세상에서 보이는 세상을
살다가, 마음을 열고 보는 세상을 보
지 않고 건너서 나에게 올 수 있다는
생각을 하는 자이니,
23 그가 얼마나 어리석은 백성인 줄 알겠
는가?
24 너희는 여기서 하나 알고 가야 할 것
이니라.
25 너희가 마음의 세상을 보는 것, 마음
을 열고 보는, 육으로써 보지 못하며
피부로써 느끼지 못하는 그 세상, 그
리고 너희가 듣지 못하는 그와 같은
다음 단계에 돌입하는 것이 얼마나
어렵고 힘들더냐?
26 그 모두는 너희가 노력하며 삶을 어
찌 살아가며 생각을 어찌 다스려 나가
느냐 하는 그 노력에 달렸음이니라.
27 그러니 너희가 세상을 살면서 인간이
선하고자 하는 것, 그리고 인간으로서
노력하는 것은 아무리 큰 공을 세워도
하늘에 오르는 길에 도움이 되지 아니
하며 그에 점수가 없다 그리 말함이니,
28 그게 얼마나 어리석은 자들이며, 그
사악한 방법으로써 나의 피조물 만백
성을 이끌어 가는 잘못된 자들이냐?
29 너희가 선을 행하며 악을 버리며 선
을 향하여 살아가는 그 마음으로써 모
두 채워졌을 때, 너희는 눈을 뜨고 보
이지 않는 세상을 보는 그 마음이 열
림이니라.
30 그러니 너희가 행하지 아니하며 선행
을 베풀지 아니하고 어찌 그 세상을
볼 수 있단 말이던가?

31 악한 마음을 가진 자, 욕심을 가진 자
는 보이지 않는 그 2단계의 세상의 삶
이 존재하는 것을 볼 수 없음이니,
32 너희는 너희 영혼이 나에게 오르기 전
에 마음을 열어 세상에 이루어지는 2
단계의, 너희가 볼 수 없으며 들을 수
없으며 만질 수 없는 그 세상에 너희
마음을 열어 그 세상에 먼저 들어가야
할 것이며,
33 그 세상을 거쳐서 너희가 나에게 오
른다는 것을 잊지 말라.
34 너희에게 내가 항상 말하여 전하듯이,
계주라는 달리기는 그 중간 주자가 있
어야 할 것이며,
35 중간 주자가 없이 바로 우승을 차지하
며 그 선수로서 몫을 다 했다 생각하
지 말라.
36 출발 주자가 있어야 하며 중간 주자
가 있으며 마지막에 이루는 자가 있듯
이,
37 너희는 3단계로 내려져 있는 그 인생
의 삶이요, 너희가 거쳐야 하는 길이
라는 것을 알라.
38 바로 그 길을 거치는 자가 의인이 되
기 시작함이니, 그와 같은 자를 세상
에 내가 하나를 얻으면 더 부러울 것
이 없다는 뜻을 너희는 알아야 할 것
이니라.

6,435 번째 하나님 말씀

2003년 6월 16일 07시 36분

1 사랑하는 나의 아들아!
2 **"네, 아버님! 말씀하옵소서."**
3 너희가 모세가 세상에 나와 그가 나이
가 80이 되어 그 백성을 인도하며, 그
가 광야의 생활이요, 내가 너희에게
명해 준 그 선택된 땅에 들어가는 그
시대의 역사를 모두 이루었던 그 구약
의 시대요,
4 또 나의 아들 예수가 세상에 나와 너
희를 하늘에 오르는 그 길을 인도 하
고자 역사했던 그 신약의 시대를 보
며, 그 시대가 존재한 이유는 무엇인
줄 알겠는가?
5 그 모두는 하나의 결실을 보기 위한
준비의 역사며, 그를 이루어야 모든
것이 이루어지는 그 역사이니, 이는
바로 무엇이던가?
6 다음 시대의 역사를 위하여 이루어지
는 한 흐름의 과정이었다는 것을 너희
는 알아야 할 것이니라.
7 즉 구약의 시대요, 신약의 시대는 오
늘의 이 시대를 이루어 가기 위하여
하나의 준비된 과정이라는 것을 너희
는 알아야 할 것이니라.
8 신약의 시대는 나의 아들 예수의 죽음
이 신약의 성경이요, 그 제자들이 배
신하고 등 돌리는 그 모두는 다 무엇
을 위해서였겠는가?
9 구약의 시대는 신약의 시대에, 이와
같이 변화되는 시대에 그를 뒷받침하
기 위하여 존재하는 것임을 알아야 할
것이며,
10 또한 나의 아들 예수가 죽음으로써 지
키고자 하며 만백성 너희에게 복음을
전하며 너희를 깨우치고자 했던 그와
같은 것, 그리고 그 제자들이 더불어
간다 하면서 등을 돌리고, 어렵고 힘
들 때 그에게서 떠났던 그와 같은 모

든 역사가 이루어진 그것은 바로 무엇
이던가?
11 제3의 시대에 역사함이요,
12 오늘날 내가 직접 나의 성령으로써 만
백성을 다스려 나가는 이 시대요, 내
가 직접 관장하는, 곧 심판의 시대를
이루는, 그리고 천 년에 걸쳐서 내가
하늘에서 이루어진 것같이 이 지상에
역사하고자 하는 그 모든 것의 준비를
위하여 모두 거쳐 간 그 단계라는 것
을 너희는 알아야 할 것이니라.
13 그러니 구약의 시대가 그리 존재한 것
은 신약의 시대를 위함이요,
14 신약의 시대는 제3의 시대를 위하여
모두 역사하였다는 것,
15 그리하여 한 시대를 그들이 이루고 또
한 시대가 흘러갔다는 것을 너희는
알아야 할 것이니 그를 알라.
16 너희가 정녕 이를 안다면 새로 내려온
성경인 나의 법전이요, 너희를 깨우쳐
주기 위하여 내가 마지막으로 태워 내
려보내는 '하늘에 오르는 길'이요, '하
나님! 말씀하옵소서'라는 이 책이 얼
마나 소중하고 귀한 것인가를 알아야
할 것이거늘,
17 어찌하여 이를 사탄이요, 이단의 장난
이라 감히 그리 말하는가?
18 이제 너희는 들어야 할 것이니라.
19 구약이라는 그 성서에 매달려 그것만
이 하늘에 오르는 길이라 하여 그대로
고집스럽게 그를 지키고자 하는 나의
백성,
20 구약의 시대는 다 흘러간 것이며 지난
것이며 너희와는 관계가 없으며, 그
시대의 사람들에게 필요한 것이라 하
며,
21 너희는 신약에 매달리며 신약의 시대
만이 구원을 받는다 그리 말하며, 오
로지 거기에 매달려 구원을 받고자 하
는 그 백성,
22 너희가 서로 신·구약으로 갈라져 서
로 그걸로 인하여 구원을 받는 것이라
그리 말함이니,
23 너희는 구약이 인정한 믿음의 길이요,
신약이 인정한 믿음의 길이요, 이것만
너희 것이라 하는 그리 어리석은 생
각을 하지 말라.
24 신약만이 하늘에 오는 길이라 믿고 그
를 고집하는 자, 또는 구약이 하늘에
오르는 길이요, 그 믿음만을 위하여
그것을 고집하는 백성,
25 너희는 다 나의 백성에게 분란을 일
으키는 행위를 하고 있음을 알아야 할
것이니라.
26 그 모두는 오늘날 내가 새로운 성경이
요, 제3의 시대요, 심판의 역사요, 심
판의 시대를 열어 가기 위해 모두 존
재하는 것이며, 준비된 역사라는 것을
알아야 할 것이니라.
27 구약의 시대는 그 시대의 백성이요,
지나간 것이라고 신약을 믿는 백성이
그리 말하듯이,
28 신약의 백성 너희는 알아야 할 것이
니라.
29 신약의 시대를 접고, 또 내가 새로운
역사요, 마지막 시대를 여는 제3의 시
대에 나의 법전의 역사가 이루어지는
그 시대가 이루어짐이니라.
30 그러니 너희는 이를 보고 깨우쳐야
할 것이니라.

31 그렇다 하여 너희가 구약을 버리며
신약을 버리는 것이 아님이니라.
32 계주처럼 이어져 오는 것이며, 계속
이어져 와 오늘의 그 역사를 이루는
것이라는 것을 잊지 말라.
33 너희는 이제 알아야 할 것이니라.
34 구약은 신약을 위하여 존재함이니 그
것으로써 하늘에 오르는 길이 아니요,
35 신약이라는 것은 지금 제3의 시대 나
의 법전이 세상에 나와 내가 직접 관
장하는 이 시대를 위하여 준비된 시대
니,
36 신약으로만 하늘에 오르는 길이요, 신
약 시대의 믿음으로써 하늘에 오르는
길이라는 것을 생각하지 말라.
37 그것은 너희가 하늘에 오르는 길이
무엇이며 깨달음이 무엇인지 깨우치
며 너희를 길들이기 위한 하나의 성
서라는 것을 잊지 말라.
38 이제 내가 마지막 심판의 시대요, 내
가 너희가 지켜 하늘에 오르는 것, 그
리고 나에게 오르는 백성, 천 년에 걸
쳐서 지상의 낙원이 이루어지는 곳에
존재하는 백성, 그 모두가 살아가는
것을 예언하여 기록하여 전함이니,
39 이를 보고 깨우쳐 오늘을 보며 미래를
보는 그와 같은 바른 삶을 살도록 그
리하라.

6,436 번째 하나님 말씀

2003년 6월 16일 09시 07분

1 사랑하는 나의 아들아!
2 **"네, 아버님! 말씀하옵소서."**
3 모든 종교 집단이요, 지도자들이 나의
법전을 들고 말하기를, 이는 사탄이
쓴 것이요, 사악한 자가 쓴 것이요, 마
지막 거짓 선지자가 세상에 와 이를
쓴 것이라 그들이 말하니,
4 그들의 말이라면 맹종하고 맹신하는
나의 불쌍한 백성이 나의 법전을 열
고 읽고 깨우쳐 스스로 행하고자 하는
그 용기와 결단을 얻기가 어려움이니,
5 그들은 정녕 나의 법전을 읽고 깨우치
기가 그리 어렵고 힘든 것이니라.
6 그러나 이것을 읽은 그 신도들이 말하
기를, '법전이라는 그 책에 기록된 것
이 하늘에 오르는 길이요, 하나님 말
씀이요, 이 책에 나쁘게 살라 하는 것
이 없으며 악하게 살라 하는 것이 없
음이니, 이를 어찌 생각해야 하느냐?'
그리 물을 때, 그들은 또 그리 말할 것
이니라.
7 이 세상의 사탄이요, 그 사탄도 질이
여럿이며, 또한 귀신도 여러 가지 질
이 있느니라.
8 그러니 이 법전을 쓴 귀신은 좀 더 착
한 귀신이요,
9 좀 더 악한 쪽이 아닌, 악한 쪽에서도
선한 마음을 가지고 있는 것이며, 좀
덜 악한 자라 그리하여 그가 너희를
유혹하기 위해 그리 쓴 것이라 그리
말할 것이니라.
10 그러니 과연 이를 보고 깨우칠 백성이
누가 있는가?
11 저희에게 깨달음이요, 오로지 하늘에
오르는 길이요, 참진리를 깨우치고 가
르치는 나의 법전을 보고, 귀신도 덜
악한 자와 사악한 자가 있으니,
12 좀 더 착한 귀신이 이것을 쓴 것이지,

이는 나 여호와의 뜻이요, 하늘의 뜻
이 아니라 하며,
13 그러니 이래저래 아무리 좋은 말을 썼
어도 그것은 사탄이요, 사악한 자며,
결국에는 너희를 지옥의 길로 인도하
며 무너트리는 그와 같은 역사를 할
것이라 그리 가르침이니라.
14 그러니 이를 보고 깨우치는 백성이 감
히 두려워서 누가 이를 보고 나의 뜻
이라 하며 나의 성령을 태워 내려보내
는 마지막 시대의 심판이요, 구원의
길의 책이라 그리 말하겠는가?
15 아무도 두렵고 겁이나 그를 읽으려 하
지 못하며 그를 접하려 하지 못하니,
그리하여 그 사악한 자들의 그 행위가
그러하니라.
16 이는 착한 귀신과 악한 귀신이 있으
니, 귀신은 귀신이되 좀 더 착한 귀신
이 뒤집어씌워 이를 쓴 것이며, 그 귀
신의 장난에 인간이 그리 쓴 것이라
그리 말할 것이니라.
17 그러니 과연 그 말을 믿지 아니할 자
가 어디 있느냐?
18 귀신이 덮어씌우되, 착한 귀신이 명하
여 쓴 것이요, 그래도 귀신 중에 악한
귀신이 아니고 선한 귀신이며, 악마
중에서도 조금 착한 악마가 이를 썼다
그리 말하니, 이를 어찌 안 믿겠는가?
19 과연 착한 귀신과 악한 귀신이 있으
며, 착한 악마가 있으며 악한 악마가
있더냐?
20 천사 중에도 너희는 그리 생각하는가?
21 그것이 얼마나 어리석은 백성의 깨달
음이며 하늘의 이치를 모르는 것인가
를 너희는 알아야 할 것이니라.
22 그와 같은 생각으로써 나의 법전을 읽
지 못하게 하며 보지 못하게 하는 그
죄가 얼마나 두렵고 무서운 것인가를
너희 스스로 알 것이니라.
23 너희는 나의 법전에서 무엇을 가르치
는가?
24 인간인 너희가 선한 것과 악한 것을
놓고 마음을 정할 때, 오른쪽 길로 가
면 선한 길이요, 왼쪽 길로 가면 악한
길이라 할 때, 너희가 악한 마음을 버
리고 선한 길을 선택하기 위해서는 열
번 백 번 마음을 다지고 결심을 하고
또 생각하고 그리해야 선한 길을 갈
수 있으나,
25 악한 길을 가는 것은 한 번만 마음먹
으면 그저 즐겁고 너희 생각에 편안한
길인 것 같으니, 한 번의 결정으로써
악함을 선택하고 그 길을 따라갈 수
있음이니,
26 열 번 백 번 저 자신을 다스리고 생각
하고 또 생각하여 선을 선택하는 그
수고로움이요, 그 노력을 하려 하지
아니하며, 가지려 하지 아니하는 것이
너희이니라.
27 그러니 너희는 악의 말에는 넘어지기
쉬우나,
28 선한 자의 말은 열 번 백 번을 들어도
그것이 정녕 맞는 것인가 아닌가, 그
길을 가야 할 것인가 말 것인가 그리
결정을 하지 못하고 망설이는 것이 선
한 길을 선택하는 것이니, 그는 어렵
고 힘든 길이니라.
29 그리하여 종교 지도자들이 나의 법전
을 높이 들고, '이는 사탄이요, 귀신
중에도 선한 귀신이 너희를 미혹하기

위해서 쓴 것이니, 보지 말라' 그리 말
하니,
30 그 말 한마디에 너희는 나의 법전을
찢어 버리고 태우는 것은 용감히 하나
31 그러나 어떠한 사람이 이 법전의 내용
이 정녕 아름다우며, 이는 우리가 보
고 깨우쳐야 할 것이라 그리 말해도
그 말은 듣지 아니함이니,
32 그리 한번 말해서 따르는 것은, 악한
쪽을 따르는 것은 한 번만 말해도 그
들이 죽 따라가나,
33 선한 것을 하나 만들기 위해서는 열
번 백 번 말을 해도 선한 길에 들어설
수 없으며, 인도하며 깨우치기가 그리
힘드니,
34 누가 그리 싸우고 또 싸워 열 번 백 번
말을 해서 한 사람을 구원하는 그 수
고로움을 하겠는가?
35 그러니 선한 자가 한 사람이 태어나
고, 악함과 선함을 결정할 때 선함을
선택하는 것이 그리 어렵고 힘든 길이
니,
36 과연 나의 법전대로 사는 것이 얼마나
힘들고 어려운 길인가?
37 이를 깨우치는 것이 너희가 얼마나
힘들고 어려운가를 알아야 할 것이니
라.
38 어떠한 방법이든 이는 사탄이요, 사악
한 자요, 귀신의 장난이요, 귀신이 뒤
집어씌워 이를 썼다 말할 것이니라.
39 너희가 말하는 기독교의 종파에서는
사탄이 뒤집어씌운 것이라 하며, 귀신
을 믿는 쪽에서는 귀신이 씌우되, 착
한 귀신이 뒤집어씌운 자가 이를 쓴
것이라 그리 말함이니,
40 감히 그를 맹종 맹신하는 백성이 두렵
고 무섭고 겁이나,
41 나의 법전의 내용이 아무리 아름답고
좋으며 저희를 구원하는 길이라 하여
도, 그들이 보고 깨우치려 하지 못함
이니,
42 여기에 큰 문제요, 여기에 나의 백성
이 구원이 아니라 지옥으로 가는 그
원인이 있음을 너희는 알아야 할 것
이니 그리 알라.

6,437 번째 하나님 말씀

2003년 6월 16일 09시 16분

1 사랑하는 나의 아들아!
2 "네, 아버님! 말씀하옵소서."
3 하늘에서 내려다보는 나 여호와의 아
픈 마음이요, 내 찢어지는 이 가슴을
알겠는가?
4 그리고 내가 아름답게 만들어 지혜를
높게 준 나의 백성이 그 지혜를 아름
다운 쪽으로 쓰는 것이 아니요, 나로
부터 멀어지며 나를 욕되게 하는 것에
그들이 지혜를 쓰고 살아가니,
5 그를 바라보는 나 여호와의 마음을 너
희는 정녕 알겠느냐?
6 나의 백성이 십계명이나 율법을 등한
시하며 나의 친필을 등한시하는 것은
지금 어떠한 백성이 가는 길인지 아
는가?
7 나에게 오르는 길이요, 하늘에 오른다
는 그 백성이 내가 직접 써 내린 그 친
필을 등한시하며, 그를 무시하며, 그
를 중시하지 않는 그 마음이 어디서
일어났으며,

8 그와 같은 행동이 어디서부터 시작한
것인지 알겠는가?
9 그들이 아름다운 지혜를 아름다운 쪽
으로 쓰는 것이 아니요, 그 아름다운
지혜요, 그 위대한 지혜를 악한 쪽으
로 연구하여 쓰고 가기 때문이니라.
10 그리하여 그들이 나의 친필인 십계명
을 무시하며 그를 뒷전으로 밀어붙이
며, 그를 기억하지 않으려 하며 그대
로 살 수 없다고 말하느니라.
11 그는 곧 무엇이던가?
12 저희가 나의 십계명을 암송하고 그를
보고 따라갈 때,
13 그들은 구약 시대의 율법이요, 그 모
두는 다 죄를 짓는 그 자체가 얼마나
무섭고 두려운 것인가를 구약에서는
말하며 그들에게 그걸 깨우쳐 줌이니
라.
14 그러니 구약을 읽고 공부하는 자는 죄
짓는 것이 얼마나 두렵고 무서운 것이
며, 죄지은 자는 종교 지도자가 될 수
도 없으며, 죄지은 자는 사람의 대우
를 받지도 못하는 그와 같은 그 무서
운 그 내용이 그리 기록되었음이니,
저희가 두려움이 앞서기 때문이니라.
15 아무리 제사장이라 해도 죄가 있는 자
는 용서받지 못하는 그와 같은 무서운
내용이요, 그 사실이 구약에는 기록되
었으며, 또한 그리 가는 것이 하늘에
오르는 길이기 때문이니,
16 그들은 그를 보고 두렵고 겁이나, 종
교 지도자가 그대로 지킬 수 없으며
행할 수 없기 때문인 것이니라.
17 죄짓는 자는 지도자로서 자격이 없으
며, 인간으로서도 대우를 받지 못하며,
18 아무리 예언자요, 지도자라 해도, 또
는 대제사장이라 하여도, 죄를 짓는
자는 엄히 다스리는 나 여호와의 그
무서운 법도에 의하여 저희가 그를
지키고 갈 수 없기에, 종교 집단이요,
지도자들이 저희의 머리로써 연구하
고 써낸 것이 무엇이던가?
19 그것이 바로 구약의 시대요, 구약의
것은 지킬 수 없으며 그리 갈 수 없다
고 그리 말하는 것이니라.
20 그러면서 나의 백성에게 그를 따를
수가 없으며 그를 지킬 수 없는 것이
구약이라 그리 말하느니라.
21 율법이나 십계명은 지금의 백성 너희
가 지키고 행하는 것이 아니요, 구약
시대의 그 백성만이 그를 지키는 것
이요, 너희와는 관계없는 것이라 그리
가르치며,
22 저희 자신이 그리 갈 수 없으며 그리
설 수 없기에, 저희가 지도자로서 자
격이 없기에 그를 숨기려고 어떠한 행
위를 하는가?
23 소수의 백성만이 구약 시대의 그 백
성에게 해당하는 것이며, 그것은 제한
된 일부 백성에게 필요하고 해당되는
것이지,
24 지금 신약의 시대에 사는 백성과는 아
무런 관계도 없으며, 그리고 필요도
없는 것이요,
25 그걸 따르는 것으로 구원을 받는 것이
아니라 매도하며 그리 가르치고 있음
이니라.
26 구약의 가르침은 신약 시대의 백성에
게 전혀 관계가 없으며,
27 구약 시대는 지금 신약 시대에 살아가

는 백성이 아무리 구약을 연구하고 지키고 그리 연구한다 해도, 구약 시대의 것으로써는 은혜를 받을 수 없으며 나로부터 은총을 받을 수 없으며 은혜가 내려짐이 없음이라 그리 가르침이니라.

28 그리고 구약 시대의 것은 다 지나간 것이요, 지나간 역사이기 때문에, 진리가 아닌 것처럼 나의 사랑하는 피조물 만백성을 그리 착각하게 하며, 그리하여 그들로 하여금 구약의 율법이요, 십계명을 지키지 아니하며 그걸 손에서 놓도록 세뇌시키며 그리 가르치는 것이 아니던가?

29 그리하여 친필이 필요 없다 말하는 것이 너희이니라.

30 나의 율법이요, 구약은 한 시대의 그 때의 그 백성에게 전해진 특수한 백성에게 필요한 것이며,

31 지금의 신약 시대에 사는 모든 백성에게는 필요 없다 함이니,

32 내가 직접 불로 써 내린 그 십계명이요, 그 율법이 필요 없다며 구약은 지나간 것이라 그리 말하나,

33 너희는 여기서 알아야 할 것이니라.

34 신약을 바로 세우기 위하여 구약이 존재하는 것이며,

35 구약이 존재하기 때문에 신약이 뿌리를 내릴 수 있는 것이며,

36 구약을 근거로 하여 구약을 모체로 하여 모든 신약이 이루어지며 신약이 완성된다는 것을 너희는 알아야 할 것이니라.

37 나의 아들 예수가 너희에게 뭐라 말하였느냐?

38 바로 나의 아들 예수가 세상에 내려간 것은 구약을 완성케 하기 위하여 세상에 내려갔으며, 그는 나로부터 그 대명을 받아서 내려갔음을 너희는 알아야 할 것이니라.

39 그러니 그 뜻을 아는 자 없으니, 그를 무시하는 자, 그를 거역하는 자는 정녕 진정한 진리의 뜻은 알 수 없음이니라.

40 그러니 구약은 너희에게 가장 필요한 것이며 가장 근본의 믿음이니라.

41 그러니 구약의 모든 율법이요, 십계명이 관계가 없으며 지금의 백성과는 아무런 이해관계가 없다고 가르치는 자들이야말로 얼마나 사악하고 잘못된 자들인가를 알라.

42 신약 시대는 구약을 완성케 하기 위하여 그 역사가 이루어진다는 것을 잊지 말라.

43 또한, 나의 법전이 세상에 내려가 제3의 시대를 이루는 것은, 너희가 준비해 온 구약과 신약을 완성하여 그 기틀 위에 내가 모든 백성을 심판하는 그 기준을 내려보내어 너희를 깨우치고자 하며, 심판의 시대를 대비하여 구약과 신약이 존재했으며,

44 심판의 시대는 제3의 시대요, 새로운 성경으로써 너희를 심판하는 그 역사가 시작한다는 엄연한 이 무서운 사실을 알라.

6,438 번째 하나님 말씀

2003년 6월 16일 11시 33분

1 사랑하는 나의 아들아!

2 "네, 아버님! 말씀하옵소서."
3 너희는 구약에 기록되어 전하는 그 역
사 속에서 가장 소중하고 귀한 것이
무엇인 줄 알겠는가?
4 모세가 광야에서 나로부터 명을 받아
그 백성을 인도하며, 그가 또한 그 광
야에서 생활하며 그 백성을 이끌기 위
하여 많은 기적을 역사한 것,
5 성서에 기록된 그 모든 것이 가장 위
대한 것이며, 그것이 너희에게 가장
소중한 것이라 그리 말할 것이니라.
6 그러나 구약 중에서 가장 소중하고 귀
한 것은 나의 아들 예수가 이 세상에
존재하며 이 세상에 나로부터 성령이
요, 명을 받아 내려와 예수가 존재하
는 삶을 산다는 것을 미리 예언하여
기록되어 있는 그 내용이 가장 중요하
고 소중한 것임을 너희는 알아야 할
것이니라.
7 그러니 그와 같은 내용을 아는 종교
지도자요, 집단이요, 그와 같은 백성
이 과연 어디 있는가?
8 모세가 나로부터 명을 받았으며 그 백
성을 이끌어 내는 광야의 역사요,
9 그들을 끌어내기 위하여 그가 보인 그
모든 기적이요, 성서에 기록되어 있는
그 내용이 가장 위대하고 소중한 것
이며, 그것 외에는 더 중요한 것이 없
다 생각하나,
10 성경의 구약에 기록되어 있는 예언의
구절이 있음을 너희는 알아야 할 것
이니라.
11 나의 아들 예수가 이 세상에 와 역사
하며 그가 이 세상에 와 인간으로서
만백성을 구하는 새로운 시대가 열린
다는 것을 예언하여 기록되어 있는 그
내용이 구약 성서 중에서 가장 귀하고
소중한 것임을 너희는 알아야 할 것
이니라.
12 지금 너희가 신약이라는 그 성서를
가지고 하늘에 오르는 길이요, 구원을
받는 길이라 그리 말함이니라.
13 성서에 예수가 행한 것이요, 예수가
역사한 것, 그가 피 흘려 죽어 가면서
그를 죽게 한 백성을 사랑하라 한 그
모두도 소중하며, 그와 같이 행하고
지키는 것이 너희 개인으로서는 하늘
에 오르는 길이요, 가장 중요하나,
14 신약 성서가 존재하는 그 의미요, 가
장 귀중하고 소중한 뜻은 바로 다른
보혜사가 세상에 오며, 나의 아들 예
수가 감으로 인해서 예수와 같은 그
보혜사가 세상에 와,
15 그가 임의로 말하지 아니하며 듣는 것
으로써 전하며 만백성을 깨우쳐 인도
한다고 기록되어 있는 그 대목이 예언
의 대목이니, 그것보다 더 소중한 것
이 없으며,
16 신약에서 가장 귀하고 소중한 대목은
그것임을 너희는 알라.
17 그러니 내가 뭐라 말하였느냐?
18 구약 시대는 달리는 계주와 같이 출발
의 시대요, 나의 아들 예수는 또한 그
중간의 주자라 내가 그리 말하지 아니
하였던가?
19 나 여호와의 진리요, 나의 참가르침은
예언으로써 되며, 예언으로써 미리 너
희에게 알려주며, 너희에게 깨우쳐 주
고, 그것이 이루어지는 그 역사가 이
루어지기 때문에 진리이니라.

20 진리가 아닌 것, 나 여호와가 주관하
는 것이 아니면 미래에 이루어질 것
을 예언할 수 없으며, 예언하여 너희
에게 깨우쳐 주고 전할 수가 없는 것
이니라.
21 절대자가 아닌 자는 그것이 변화될
수 있기 때문임을 너희는 알아야 할
것이니라.
22 그러니 성서가 소중한 것이며 나 여호
와의 뜻이 소중한 것이 바로 무엇인
줄 알겠느냐?
23 모두를 다 예언하여 이루기 때문이니,
그 예언한 것을 실현하는 것은 절대
자이니, 나밖에는 예언할 수가 없음
이니라.
24 손에 들고 있는 자가 남에게 줄 수 있
는 것은 손으로 가지고 있기 때문에
그를 줄 수 있다고 약속할 수 있지 않
은가?
25 그러나 갖지 않은 자가 준비하여 줄
것이라 이야기하는 것은 그 예언이
맞지 아니하며 틀림이니라.
26 그러니 그 예언은 아무나 할 수 없으
며, 더욱이 성서에 기록되어 역사하는
그 예언은 바로 여호와 창조주 나의
뜻이기 때문이니,
27 구약이 내 뜻이요, 신약이 또한 나의
뜻임이니라.
28 그리하여 구약의 역사에 기록된 것 중
에 가장 중요한 것은 나의 아들이 세
상에 존재하며 예수가 와 새로운 시대
의 역사를 이룬다는 것이 기록된 그
대목이니,
29 너희는 구약을 읽고 읽으면 그 대목을
찾을 것이니, 그것이 구약에서 가장
소중하고 귀한 것이니라.
30 그리고 나의 아들 예수가 신약의 시대
를 열어 감이니, 그가 모든 역사를 하
며 너희가 그를 보고 깨우쳐 하늘에
오른다는 그 모두도 가장 중요한 것
은, 나의 아들 예수가 그리 감으로 인
하여 그가 지금에 가는 것이 모두가
다 끝난 것 같으며 모두가 무너지는
것 같으나,
31 예수는 중간 주자로서 제 임무를 다
하였으니, 오로지 다른 보혜사가 다시
온다는 것과,
32 그리고 '하나님의 말씀'으로써 세상에
내려와 너희를 통제한다는 것은 무엇
이더냐?
33 이를 받아 기록하고 전하는 자가 제
뜻대로 함이 아니요, 그 모두는 나 여
호와의 뜻대로 행하기 때문이라 미리
예언하여 너희에게 전해 주었으니,
34 그 예언은 맞기 때문에, 그 예언은 반
드시 이루어지기 때문에 나 여호와의
진리요, 참뜻이니,
35 구약이 나의 뜻이요, 신약이 나의 뜻
이라는 것을 알겠는가?
36 지금 내가 나의 아들을 통하여 내리는
법전은 그 모두가 마지막 주자가 가지
고 뛰는 것이라 그리 말하였음이니,
37 내가 여기다 예언하여 기록하기를 뭐
라 말하였느냐?
38 이것이 마지막이라 그리하였음이니
라.
39 내가 그리하여 심판의 기준이라 한
뜻을 모르겠느냐?
40 내가 이다음에 또 보혜사가 다시 내려
올 수 있는 역사가 있다면, 지금 내가

나의 법전을 내려 '하늘에 오르는 길'
이요, '하나님! 말씀하옵소서'라는 나
의 성령의 책이, 이를 기록하는 나의
아들이 마지막 주자가 아니며 다음 주
자가 있다 내가 예언하여 기록할 것이
니라.
41 그러나 내가 다음 예언자를 기록함은
없음이니라.
42 이 모두가 마지막이며 너희를 심판하
는 것이라 그리 말하였음이니,
43 이러고도 너희가 나의 뜻이라 생각하
지 아니하는가?
44 그리고 성서는 나의 뜻에 따라 구약과
신약이 계승되며, 그리하여 마지막 너
희가 깨우쳐 읽고 깨닫고 하늘에 오를
수 있도록 마지막 주자의 역사를 함이
니,
45 내가 그를 덮는다 하는 것은 내가 버
린다 함이 아니니라.
46 이제 그 모두는 직분을 다했으며 그
역사함을 다했기에, 이제는 새로운 시
대가 열리는 마지막 주자요, 마지막
심판을 너희가 받고 안 받음이니,
47 심판을 받고 안 받는 것은 마지막에
역사하는 것이 아니던가?
48 그리하여 이것이 마지막이라 하였으
며, 다음의 시대가 없다 내가 말한 그
의미요, 뜻을 잘 알아야 할 것이니라.
49 내가 법전에 기록하는 것을 나의 아들
이 미리 예견하여 그리 계획표를 짜
놓고 그가 서론과 본론과 결론을 만들
어 놓고 160권의 법전을 쓰는 것도 아
니요, 열여섯 권의 법전을 세상에 전
하는 것이 아니니라.
50 그저 그는 듣는 대로 그리 기록하여
너희에게 전함이니, 그 모두를 다 여
기에 너희가 맞춰 볼 때, 어디에 틀린
것이 있는가?
51 그 모두가 예언되어 이루어지는 것이
맞아 감이니,
52 내가 마지막이라 이르는 것도 그 예언
이니, 이는 곧 나의 뜻이라는 것을 알
아야 할 것이니라.
53 그러나 지금 나의 불쌍한 백성은 어
찌하는가?
54 구약의 시대는 구약으로 끝난 것이며,
신약의 시대는 신약의 시대로 끝난다
그리 말하니, 너희가 얼마나 어리석은
자인가를 알게 될 때가 있을 것이니
그리 알라.

6,439 번째 하나님 말씀

2003년 6월 16일 11시 42분

1 사랑하는 나의 아들아!
2 "네, 아버님! 말씀하옵소서."
3 내가 너희에게 명하느니라.
4 모든 기독교라 하는 것 그리고 너희가
믿는 종교 집단이요, 그들은 일용할
양식이 뭐라 말하는가?
5 그들이 말하는 일용할 양식이라는 것
은 저희가 먹고사는 밥을 말하며 떡
을 말하는 것이 지금의 믿음의 길을
가는 백성이 일용할 양식이라 그리
말하는 것이니라.
6 그러나 너희는 알아야 할 것이니라.
7 나의 법전을 읽고 깨우친 백성이요,
나의 아들을 따르는 그 제자 너희는
그 일용할 양식이 그것이 아님을 알
것이니라.

8 그것이 너희와 다름이니라.
9 모든 기독교인이요, 믿음의 길을 간다는 그 백성, 수천 년 흘러온 그 백성은 일용할 양식이라는 것이 너희가 즐겨 먹고사는 밥이요, 떡이요, 생선이라 그리 생각하며, 그것이 나로부터 받는 일용할 양식이라 그리 생각할 것이니라.
10 그러나 지금 나를 믿고 가는 백성이요, 나의 아들을 따르는 제자 너희는 즐겨 먹고사는 밥이요, 떡이요, 생선이 일용할 양식이 아니라는 것을 알고 있지 않은가?
11 바로 너희가 일용할 양식이라 함은 무엇이던가?
12 나 여호와로부터 내려오는 나의 말씀이요, 나의 성령을 태워 지금 나의 아들을 통하여 내려보내는 160권의 그 법전의 내용이 너희에게 일용할 양식임을 알아야 할 것이니라.
13 내가 불로 직접 써 내린 나의 친필이요, 그 십계명이 바로 너희가 일용할 양식이라는 것을 알아야 할 것이니,
14 이게 얼마나 무서운 차이이며 얼마나 무서운 결과의 그와 같은 형국이 되어 있는지 알아야 할 것이니라.
15 너희에게 일용할 양식이라 함은, 나 여호와가 너희에게 내리는 명령이요, 내가 나의 아들을 통하여 지키고 살라 내린 길이요, 규범이 바로 너희의 일용할 양식임을 알아야 할 것이니라.
16 지금 나의 아들을 통하여 내려가는 160권의 법전이요, 이는 그가 자의로 말하지 아니하며 나의 뜻을 그의 입을 통하여 세상에 전함이니,
17 나의 아들의 입을 통하여 책으로 전해지는 그 모두가 너희에게 떡이요, 생선이요, 너희가 즐겨 먹는 그 음식이요, 그 모두를 다 초월하여 너희가 영원히 살 수 있는 그 영혼의 생명의 양식이라는 것,
18 바로 이것이 너희와 지금의 믿음의 길을 가는 그 백성과의 차이점이라는 것을 너희는 알아야 할 것이니라.
19 너희에게 양식이란 모든 종교 집단이요, 기독교인이요, 믿음의 길을 간다는 그 백성이 말하는 즐겨 먹고사는 그 음식이 아니요, 생선이 아니요, 떡이 아니라,
20 나의 말이요, 나의 뜻이요, 나의 성령을 태워서 내려보내는 나의 법전이 너희에게 일용할 양식이니,
21 그들과 너희와의 그 차이가 얼마나 멀고도 먼가를 너희는 알아야 할 것이며 잊지 말아야 할 것이니라.
22 모든 종교 집단이요, 지도자들은 저희가 만들어 살아가는 이 세상에서 저희의 일용할 양식이라는 것이 바로 무엇이던가?
23 저희가 먹고 즐기는 그것이 양식이라 말함이니, 그들이 어찌 하늘의 뜻을 알며 나 여호와가 이루는 그 역사를 알겠는가?
24 그러니 저희가 내가 내리는 성령이 나의 뜻이요, 저희가 일용할 양식이요, 하늘의 구원의 길이요, 참진리라는 것을 모르기 때문에,
25 지금 나의 예수를 통하여 내리는 그 모든 성경이요, 그 모두를 종교 지도자요, 그 목자요, 그와 같은 자들이 저

희의 교리에 맞도록 가감하여 만들어
나의 피조물 만백성을 가르치고 있음
이니, 이게 얼마나 잘못된 역사인 줄
알겠느냐?
26 아무리 단단한 알곡식이요, 씨앗으로
난 곡식이라도, 한쪽이 썩기 시작하면
그 모두가 다 썩는 것이 아니던가?
27 너희가 맑은 생수 속에 썩은 물을 넣
으면 그 물은 점점 썩어 쓸 수 없게 됨
이 아니던가?
28 너희가 지금 나의 성령이요, 나의 뜻
을 가르치는 것은 나의 십계명대로 지
키고 사는 것이 온전한 형태이며, 썩
어지지 아니하며 변질되지 아니한 것
이니라.
29 그러나 너희가 변질된 것을 그곳에
주입하니, 그 병균이 그곳에 주입됨으
로 인하여 그 모두가 썩어지는 것과
마찬가지이니라.
30 너희의 몸에 흠집이 생겼으며 동물의
몸에 흠집이 생겼을 때,
31 그를 치료하지 아니하고 손대지 아니
하면, 결국 그는 썩어서 아무런 역사
를 할 수 없는 것이 아니던가?
32 지금 너희가 가르치는 그 모두의 잘
못됨이 바로 무엇인 줄 알겠느냐?
33 바로 썩어져 가는 것이니라.
34 모두를 썩게 한 너희가 독버섯의 역
할을 하여 모든 나의 피조물 만백성이
썩어져 가고 있으며 죽어 가고 있는
그와 같은 형국이 되어 있는 것을 너
희는 알아야 할 것이니라.
35 지금 모든 종교 집단의 지도자 너희는
그 썩고 썩은 것을 만백성에게 먹도록
말하며, 그것이 하늘에 오르는 길이라
며 그를 떼어서 먹임이니라.
36 너희가 썩어져 가는 그 병균의 조각을
떼어서, 나의 사랑하는 백성에게 하늘
에 오르는 길이요, 천국에 오르는 길
이라 하여 그 병균이 들어 있는 떡 조
각을 떼어서 나의 피조물 만백성에게
그저 먹이고 있음이니,
37 그것을 먹으면 생명이요, 너희를 지탱
할 것이라 하여 그를 받아먹고 있음이
니, 이를 내려다보는 나 여호와의 아
픈 마음이 어떠하겠는가?
38 지금 몇천 년 동안 흘러오면서 그 종
교 집단이요, 지도자들이 그 이물질이
들어가 썩어져 있는 그 떡을 떼어서
만백성에게 생명이요, 너희를 지탱할
수 있는 바르고 곧은 깨끗한 떡이라
하여 그를 전함이니,
39 그를 모르고 받아먹는 나의 백성이
병들어 죽어 가고 썩어져 가는 것이
오늘의 형국이니, 이를 바로잡고자 하
는 것이 나 여호와의 뜻이니라.
40 그리하여 그 썩은 것을 잡을 수 있는
완전한 떡은 바로 영혼의 생명인 십계
명대로 지키며 율법대로 사는 것이기
에,
41 내가 십계명을 지키는 것을 강요하며
율법대로 지키는 자가 나에게 오르는
길이라 하며,
42 내가 그 모두를 풀어서 쉽게 누구든지
접할 수 있도록 지금 하늘에 오르는
길이요, '하나님! 말씀하옵소서'라는
나의 책을 만들어 전함이니, 이게 바
로 썩는 것을 막는 것이며, 정통의 흐
름임을 알아야 할 것이니 그리 알라.
43 이를 접하고 이를 받는 자, 이를 먹는

자, 이는 썩은 것을 먹는 것이 아니요,
너희가 깨끗이 살아날 수 있는 생수
를 받는 것이라 함을 잊지 말라.
44 생명수를 받는 것이 나의 법전을 읽고
정독하는 것임을 명심하라.
45 정독함이 나의 뜻이요, 너희가 나의
뜻을 접함으로 바로 살 수 있으며 새
로 다시 태어나는 영광을 얻을 수 있
는 생명수라는 것을 잊지 말라.
46 너희에게 일용할 양식은 바로 나의 성
령이요, 나의 법전이요, 나의 뜻이라
는 것을, 그리고 나의 율법이요, 나의
십계명이라는 것을 너희는 가슴 깊게
새겨 두라.
47 일용할 양식을 주는 것은 너희가 즐
겨 먹는 떡과 밥이요, 생선이요, 양식
이 아니라는 것을 이제 너희는 알았
을 것이며,
48 너희는 그리 잘 가고 있는 나로부터
선택된 백성이니, 이를 보는 나 여호
와가 오늘의 분노를 참으며 노함을 참
으며 너희 손을 놓고자 하는 것을 내
가 놓지 아니하고 너희에게 마지막
단 한 번의 기회를 다시 주는 대역사
가 이루어짐을 알라.

6,440 번째 하나님 말씀

2003년 6월 16일 11시 49분

1 사랑하는 나의 아들아!
2 "네, 아버님! 말씀하옵소서."
3 나 여호와의 참진리요, 내가 명하는
그 모두는 내가 너희에게 뭐라 말하
였느냐?
4 모두는 다 예언하여 그 역사가 이루어
지는 것이라 내가 말하지 아니하였던
가?
5 그 예언은 창조주 나 여호와만이 장담
할 수 있으며 예언을 내릴 수 있음이
니라.
6 그 모두는 그와 같이 이루어지는 것이
라는 것을 너희는 잊어서는 아니 될
것이니라.
7 그러니 내가 세상에 내리는 나의 진리
는 영원불변한 것이니라.
8 너희가 산소라는 것이 없으면 살아갈
수 없으며, 바람과 산소는 누가 뭐라
말하지 아니하여도 영원히 존재하며,
이 세상에 동식물이 존재하도록 그 역
사를 이루지 아니하던가?
9 태양은 변함이 없느니라.
10 지구가 돌든 지구가 서 있든, 우주 만
물의 모든 것들이 움직이든 그들이 모
두 중단해 있든, 어쨌든 태양은 변함
없이 너희에게 비치고 바람 역시 너
희에게 그 생명력을 불어넣지 않는가?
11 하나의 빗방울이 모여 비가 되어 모든
백성의 생명이 존재하도록 할 수 있
는 그 역사, 이 모두는 어떠한 형태에
서든지 존재하며, 중단됨이 없이 이루
어지는 것이니라.
12 그러나 그보다도 더 위대하고 소중한
것이 무엇인 줄 알겠는가?
13 나 여호와의 진리요, 내가 예언하여
너희에게 가르치는 것이니,
14 이게 너희에게 내리는 진리요, 내가
예언하여 가르치고 전하는 그것보다
더 변함이 없고 더 진실한 진리가 없
다는 것을 너희는 알아야 할 것이니
라.

15 바람이 존재하는 것, 태양이 변하지
않고 존재하는 것, 그것보다 더 귀하
고 소중한 것이 내가 이루고자 하는
나의 뜻이요, 나의 진리이니라.
16 너희는 이것을 알아야 할 것이니라.
17 그러나 너희는 나의 진리요, 내가 전
하고자 하는 그 역사가 한 도막씩 단
절된 것처럼 그리 생각하며,
18 그리 나의 피조물 만백성에게 깨우침
이니, 모세의 시대에 역사했던 것은
그 시대의 소수의 백성에게 필요한
것이며,
19 신약의 시대는 너희에게 필요한 것이
라 그리 말함이니, 이것이 너희가 잘
못 가고 있음임을 알아야 할 것이니
라.
20 아담과 이브에게 내가 뭐라 말하였던
가?
21 선악과를 따 먹지 말라 내가 명한 그
것이 다 내가 너희에게 내린 진리요,
22 또한 너희가 구약의 시대에 살아가는
그 모든 역사요, 내가 내린 계명이요,
그 모두가 다 무엇이던가?
23 바로 그게 진리임을 너희는 알아야
할 것이니라.
24 신약의 시대에 나의 아들이 와서 역사
한 것이며 그가 너희에게 가르치고
깨우친 것이요,
25 그 모두가 다 진리로서 나 여호와의
뜻이니, 그게 다 연계되어 지금 지속
하는 것이며,
26 지금 나의 법전의 시대가 새로운 시대
가 열리니, 그 모두가 무엇이던가?
27 이 또한 내가 나의 아들을 통하여 160
권의 법전으로 기록하여 세상에 전하
는 그 모두가 영원히 불변하는 진리라
는 것을 너희는 알아야 할 것이니라.
28 그러니 진리는 끝이 없는 것이며, 중
단됨이 없으며, 단절되어 내려가는 것
이 아니며, 영원히 같이 흘러감이니라.
29 이는 곧 무엇이더냐?
30 나 여호와의 뜻이요, 하나뿐인 창조주
나의 뜻에 따라 그 모두를 역사하는
것이요, 나의 주관하에 이루어지는 것
이니라.
31 그러니 아담과 이브의 시대요, 구약의
시대요, 신약의 시대요, 제3의 시대요,
모두가 다 단절되고 중단되었으며,
32 그 시대에만 그것이 필요한 것이라 그
리 생각하는 백성 너희가 얼마나 어
리석고 불쌍한 백성인지 아는가?
33 태양이 똑같이 지켜 주며 바람이 또
그 자신을 지켜 주며 가듯이, 그보다
더 변함없는 것이 나 여호와의 위대한
존재함이라는 것을 너희는 알아야 할
것이니,
34 그보다 더 정확하게 변하지 않고 이루
어지는 것이 나의 뜻이라 그리 알아야
할 것이니라.
35 창조주 나 여호와의 진리요, 나의 뜻
은 영원히 불변함이니라.
36 이 지구상에 어떠한 변화가 있다 하
여도 그는 변하지 아니한다는 것, 그
는 곧 이 세상을 관장하는 창조주 내
가 준비하여 너희에게 전하고 가르치
는 뜻이기 때문이니,
37 곧 이게 법이요, 진리라는 것이며, 하
늘에 오르는 길이기 때문이니 그리 알
라.

6,441 번째 하나님 말씀

2003년 6월 16일 11시 54분

1 사랑하는 나의 아들아!
2 "네, 아버님! 말씀하옵소서."
3 내가 계주라 하는 것을 예를 들어서
너희를 깨우치고 가르치는 그 이야기
를 나의 법전에 수없이 기록하였음이
니라.
4 마지막 주자가 우승의 영광을 얻으며
그 환호에 답할 수 있는 것은 그가 어
찌하던가?
5 그 출발 주자요, 중간에 같이 뛰어 준,
그와 같이 그 계주를 연계해 그 목적
을 이루며 우승의 영광을 차지하게 받
쳐 준 자들이 있다 내가 그리 말하지
아니하였는가?
6 출발한 주자가 있음으로 중간의 주자
가 있으며, 또 그를 받아 마지막까지
이루는 그와 같은 자가 있음으로 하
여 그 결승의 주자가 있게 되며, 그 우
승의 영광을 얻게 된다 내가 그리 말
하지 아니하였던가?
7 바로 나의 법전이요, 내가 지금 이루
고자 하는 그 역사가 그러하니라.
8 구약의 시대요, 율법과 십계명이 존재
하는 그 시대는 바로 내가 그것을 너
희에게 세상에 전하며 역사한 것이 뭐
라 말하였느냐?
9 출발의 시대라 내가 그리 말하지 아니
하였던가?
10 또 신약이 존재하는 것은 무엇이라 말
하였더냐?
11 구약을 완성하도록 하여 그 구약으로
부터 배턴을 받아 마지막 주자인 제3
의 시대, 나의 아들에게 전하는 것이
며,
12 이는 곧 나에게 전하여 내가 이루는,
마지막 주자의 역사를 이루는 그 심판
의 시대가 열리는 것이라 그리 말하였
음이니라.
13 그러니 구약의 시대가 있으며,
14 신약의 시대는 구약을 완성하기 위한
단계요,
15 제3의 시대는 구약과 신약의 그 모두
를 완성케 하는 그 시대가 열린다는
것이요,
16 그리하여 제3의 시대가 존재함이 소
중하다는 것을 너희는 알아야 할 것
이니라.
17 그러니 율법과 십계명을 모르며 모두
지키고 역사한다는 것은 잘못되었음
을 너희는 알아야 할 것이니라.
18 그러니 율법과 십계명의 시대를 접어
두고 신약의 시대를 절대 열 수 없음
이니라.
19 그리고 그를 알 수 없는 것이 지금의
흐름의 과정이라는 것을 너희는 알아
야 할 것이니라.
20 또한, 제3의 시대에 살아가는 너희를
위하여 구약의 시대와 신약의 시대가
존재하였으며, 오늘의 시대를 열기 위
하여 그들이 한 획을 그어 주었으며
한 부분을 역사한 것이라는 것을 너
희는 알아야 할 것이니라.
21 그러니 이제 너희는 구약의 시대에
그 성서로써 구원을 받는다 말하는 나
의 백성이 지금 존재하며, 신약만으로
써 구원을 받을 수 있다 말하는 백성,
너희는 그 모든 생각을 다 버리고 지

워야 할 것이니라.
22 너희는 중간 주자의 역할로서 최선을 다하였음이니,
23 이제는 내가 새로 내리는 마지막 단계요, 심판의 기준인 나의 법전을 보고 깨우쳐야 한다는 것을 잊지 말아야 할 것이니라.
24 새로운 성경의 시대가 열어지고 있음을 너희는 알아야 할 것이니라.
25 내가 다시 한 번 너희에게 간곡히 부탁함이니, 구약과 신약은 오늘의 제3의 시대를 위한 준비된 단계며,
26 너희를 구원의 길로 인도하며, 너희가 구원의 길을 볼 수 있으며 그 빛을 볼 수 있도록 너희에게 구원의 역할을 하는 것이 구약과 신약의 시대라는 것을 알라.
27 이를 모르는 자는 정녕 하늘의 이치를 모르며 하늘에 오르는 길, 구원의 길의 그 역사를 볼 수 없는 불행한 백성이라는 것을 절대 잊어서는 아니 됨을 알라.
28 제일의 영광을 차지하는 마지막 주자가 달림이, 지금 나 여호와가 직접 그 역사를 이루고 있음이니라.
29 출발점에 첫 주자가 위치하고 그다음 중간 주자처럼, 구약과 신약이 그와 같은 역사로 존재하였음이니,
30 이제 너희는 바로 마지막 주자의 달리는 모습, 마지막 주자가 역사하는 것을 보며,
31 더불어 나의 법전을 읽고 깨우쳐 그 마지막 주자가 받는 그 환호와 영광을 같이 누릴 수 있는 백성이 되도록, 그 깨달음을 얻도록 그리하며, 잠에서 깨어나도록 그리하라.

6,442 번째 하나님 말씀

2003년 6월 16일 12시

1 사랑하는 나의 아들아!
2 "네, 아버님! 말씀하옵소서."
3 너를 따르는 너의 제자들에게 네가 그리 전하여야 할 것이니라.
4 너희가 오늘날 나의 뜻을 따라 나의 법전을 만들어 세상에 전하며 만백성을 구하는 그 길을 가는 것이, 너희 자신이 초라하며 너희가 무능력하며 힘이 없다 그리 생각되며,
5 너희 자신을 돌아다볼 때, 힘들고 지쳐 쉬고 싶은 마음이 있을 때, 너희는 그를 지워 버려야 한다는 것을 잊지 말라.
6 아무리 힘들고 어렵다 해도 지쳐서 주저앉으면 아니 됨이니라.
7 나의 법전을 만들어 만백성에게 전하는 그 대명이 그들을 구하는 역사이니, 그보다 더 위대한 역사가 없으며, 더 소중한 역사가 지금 없으며,
8 내가 너희에게 모든 주자가 지금 다 달려와 마지막 주자에게 배턴을 넘겨, 그 마지막 주자로서 최선을 다해서 달려가는 너희라 하였음이니라.
9 그러니 모세를 따랐던 그 백성이요, 가나안으로 갔던 그 백성이요, 성서에 기록되어 있는 모든 역사의 본보기로서 이루어진 그 모든 것보다도 가장 고통스럽고 가장 힘든 길을 가는 것이 마지막 주자 너희이니라.
10 아브라함이 자기 자식을 바쳐야 했던

그 역사요, 또한 욥의 그 역사요, 노아
의 방주요, 예수가 목숨을 바쳤으며
그를 따랐던 제자들이 역사하고자 했
던 것보다 더 힘들고 어렵게 선택된
주자들이라는 것을 너희는 알아야 할
것이니라.
11 마지막 주자라는 것을 잊지 말라.
12 마지막 주자로서 마지막 뜻을 너희가
완성해야 하며, 너희가 이루어야 할
자들이라는 것을 절대 잊어서는 아니
됨이니라.
13 내가 두 번 다시 보혜사가 온다고 기
록하지 아니하였으며, 다른 보혜사가
세상에 와 이를 전한다고 나의 법전에
기록한 것이 없음이니라.
14 오로지 마지막이요, 나 여호와가 직접
주관한다 하였음이니,
15 여기에 동참하여 명받은 자가 너희이
니,
16 힘들고 어렵다 하여 쉬며 지쳐 주저앉
으면 아니 됨이니라.
17 시간이 길고 길어지면 나의 법전이 세
상에 나가는 것을 방해하는 사탄이요,
사악한 자들이요,
18 인간 저희 자신의 추악한 그 모습이
요, 저희의 기득권이 무너지는 것이
두려워 그를 방해하고 무너트리는 자
들의 그 힘이요, 그들이 방해하는 그
공작을 너희가 감내하기 더 힘들고
어려운 그와 같은 역사가 이루어짐이
니,
19 너희는 시간을 아끼지 말며 최선의 노
력을 다하여 빠른 시간 내에 나의 법
전이 세상에 빛을 보도록 그리하여야
할 것이니, 너희는 그를 잊지 말라.
20 모두가 너희를 무너트리려 할 것이며,
너희를 세상에 존재하지 못하도록 그
리할 것이니라.
21 나의 백성과 나의 아들딸이 잘못 가는
그를 보고 있는 나 여호와의 아픔을
너희는 알겠는가?
22 나의 아들딸들이 잘못 가는 그 모습을
보고 나 여호와가 눈물로써 세월을 보
내고 있다면 너희는 과연 이를 믿겠
느냐?
23 그보다 더 아픈 마음으로써 나 여호와
가 하루하루를 지탱하고 있다는 것을
너희는 알라.
24 이제는 나의 법전이 세상에 나가 내가
그것을 만백성에게 전하며, 나의 법전
이 하얀 눈이 되어 세상을 덮는 것처
럼 그리 덮어 주기를 바라는 그 마음
이,
25 며칠씩 굶주려 배고픈 자가 한 끼의
밥 한 그릇을 얻어먹기 위하여 바라며
소원하는 것보다 더 애절한 마음으로,
더 간절한 마음으로써 나의 법전이 세
상에 나가 흰 눈이 덮듯이 덮어 주는
것을 바라는 것이 나 여호와의 마음임
을 너희는 알아야 할 것이니라.
26 며칠을 굶은 자가 한 끼의 끼니를 얻
으려고 그를 요구하며 그를 원하며 그
를 갈망하는 마음보다 더 나 여호와가
깊은 마음으로써 더 아픈 마음으로써
더 갈망하는 마음으로써 너희를 바라
보며, 너희에게 기대를 걸고 있다는
것을 알라.
27 나의 법전을 읽고 깨우치는 백성이
줄을 이어 지옥의 그 길이 아니요, 하
늘에 오르는 그 길로 올 수 있도록 인

도하는 그 역사가 이루어지기를 나 여
호와가 바라보고 있음이니라.
28 그러니 너희가 나 여호와의 뜻을 안
다면 시간이 아까움을 알아야 할 것
이며,
29 잠시 힘들고 어렵다 하여도 쉬는 시간
을 가져서도 아니 되며, 지쳤다 하여
주저앉아서도 아니 된다는 것을 잊지
말라.
30 오로지 너희가 아니면 지옥으로 가는
나의 백성을 구할 수 없으며 그들을
인도할 수 없으며,
31 나 여호와가 자식들을 구원하는 그 기
쁨의 영광을 너희가 아니면 누구도
나에게 안겨 줄 자가 없다는 것을 명
심하고 또 명심하여,
32 너희가 최선의 노력을 다하도록 하라,
사랑하는 나의 아들딸들아!

6,443 번째 하나님 말씀

2003년 6월 16일 12시 06분

1 사랑하는 나의 아들아!
2 "네, 아버님! 말씀하옵소서."
3 내가 너희에게 욕심을 버리라, 그리고
마음을 비우고 세상을 보라, 그리고
만백성의 눈으로 볼 수 없는 세상을
보며 맡을 수 없는 향기가 진동함을
맡으며, 눈으로 볼 수 없는 찬란한 빛
이 비치는 그 세상을 보라,
4 그를 보기 위해 너희들이 욕심을 버리
며 마음을 비워야 한다 내가 그리 너
희에게 수없이 전함이니,
5 나 여호와가 간곡히 너희에게 청하고
전하는 그 뜻을 너희는 알겠느냐?
6 너희가 마음을 비우고 나의 법전을 읽
고 깨우쳤을 때, 나의 법전을 전할 수
있는 것이니라.
7 너희가 욕심을 지우지 못하며 마음을
비우지 못하고 법전을 전했을 때, 그
법전을 읽는 자는 깨달음이 없다는 것
을 너희는 알아야 할 것이니라.
8 너희가 법전을 전했을 때, 그를 전하
는 너희가 천사와 같은 마음이 되었을
때, 그 법전을 받은 자가 그 법전을 열
었을 때 깨달음을 얻는다 그리 말하였
음이니,
9 그것도 만분의 일의 역사가 이룰까 말
까 하다 내가 그리하지 아니하였더냐?
10 내가 마음을 비우라 간곡히 너희에게
부탁하는 그 의미가 무엇인 줄 알겠느
냐?
11 수천 년 동안 믿음이요, 하늘에 오르
는 길이라 하며 나의 아들 예수로서
구원을 받으며, 그 이름을 찾으며 손
으로 지은 성전에 가 기도하며 경배하
며 재물을 바치면 축복을 받는다는 그
백성, 그리고 나를 믿는다 말하는 백
성, 나를 경배하며 살아간다는 그 백
성,
12 그들이 지금 나를 찾으며 울부짖는
그 행동들이 나에게 오르는 길이 아니
요, 나를 배신하는 길이며,
13 나 여호와를 울리고 있으며 나의 뜻과
는 관계없이 그 방대한 조직들이 방대
한 물질을 가지고 이 세상을 지배하고
지금 광란의 짓을 하고 있음이니, 그
들이 바로 무엇이던가?
14 마음을 비우지 못한 자들이니라.
15 마음을 비우고 세상을 본다면, 그들이

광란의 짓이 어떠한 것이며 저희가
재물을 바치는 것이 무엇이며 종교 지
도자의 설법이 무엇이며 설교가 무엇
인가 그를 다 알 수 있건만, 그들이 마
음을 비우지 아니하였기에 그를 알지
못함이니,
16 내가 사랑하는 선택된 나의 아들딸 너
희에게 욕심을 비우고 마음을 비우라
함은 무엇인 줄 알겠느냐?
17 욕심을 버리지 못하며 마음을 비우지
못하였을 때, 너희가 사탄에게 무너지
며,
18 너희도 그들과 같이 참진리를 보지 못
하며 진정한 나의 뜻을 모르며 하늘에
오르는 길을 볼 수 없을 정도로 너희
가 무너지기 때문이라 내가 그리함이
니라.
19 너희가 선행을 하기 위해서는 굳은
결의가 필요하며 몇 번의 마음의 결정
이 필요하나,
20 악으로 생각하는 것은 한순간의 즐거
움 때문에 바로 결정된다 하지 아니하
였더냐?
21 너희가 악으로 넘어지는 것은 쉬우나,
선행의 길로 들어서는 것은 어렵고 힘
드니라.
22 너희가 악이라는 것에 한번 빠졌을
때, 그 악을 씻어 내고 그 악을 닦아
내기가 얼마나 힘들고 어려운 줄 알겠
는가?
23 혼탁한 기름이라는 것이 너희 몸에
묻었을 때, 그 폐유라는 것이 너희 옷
과 몸에 묻었을 때, 비누라는 것이 없
으며 세척제가 없이 물로 그걸 씻어
내 보도록 그리하라.
24 너희가 악으로부터 오염된 너희 자신
의 마음을 씻어 내기가 그보다 더 어
렵고 힘든 것이니라.
25 폐유가 너희 몸에 젖어 있으며 너희
옷에 젖어 있는 것을, 세척제라는 비
누요, 거품을 내는 것을 쓰지 아니하
고 그를 씻어 내고 닦아 내야 하는 것
이 너희가 한번 오염된 죄요, 잘못된
죄를 씻어 내는 고통과 힘듦이니,
26 과연 너희 스스로 네 몸에 기름을 발
라 놓고 세척제가 없이 한번 물로 씻
어 내며 손으로 씻어 내 보라.
27 그것이 어떠한가?
28 그보다 열배 백배 천배 만배 더한 것
이 악으로 너희가 빠지는 것이요,
29 악이 너희의 마음을 한번 잡았을 때
절대로 놓지 아니하며 너희 가슴에서
그 뿌리를 뽑으려 하지 아니하는 것이
그들이니라.
30 아무리 몸부림쳐도 아무리 뽑으려 해
도 뽑기 어렵고 힘든 것이 그것이니,
31 그 하나를 뽑아내기 위해 선행을 베풀
며 아름다움을 베풀며 그 노력의 고충
은 이루 말할 수 없음이니,
32 이와 같은 뜻을 알아 악에 물들지 말
라.
33 그리고 악을 생각하지 않는 삶을 살라.
34 모든 종교 집단이요, 지도자들이 지금
하늘에 오르는 길이요, 나 여호와의
뜻을 가르침이 아니라, 나를 배신하는
것이며 나의 사랑하는 모든 백성이
나에게서 등을 돌리며 나를 욕하도록
하는 행위를 하도록 가르치는 것이 그
들이라는 것을 너희가 들여다보라.
35 그들의 만행이요, 그들이 하는 행위를

보면 너희가 알 것이니,
36 정녕 그렇지 않다면 너희가 이 어렵
고 힘들고 고통스러운 길을 가지 말고,
37 나의 법전을 던지고 너희가 말없이
떠난다 해도 내가 너희를 탓하지 아
니할 것이니라, 사랑하는 나의 아들딸
들아!

6,444 번째 하나님 말씀

2003년 6월 17일 09시 08분

1 사랑하는 나의 아들아!
2 "네, 아버님! 말씀하옵소서."
3 나의 법전을 읽고 깨우치는 백성이요,
나로부터 성령을 받아 만백성을 구하
는 160권의 법전을 세상에 만들며, 제
3의 시대를 열어가는 대명을 받은 너
희가 바로 서지 못하고 바로 가지 못
한다 하면,
4 이 세상에 어느 백성도 어느 민족도
어느 나의 피조물도 바로 설 수가 없
으며 바로 갈 수가 없음을 너희는 알
아야 할 것이니라.
5 그러니 오로지 너희가 바로 설 수 있
으며 바로 갈 수 있는 백성이니,
6 그와 같은 사람이 어찌 살아가야 하는
것이며, 너희가 얼마만큼 소중하며 귀
한 것인가, 그리고 너희가 어찌 행동
하며 어찌 살아가야 하는가를 깊이
깨우쳐, 어떠한 고난과 역경이요, 어
떠한 유혹이요, 사악한 것에도 너희가
넘어지지 아니하며 흔들리지 않는 그
와 같은 마음의 자세로 살아가지 아니
하면 아니 됨을 알라.
7 이제 너희가 제3의 시대에 모두를 역
사하는 이 시점이요, 마지막 시대에
마지막 심판의 시대가 이루어짐이니,
8 너희는 나의 법전 160권이 세상에 나
오기 전에 굳어져 있으며 다스려져 있
어야 할 것이니라.
9 나의 법전이 세상에 나오기 시작하면
과연 그들은 누구를 보며 무엇을 보고
따라오며 바로 서겠는가?
10 그 점을 잊어서는 아니 될 것이니 그
리 알라, 사랑하는 나의 아들딸들아!

6,445 번째 하나님 말씀

2003년 6월 17일 11시 42분

1 사랑하는 나의 아들아!
2 "네, 아버님! 말씀하옵소서."
3 말을 알아듣지 못하며 말을 하지 못하
며 사람의 행동이요, 손짓으로써 보고
배우는 동물도,
4 너희가 반복하여 훈련을 거듭하고 또
훈련을 거듭했을 때, 그들은 가르치는
사육사요, 저희를 지도하는 자에 따라
서 그 흉내를 내며 그 형태로써 다듬
어 가는 것이니,
5 말 못 하고 듣지 못하며 배우지 못한
짐승도 그와 같이 가느니라.
6 너희는 나의 아들을 통하여 나 여호와
가 직접 내리는 강론이요, 나의 법전
을 과연 얼마나 듣고 읽었는가?
7 그와 같이 듣고 읽은 너희가 그 숫자
만큼 변화되지 아니하며 변하는 그 삶
을 살지 못한다면 과연 너희는 어떠
한 형태이던가?
8 과연 내가 너희에게 뭐라 비유해야
하겠는가?

9 내가 너희를 짐승만큼도 깨우침이 없
으며 짐승만큼도 노력하지 아니하며
배우려 하지 않는다 하면, 그리고 배
운 것을 실천하지 않는다 하면,
10 너희는 어찌하여 창조주인 나 여호와
가 그와 같이 인간을 짐승과 비교하여
말하느냐 그리 분개하여 말할 것이며,
11 이는 창조주의 말씀이 아니요, 사탄이
요, 사악한 자가 하는 말이라 그리 내
뱉을 것이니라.
12 그러나 너희는 들어야 할 것이니라.
13 말 못 하며 듣지도 못하는 그 물고기
요, 또 동물이요, 이와 같은 미물들을
훈련시키고 반복했을 때, 그들은 주인
이 시킨 대로 따라서 하며 그 흉내를
내는 것이거늘,
14 어찌하여 듣고 같이 의사소통하며 깨
달아 느낄 수 있는 지혜를 가진 너희
가, 인간의 선생이 가르치는 것도 아
니요, 창조주 나 여호와요, 이 세상을
주관하는 내가 법전을 내려보내 그를
정독하라 했으며,
15 나의 아들을 통하여 내가 너희에게
강론하여 가르치고 그 뜻을 전하며,
16 너희가 어찌 사는 것이 하늘에 오르는
길이며, 인간이 어찌 살아야 하며, 사
랑이라는 것은 무엇이며, 나누는 것은
무엇이며, 정녕 너희가 나 여호와에게
오는 길은 무엇인가를 내가 얼마나 많
은 시간 동안에 얼마나 많은 강론으로
가르치고 너희에게 전했던가?
17 그러나 너희는 과연 얼마나 변화되었
으며 자신을 얼마나 다스렸는가?
18 너희는 나의 강론을 들은 그 내용과
그 시간과 그리고 너희가 변화된 것
을 기록하여 한번 따져 보라.
19 과연 너희가 들은 것만큼 얼마나 변
화되었는가?
20 그리 듣고 들으면서도 변하지 않는다
면, 160권이 다 나와 그를 듣고 들어
야만 그때 가서 변할 수 있단 말이던
가?
21 160권이 세상에 나올 때는 환란이 시
작되며, 그때는 너희를 하나하나 다
뒤집어보며 너희의 살아가는 모습을
보며, 너희가 과연 나의 아들 예수를
따랐던 그 제자들, 등 돌렸던 자들, 그
들보다도 더 아름답게 다스려졌으며
깨달음이 높으며,
22 너희가 강론하는 그 말 한 마디 한 마
디가 구슬처럼 아름답게 들려, 그들의
심금을 울릴 수 있는 그와 같은 너희
가 되어 있지 아니하면, 이 160권이
나간다 해도 이를 누가 지키며 이를
누가 보호하며 누가 전한단 말이던가?
23 어찌하여 너희는 그와 같이 많은 강
론을 들으며 많은 깨우침을 들으면서
도 너희 자신은 제자리에서 벗어나지
못하고 있는가?
24 내가 너희에게 뭐라 하였느냐?
25 다시 태어나며 거듭나는 역사로 변하
여야 하는 것이 너희가 나의 법전을
읽고 깨우친 것이라 하였느니라.
26 너희가 남의 자식과 너희 자식을 놓고
낭떠러지에서 둘을 양손에 하나씩 잡
았을 때, 너희 자식을 놓고 남의 자식
을 구원하는 것이 나에 대한 사랑이
요, 나를 믿는 자가 하는 행위라 그리
하였음이니라.
27 이는 나에 대한 믿음이며, 너희 자식

이 죽지 않는다는 믿음을 가지는 것
이요,
28 그리 행하는 것은 너희가 사랑을 실
천하는 것이고 행하는 것이라 하였음
이니라.
29 할 수 없는 것을 역사하는 것이 너희
가 하는 것이요, 역사할 수 없는 것을
만들어 내는 것이 너희라 내가 하지
아니하였던가?
30 그렇거늘, 너희가 지금 나의 법전을
읽고 강론을 듣고 또 들으면서 변화된
것이 과연 무엇이던가?
31 너희는 계란에서 깨어나 새 생명이
태어나는 것같이 변화의 한 획을 긋지
못하며 그와 같이 역사하지 못하며,
32 계란으로 그저 남아 있는 몸의 형태로
써는 깨달은 것이 없으며 배운 것이
없으며 변화된 것이 없다는 것을 알라.
33 이제 너희는 깨어나야 함이니라.
34 깨어나서 새로 태어나는 그 삶으로써
너희가 봐야 할 것이니, 이를 내가 어
찌 너희 손에 하나하나 가르쳐 줄 수
있는가?
35 너희가 나의 법전을 읽고 나의 아들
강론을 듣고 보며, 오늘의 너희 삶이
잘못된 것을 얼마만큼 강한 마음으로
굳게 변화시키고 악습을 버리며 지켜
나갈 수 있는가 그것은 너희가 행하
기에 달렸느니라.
36 모든 악습을 다 버릴 수 있는 그 결단
이 필요함이니,
37 그 결단을 너희가 가졌을 때, 알에서
새 생명이 태어나는 것이니라.
38 너희가 극한 상황에서 나를 향하는 마
음이요, 믿음의 마음을 갖는 것이 나
를 믿는 백성이라 했듯이,
39 너희가 알에서 거듭나는 그와 같은 변
화가 아니면 너희는 나의 법전을 듣
고 읽으면서도 깨우친 것이 없으며 변
화된 것이 없으며, 너희가 나에게 가
까이 오지 못하고 있다는 것을 알라.
40 너희는 그 모두를 버리는 결단을 내
하나하나 가지를 치라.
41 그리고 옳은 길, 바른 태양을 보고 살
도록 그리하라.
42 너희가 죄를 짓는 것이요, 부끄러움으
로 사는 것은 이 아름다운 자연을 보
기를 포기하는 것이며, 밝은 세상을
보기를 포기하는 자이니라.
43 죄지은 자가 어찌 밝은 세상에 당당히
고개를 들고 살 수 있단 말이던가?
44 너희는 당당히 고개를 들고 삶을 사는
그와 같은 백성으로 변하라.
45 그리 변하지 아니하면 너희가 변한
것이 없음이니라.
46 내가 너희에게 짐승만도 못하게 깨닫
지 못하며 변하지 못한다고 하면 너희
는 나 여호와를 욕할 것이니,
47 나 여호와로부터 그 말이 나오기 전
에, 그와 같은 분개의 말이 이 세상에
전하여지기 전에, 너희가 변하는 역사
를 해야 할 것이니 그리 알라.

6,446 번째 하나님 말씀

2003년 6월 17일 22시 59분

1 사랑하는 나의 아들아!
2 "네, 아버님! 말씀하옵소서."
3 너희가 하늘에 오르는 길은 빙산 길을
오르는 것처럼 힘들고 어려운 길이며,

4 너희가 믿음에서 잘못 가며 무너지는
것은 아이들이 미끄럼을 타는 것처럼
그저 그리 내려가기는 쉬우며 그리
무너지는 것은 일순간임을 알아야 할
것이니라.
5 그러니 나의 사랑하는 백성 너희가
과연 빙산의 미끄럽고 어려운 그 길을
오르려 하는 자가 얼마나 있겠는가?
6 그러기에 그 모두가 포기하며 그 보
두가 중간에서 무너짐이니라.
7 그저 아이들이 타고 노는 그 미끄럼틀
에서 내려가듯이 그저 재미있게 즐겁
게 내려가는 것이, 바로 그게 무엇이
던가?
8 악의 구렁이요, 악의 세계요, 사악한
자의 세상으로 빠지는 것이니,
9 아이들이 즐기며 노는 것처럼 너희가
추락하며 떨어지는 것이 얼마나 그 심
판의 대가가 무서운지를 모르며,
10 그저 내려가는 즐거움에 그리 내려가
는 것이 지옥인지 천국인지 그 자체도
구분하지 못하며 그와 같이 악으로 무
너지는 삶의 그 형국임을 알아야 할
것이니라.
11 누가 빙산의 미끄럽고 어려운 길을,
그 얼음을 녹여 만든 턱을 잡고 하늘
에 오르는 그 노력의 길을 가겠는가?
12 그러니 너희가 잠시도 기도하지 아니
하며 경배하지 아니하며 묵상하지 아
니하며 마음을 바로 다스려 잡고자 하
는 것이 아닌 다음에는 너희는 결코
하늘에 오를 수 없는 것이니,
13 항상 나에게 기도하고 묵상하며 항상
노력하는 자, 항상 변하는 자만이 내
가 기억할 수 있으며 나에게 오를 수
있다는 것을 잊지 말라.
14 내가 다시 한 번 너희에게 전함이니라.
15 너희가 하늘에 오르는 길은 빙산의 그
길을 발판을 만들어 오르는 고통이요,
16 너희가 무너지는 것은 어린아이들이
미끄럼을 타며 놀듯이 그저 즐겁게 웃
으면서 내려가는 그와 같은 즐거움 속
에서 너희는 악의 사탄이요, 악의 구
렁으로, 지옥의 낭떠러지로 그리 떨어
지기 쉽다는 것을 잊지 말라.

6,447 번째 하나님 말씀

2003년 6월 17일 23시 04분

1 사랑하는 나의 아들아!
2 "네, 아버님! 말씀하옵소서."
3 너희가 좋은 과실의 그 결과를 얻고자
한다면 그만큼 공을 들이며,
4 정성을 다하여 공을 들이고 가꾼 만큼
좋은 과실의 그 결과를 얻는다 내가
일찌 기록하여 너희에게 선하여 깨우
쳐 주지 아니하였던가?
5 구원에 오르는 길 또한 그러하니라.
6 진정한 구원의 길이요, 나에게 오르고
자 하는 그 길을 걷고자 한다면, 너희
는 진정한 그 길을 볼 줄 알며 그 진리
를 찾아야 할 것이며,
7 그리고 너희 삶에서 험한 인생의 삶
이 아니요, 선행을 베풀며 사는 것을
잊어서는 아니 될 것이니라.
8 선행을 베풀고 살며 선행의 삶을 살고
자 노력하지 아니한다면, 너희는 결코
하늘에 오르는 그 구원의 길을 볼 수
없으며, 그 결과를 얻을 수 없는 것이
니라.

9 이것이 바로 너희가 처해 있는 일이
며 너희가 행해야 할 길이라는 것을
잊지 말라.
10 인간 세상에서 살아가면서 기초가 다
져지지 아니한 자는, 그 속에서 무엇
을 이루려 해도 기초가 다져지지 아니
하면 아무것도 이룰 수 없음이니라.
11 너희가 하늘에 오르는 길이요, 나 여
호와에게 행하고자 하는 그것의 기초
가 무엇이던가?
12 너희가 악한 마음을 버리며 마음을 다
스리며 선한 마음이요, 선한 행위를
하고 살아가는 그것이 나에게 오르는
길이며 나를 볼 수 있는 기초의 작업
이니,
13 그 기초도 되지 아니한 자가 아무리
기도하고 경배한다 해도 내가 그 소리
를 듣지 아니하며,
14 또한 들을 수 없는 것이 하늘과 땅이
요, 나 여호와와 너희와의 그 관계라
는 것을 잊어서는 아니 될 것이니라.
15 가꾸지 아니한 농부가 그저 씨를 뿌려
놓고 추수할 때가 되어 무엇을 거두어
들이고자 하나, 거둬들일 것이 아무것
도 없는 그와 같은 결과가 될 것이니,
16 바로 노력하지 아니하며 노력 없이는
구원에 오를 수 있는 백성이 아무도
없다는 것을 너희는 알아야 할 것이
니라.
17 그러니 구원의 길을 보지 못하며, 구
원의 길이 무엇인가, 반석 위에 서서
하늘에 오르는 그 빛조차도 볼 수 없
는 것이 너희라는 것을 잊지 말아야
할 것이니라.
18 평생 노력하며 회개하며 아름다운 마
음으로 살아가는 그와 같은 삶을 사는
자는 내가 받아들이며, 너희가 나에게
올 수 있는 그 문을 열어 준다는 것을
잊어서는 아니 될 것이니 그리 알라.

6,448 번째 하나님 말씀

2003년 6월 17일 23시 10분

1 사랑하는 나의 아들아!
2 "네, 아버님! 말씀하옵소서."
3 하늘에 오르는 길이요, 나의 백성을
인도하며 나의 참진리를 가르친다는
나의 백성이 그것을 가감해서 가르친
다면,
4 구약이요, 신약이요, 성서에 기록된
그 내용이 가감하여 기록된 내용이
있어 그를 가지고 가르친다면,
5 너희는 가감된 성서를 가지고 가르치
는 그 순간 나의 뜻이 아니요, 참진리
를 가르치는 것이 아니요,
6 비진리로써 사탄의 생각을 가르침이
니,
7 사탄의 생각으로 나의 진리가 변질되
었음이니,
8 그 변질된 가르침을 가지고 너희가
나의 뜻이라 지금 가르치는 것이니라.
9 그와 같은 형국으로 수천 년 동안 내
려오는 너희의 그 믿음이, 지금은 말
로써 가르치는 그 자체가, 말로써 전
하는 그것이 변질되었으며,
10 성경이라 하여 기록되어 너희가 가르
침이니, 그것 또한 인간의 생각으로써
가감된 것이 수없이 있음이니,
11 이는 나의 뜻이 아니요, 나 여호와를
따르고 경배하는 것이 아니니라.

12 너희가 나 외에 다른 신을 받드는 것이며, 그러면서 너희는 나의 자식이요, 나의 아들딸이라 생각하며,

13 다른 신을 받들면서 나 여호와를 받드는 것처럼 그 행세를 하고 있는 것이 지금의 실정이라는 것을 너희는 알겠는가?

14 너희는 이는 사탄이요, 사악한 자요, 너희가 완벽한 믿음의 길을 가는 백성이요, 구원을 받은 백성이라 그리 말하나,

15 너희는 다른 신을 받드는 백성으로 전락하였음을 알아야 할 것이니라.

16 너희가 나의 율법이요, 나의 십계명을 폐기하여 버린 것 그 자체가 너희가 나를 버리고 다른 신을 받드는 것이며 다른 신을 섬기는 것이 아니던가?

17 그리하여 너희는 나와 관계없는 백성이라 하였으며, 나를 능멸하는 행위를 하는 백성이라 그리 말하였음이니라.

18 지금 율법과 십계명을 종교 지도자나 신도들이 그대로 지키고 살고 그대로 행하면 그것이 하늘에 오르는 길이거늘, 너희는 그를 지키고 살 수 없다 그리 말하느니라.

19 그리고 인간인 너희가 그를 행하고 지킬 수 없기에, 너희가 그를 행하고 지킬 수 없다는 자체는 인간 세상에 의인이 하나도 나올 수 없다는 것을 알기 때문이니라.

20 너희는 의인으로서 변화되어 율법과 십계명을 지켜야 하나,

21 그를 지킬 수 없는 너희이기에, 차라리 너희 계획이요, 너희 생각대로 가감하여 나의 성서를 가지고 나의 피조물 만백성을 가르침이니라.

22 그러니 너희가 나의 뜻대로 행함이 아니요, 의인이 될 수 있는 그 길을 갈 수 없기에,

23 지금 십계명과 나의 율법을 뒷전으로 밀어붙이며, 그를 지키고 살 수 없다 그리 가르치는 것은 사탄의 지도자가 되는 것이요,

24 사탄의 지도자들이 나의 피조물 만백성을 이끌어 재물을 거둬들이며 저희 육의 삶을 위하여 연구와 연구 끝에 인간의 교리를 만들어 가지고 지금 가르침이니,

25 너희가 얼마나 나의 성령이요, 나의 뜻에 가감한 행위를 하는지 알겠는가?

26 율법은 지난 것이기에 너희가 지킬 필요가 없으며, 십계명도 또한 구약 시대의 것이니 그리 지키고 엄히 다스릴 것이 없다 생각하니,

27 그와 같이 말하는 자는 자신이 그 길을 갈 수 없으녀, 지킬 수 있는 종교 지도자들이 없기에 그리 말함이니,

28 그와 같은 순간에 그를 듣는 자, 그 설교를 듣고 믿는 백성 또한 지도자 그 모두는 나와 관계없는 백성이라 하였음이니라.

29 그러니 너희가 나의 율법이요, 십계명대로 지킬 수 없다 그리 말하며, 나의 성경을 너희 임의대로 필요한대로 가감하여 지금 얼마나 교만에 젖어 있으며,

30 너희 자신이 어떠한 길을 가고 있는지 자체도 분별하지 못하며, 오로지 기복 신앙의 대표자로서 전락하였으며,

31 너희는 기복 신앙의 믿음으로 가면서
도 그것이 얼마나 두렵고 무서운지를
모르며,
32 타성에 젖어 있으며, 너희가 지금 가
고 있는 그 믿음이 죄인지 죄가 아닌
지 그 자체도 구분 못 하는 그와 같은
형국에 있음을 너희는 알아야 할 것
이니 그리 알라.

6,449 번째 하나님 말씀

2003년 6월 17일 23시 16분

1 사랑하는 나의 아들아!
2 "네, 아버님! 말씀하옵소서."
3 너희는 나의 율법이요, 내가 내린 그
십계명을 지키고 행할 수 없다 하여
그걸 폐한 것같이 생각하는 것이 오늘
의 믿음의 길을 가는 자들이니라.
4 그걸 접어 두고 그걸 멀리하며 가는
그 믿음은 다 허황된 것이며, 너희가
그를 지키고 살아갈 수 없기에 그 뜻
을 그리 저버렸다고 내가 그리 말하였
으나,
5 너희는 정녕 그와 같이 계명이요, 율
법을 지킬 수 없다고 말하는 그 순간
부터 나를 떠나고 있으며 나를 떠나
있는 백성이라는 것을 알아야 할 것
이니라.
6 너희가 정녕 구원을 받고자 한다면,
율법과 십계명을 멀리하는 것은 너희
가 나와 멀어지는 것이며 나와는 관계
없는 백성이라 내가 그리 말하였음이
니,
7 정녕 영원히 사는 세상이요, 거듭나며
새로 태어나고자 하며 구원을 받고자
한다면,
8 지금의 믿음의 그 형태에서 그것을 다
버리고 뒤돌아보는 그와 같은 용단이
없이는 너희는 구원을 받을 수 없을
것이니라.
9 너희가 지금 가는 그 믿음에서 뒤돌아
볼 때, 너희에게는 내가 직접 친필로
써 내린 십계명이라는 너희가 지키고
살아야 하는 영혼의 양식이 있으며,
너희가 은혜와 감사의 축복을 받을 수
있는 그 율법이라는 것이 너희에게 있
음이니라.
10 또한, 내가 지금 나의 아들을 통하여
하늘에 오르는 길이요, '하나님! 말씀
하옵소서'라는 새로운 성경이요, 법전
이라 하여 내가 내리는 책이 너희를
기다리고 있음이니,
11 이를 보고 정독하지 아니한다면 너희
는 정녕 구원을 받을 수 없다는 것을
알아야 할 것이니라.
12 나의 아들이 성경에 기록하여 내가 너
희에게 뭐라 가르쳐 전하였느냐?
13 너희가 나에게 오르는 길은 어려운 길
이요, 고난의 길이요, 그리고 협착하
고 좁은 그 길이라 말하지 아니하였던
가?
14 너희는 인간 세상에 살아오며 나 여호
와에게 오르는 것이 그와 같이 좁은
길이요, 협착한 길을 오는 것이요, 고
난의 길이요, 고통이라 생각하나,
15 그는 바로 너희가 나의 율법이요, 나
의 십계명대로 지키고 살라 하는 것이
니라.
16 그걸 지키는 것이 너희 삶이 좁아지며
행동함이 좁아지며, 살아가는 그 생활

방식이요, 살아가는 방법이 좁아짐이
니,
17 너희는 율법과 십계명을 지키는 것이
협착하고 좁은 길이요, 그리고 고난의
길을 오르는 것이요,
18 그 길이 나에게 오르는 길이라는 그
뜻은 너희가 나의 율법과 십계명을
지키고 살라는 것이니라.
19 너희가 그를 지키지 아니하였으며 그
리 행하지 못하였기에,
20 내가 만백성이 스스로 공부하고 깨우
쳐 들을 수 있고 알 수 있으며 하늘의
길을 볼 수 있는 법전이라 하여 160권
의 나의 뜻을 전하여 기록함이니,
21 이를 보는 백성은 누구나 다 그 진리
가 무엇이며 하늘에 오르는 길이 무엇
인지 알 것이니라.
22 그러나 너희가 나의 법전을 지키고
사는 그 길 또한 내가 성경에 기록하
여 전했듯이, 좁고 협착하며 어렵고
힘든 고난의 길이라는 것을 알아야 할
것이니라.
23 그걸 지키고 살아가며 너희가 모두를
다 놓아야 하며, 인간 세상에 살아가
는 오늘의 삶을 정반대로 살아가는 그
와 같은 대변화의 역사가 없이는 이
길을 올 수 없으며 나에게 오를 수 없
기 때문임을 알아야 할 것이니라.

6,450 번째 하나님 말씀

2003년 6월 18일 08시 06분

1 사랑하는 나의 아들아!
2 "네, 아버님! 말씀하옵소서."
3 너희가 무너져 내리는 것은 아이들이
미끄럼을 타듯이 그저 즐거우면서 내
려가는 것이요,
4 지옥으로 가는 그 순간을 모르며 그저
내려가는 것이요, 그리 무너져 간다
그리하였느니라.
5 그리고 하늘에 오르는 길은 빙산 길을
턱을 만들어 타고 올라오는 것보다 더
어렵고 힘든 길이라 하였음이니라.
6 그러니 그 길을 가는 것을 선택하는
길도 그리 어렵고 힘들지만,
7 160권이라는 법전을 만들어 만백성의
양식이요, 하늘에 오르는 기본이요,
근본을 만들어 전하는 너 또한 그보다
더 어렵고 힘든 그 삶의 길을 가는 것
이 네가 가야 하는 길이며 역사하는
길임을 알아야 할 것이니라.
8 잠시라도 주저하며 네가 다른 생각으
로써 멈춰 있는 동안 나의 법전이 세
상에 나가는 것은 중단될 것이며 늦어
질 것이며,
9 네가 묵상과 기도로써 어렵고 힘들
때마다 경배하는 것을 영광을 얻으며,
나의 성령을 듣는 것으로써 축복이요,
은혜라 생각하는 마음을 갖고 네가 이
방을 지키면서 기도하고 경배했을 때,
10 내 160권이라는 것은 세상에 나오게
되며, 그리하여 만백성을 일찍이 구하
는 대역사의 변화가 이루어질 것이니
라.
11 네가 말로써 기도하고 경배한들 한 권
의 책도 세상에 나올 수가 없음이니,
12 네가 이 방을 지키며 기도하고 경배하
는 그것만이 나의 법전이 세상에 나오
는 길임을 알아야 할 것이니라.
13 나 여호와 또한 알고 있음이니라.

14 네가 60평생을 살아온 인간의 그 습
성이요, 삶을 하루아침에 다 버리며
바로 서고, 네 말대로 세상에서 가장
아름다운 모습, 깨끗한 모습으로 가고
자 하나,
15 그것이 이루어지지 아니하며 되지 아
니하여 네가 순간순간 무너지는 것
때문에 너 자신이 고통스러워하며 네
가 괴로워하는 것을 나는 알고 있음이
니라.
16 그러나 그 선택의 여지에서 너는 선함
을 행해야 할 것이며,
17 악을 행함이요, 무너지는 미끄럼틀을
타고 앉아 즐기는 그와 같은 생활을
해서는 아니 되며 생각해서는 아니 됨
이니라.
18 네가 지금까지 살아왔던 그 생활 속에
서 네가 친구들과 더불어 아는 사람과
더불어 간다면 나의 법전을 한 권도
만들 수 없는 그와 같은 생활로 빠져
들기에,
19 내가 모두를 다스렸으며 모두를 다 끊
게 하여 서울이라는 너희가 지금 살
고 있는 이곳에 너 하나를 그저 갖다
놓았음이니라.
20 그리하여 네가 갈 곳이 없으며 만날
자가 없어 그나마 법전의 역사를 지금
까지 이루었음이니, 지금까지는 그 역
사도 네가 그와 같은 생활 속에서 젖
었음이니라.
21 네가 지금 사람을 사귀며 네 친구를
찾으며 지난날의 생활 습성으로 네가
찾아간다면, 너는 나의 법전을 절대
쓸 수가 없음이니라.
22 네가 그 속으로 흘러가고자 하며 그
속으로 빠져 가고자 한다면 너는 나의
법전을 만들지 못하며, 나의 법전을
만들지 못함으로 인하여 만백성을 구
할 기회가 없어,
23 내가 너를 지금까지 아무도 만날 수
없으며 누구와도 대화할 수 없는 외로
운 그 주변 환경을 만들어 내가 너를
있게 하였음이니라.
24 이제 네가 깨달을 만큼 깨달았으며 뉘
우칠 만큼 뉘우쳤으니, 지금서부터는
네가 그를 다스려 가고자 한다면 그리
가라.
25 내가 너를 사람들 속에서 네 주변의
아는 친구요, 친한 사람들 속에 너를
있게 아니 하고, 내가 너를 외톨이로
만들어 갖다 놓았음이니,
26 이제는 네가 그 외톨이 속에서 나의
법전을 써서 80권이 넘어가는 지금,
이제는 너 스스로 가는 길이라 나는
알고 있음이니,
27 이제부터 네가 찾아서 가며 네가 역사
해서, 너 스스로 나의 법전을 만드는
데 게으른 시간을 가져서는 아니 됨을
알라.

6,451 번째 하나님 말씀

2003년 6월 18일 11시 36분

1 사랑하는 나의 아들아!
2 "네, 아버님! 말씀하옵소서."
3 너희가 이 세상에 나로부터 생명을 받
아 태어날 때는 누구나 다 천사와 같
은 마음으로 살겠다 하여 내 앞에 서
약하고 서명하고 나왔다 그리 말하였
느니라.

4 그러나 너희가 살아가는 과정에 따라
서 너희 부모요, 스승이 어찌 가르치
고 그를 잘 다스려 나가느냐에 따라서
너희 인성이 잡히며 마음 자세가 잡히
는 것이 인간사의 삶이 아니더냐?
5 그러니 너희 세상 속에 말하기를, '세
살 버릇이 여든까지 간다' 하였음이
니, 그는 곧 너희가 어려서 든 버릇이
세 살부터 개성이요, 특성이 자리를
잡기 시작하며,
6 그때서부터 부모가 어찌 그 자식을 다
스리며 가르치느냐에 따라서 그는 그
인성에 따라서 살아감이니,
7 곧 80세까지도 그 버릇을 고치지 못
한다 함은, 너희가 죽을 때까지도 그
버릇을 고치지 못하며 그를 다스리지
못하는 것이 인간 너희라는 그 뜻임
을 너 알아야 할 것이니라.
8 그러니 너희가 그와 같이 버리기 힘
들고 어려운 그 습성이요, 타성을 바
로잡는다는 것이 얼마나 힘들고 어려
운 것인가?
9 그러니 모든 어린 아이서부터 인성을
잡아 가야 함이니,
10 그리하여 나의 법전을 어린아이부터
배우며,
11 그가 가정을 이루었을 때, 그 자식으
로 하여금 그 법전을 읽게 하며 그리
법전을 만들게 함이니, 그리 세상이
변하여 가는 것임이니라.
12 그 역사를 이루고자 하는 것이 나 여
호와의 뜻이며, 그와 같이 잡히지 아
니한다면, 너희는 근본의 뿌리부터 잡
아 갈 수 없다는 것을 알아야 할 것이
니라.
13 악의 씨앗이 세상에 내리기 시작하면
그 악의 씨앗은 그대로 세상에 내려짐
이니,
14 그를 역으로 다스리고 바로잡는 것은
무엇이더냐?
15 어려서부터 그 욕심의 근본이요, 잘못
되는 그 악의 씨가 나기 시작하기 전
에, 그 악의 씨가 너희 마음에 젖기 전
에, 그 부모부터 마음을 다스리며,
16 마음을 다스린 그 부모로부터 배우고
깨우쳐 그들이 바로 서는 그와 같은
역사의 변화를 이루지 아니한다면, 하
늘에서 이루어진 것같이 이 지상의 낙
원은 결코 이루어질 수 없기에, 내가
젊은 사람들이요, 아이들에게 나의 법
전을 전하라 함이니라.
17 너희가 나의 아들 예수가 세상에 나와
2천 년이라는 그 역사가 지금 흐른 다
음, 나의 성서요, 신약이요, 성경이라
는 것을 너희 손에 든 지가 이 동양의
작은 나라에 몇백 년이 되던가?
18 백 년밖에 되지 않은 이 백성이, 지금
온 세상이 믿음으로 뒤덮여 있으며,
19 열 발짝마다 믿음이라는 것을 가지고
있는 자들이 살며,
20 너희가 손으로 지은 죄의 온상인 그
교회요, 성전이요, 성막이라는 것이
수없이 이 세상을 덮도록 그리 역사하
였음이니,
21 그보다 더 무섭게 번진 곳이 어디에
있으며, 더 무섭게 역사한 곳이 어디
에 있더냐?
22 백 년도 안 되는 그 세월 속에 그리 많
음이니,
23 내가 나의 법전을 가지고 너희에게 천

년에 걸쳐서 새로운 왕국을 이룬다 하
였음이니,
24 과연 너희는 백 년도 안 되는 이 동양
의 작은 나라에 믿음이라는 것이요,
그 교회라는 것이요, 너희가 헌금을
내고 하늘에 오르는 표를 살 수 있다
는 잘못 가르친 그 믿음이 세상을 다
덮은 것이 백 년도 아니 됨이니,
25 너희가 천 년의 역사가 흐른 다음에
과연 너희는 이와 같은 천사와 같은
백성으로 변화될 수 없다 생각하는가?
26 백 년에 작은 동양의 나라를 다 덮듯
이,
27 천 년이라는 그 역사 속에서는 이루고
도 남음이 있음을 너희는 알아야 할
것이니 그리 알라.
28 너희는 지금의 방대한 조직이요, 방대
한 그 성전이요, 교회라는 것이 계속
우후죽순으로 뻗어 남이니,
29 그들로 인하여 아름다운 나의 지상이
멍들고 있으며,
30 너희가 하나의 성전이요, 교회를 지음
으로 인하여 너희가 내 가슴에 못을
박는 그와 같은 짓을 하고 있다 내가
그리 말하지 아니하였던가?
31 이가 세상에 다 덮였음이니, 그러니
내가 천 년에 걸쳐 새로운 역사를 이
루기 위하여 오늘 동양의 작은 나라
요, 선택된 나의 백성에게 나의 법전
160권을 세상에 내려보내,
32 그를 가지고 기본이요, 근본이요, 심
판의 기준이기에, 너희가 읽고 깨우쳐
하늘에 오르는 길을 바로 서고 바로
가게 하고자 하여 너희를 깨우침이니,
과연 천 년 후에 이루어질 수 없다 말
하는가?
33 반드시 이루어짐을 너희는 알아야 할
것이니 그리 알라.
34 지금 내가 그리하여 너희에게 그 모
든 역사의 문을 닫게 하며, 다 거미줄
을 치도록 하며, 그들이 깨달아 나의
법전을 가슴에 들고 만백성을 깨우치
는 그와 같은 역사의 변화를 이루고자
하는 것이 나 여호와의 뜻이니라.
35 너희가 지금 생각할 때에는 빙산을 오
르는 것보다 더 어려운 길이며, 너희
가 절벽을 오르는 것보다 더 어려우
며, 바위를 뚫는 것보다 더 어려운 것
같으나,
36 그러나 너희는 철옹성과 같은 그곳에
도 허점이 있으며 무너지는 그 계기가
됨이니라.
37 아무리 성축이 완벽하고 단단해도 그
성축의 돌 하나가 빠지기 시작한다면
세월이 흐르면서 그는 무너지게 되어
있음이니라.
38 지금 내가 모든 악의 구렁이 풍선처럼
세상을 다 덮고 있는 곳에 나의 법전
이요, 날카로운 칼의 불로써 그를 째
기 시작하였음이니, 그 바람은 서서히
빠질 것이며, 빠진 그 풍선은 제 기능
을 하지 못하고 주저앉을 것이니라.
39 그때가 머지않았음이니 그리 알고, 오
늘의 삶과 믿음을 바로 가며, 너희가
의혹하며 의심하는 그와 같은 생각으
로 갈 때 하나도 이루어지지 않을 것
임을 알라.
40 나 여호와가 원하는 것, 내가 역사하
는 것은 반드시 이루어진다는 그와 같
은 마음이요, 생각을 하고 있어야 하

는 것이 너희의 마음 자세니 그게 믿음이니라.
41 너희가 수백 미터 절벽에서 가장 소중한 것을 놓으면서도 그것이 깨지지 아니할 것이라는 그 믿음을 갖는 것,
42 내가 '바위에 계란을 던지라, 그러면 깨지지 아니할 것이라' 하였음이니, 너희가 그 계란을 바위에 던지는 것은 정확히 깨지는 것이니라.
43 그러나 내 명에 의해 던지는 그 계란은 깨지지 아니한다 할 때, 너희가 그를 믿고 힘차게 던져 버리는 것이 믿음이니라.
44 너희가 의심하며 의혹하며 계산하며, 힘들고 어렵다 하여 나를 의심하는 그와 같은 마음의 자세요, 흔들리는 믿음으로 가서는 정녕 아무것도 얻을 수 없음이니,
45 그는 진정한 믿음의 길이 아니라는 것을 알라.
46 어떠한 어렵고 힘든 태풍 속에서도 곧 뒤집어질 것 같은 그 선박에 앉아 있는 그때도,
47 내가 너희에게 목적지에 가라 했으면 큰 군함이요, 너희보다 몇백 배 되는 그 배는 엎어질망정, 너희 작은 배는 엎어지지 않는다는 그 믿음,
48 그리하여 나에게 기도하는 마음이요, 오로지 나를 굳건히 믿고 너희가 노를 저어 가는 그와 같은 용기 있는 자, 힘이 있는 자, 그와 같은 자만이 나에게 은혜를 입을 것이며 기적을 얻을 것이며 영광을 얻는다는 것을 알라.
49 그러니 너희 스스로 가슴에 손을 얹고 너희의 마음 자세가 과연 오늘 어디에 있는가 그를 깨우쳐 바로 보도록 그리해야 할 것이니 그리 알라.
50 사랑하는 나의 아들딸들아!
51 진정한 믿음이라는 것은 죽음 직전에 내가 구원한다 하면 구원한다는 것을 믿어야 하느니라.
52 너희는 항상 준비를 하고 있음이 중요함이니라.
53 너희가 말로써는 나를 믿는다면서, 내가 오지 않는다고 원망하며 빨리 오지 아니한다며 조급해하는 그와 같은 믿음은 아니 되느니라.
54 사형수가 사형대에 끌려가면서, 내가 온다, 너를 구원한다 하였거늘, 이제 사형대에 끌려가면서 나는 오지 아니하며 그는 거짓이라 믿는 자는 구원을 받을 수 없음이니라.
55 끝까지 믿는 자 그리고 경건한 자세로 나에게 기도하는 자,
56 내가 구원한다 할 때는 죽기 직전에 구원할 것이라 믿는 그 믿음, 그와 같은 믿음만이 너희가 바로 설 수 있으며 나를 부를 수 있으며, 내 뜻을 알 수 있는 것이니,
57 그와 같은 믿음으로 너희 제자들은 가도록 하라.
58 과연 너희가 그 속에서 죽음 직전의 사형수가 끌려가면서 내가 구원하러 간다는 것을,
59 '이제는 다 꿈이로구나, 그리고 내가 다 헛들었구나, 내가 믿을 것이 아니구나.' 하는 그와 같은 마음자리를 하고 있다면, 너희는 사형장의 이슬로 사라질 것이니라.
60 내가 너희를 구원한다면 구원할 것이

라고 너희의 목을 달 때까지 믿는 자
는 그 기적의 역사의 구원을 얻는 그
것이 너희가 나에게 오는 믿음이요,
믿음의 진정한 길이라는 것을 잊어서
는 아니 될 것이니,
61 작은 불평의 마음이요, 작은 불만의
마음이요, 믿지 못하는 마음이요, 불
신하는 마음이 너희 가슴속에 있는
한,
62 너희는 내가 내리는 음성을 들을 수도
없으며, 보이지 않는 세상을 볼 수도
없으며, 기적의 은혜를 얻을 수 없다
는 것을, 내가 하늘의 비밀을 너희에
게 가르쳐 줌이니,
63 오늘 너희는 그 마음을 바로 다스리
며 바로잡도록, 너는 너의 제자들에게
이 대목을 깨우쳐 전하도록 하라.
64 너희 마음이 수천 가지 생각이요, 수
시로 변함이니라.
65 고통이 있을 때 나 여호와가 너희를
버리는 것이 아니거늘, 나를 의혹하며,
66 너희가 그 고통에 대하여 기도하며 나
에게 경배하는 굳은 마음을 갖는 것이
아니라, 다른 생각이 스쳐 가는 그와
같은 생각을 한다 해도 진정한 믿음이
아니니, 그는 나에게 올 수 없음이니
라.
67 완벽한 자요, 완벽한 믿음의 그 길만
이, 진정한 믿음만이 내가 들으며 나
에게 올 수 있기 때문이니,
68 바람에 스쳐 가듯이 느슨한 마음이요,
원망하는 마음이요, 계산하는 마음이
있다 해도, 그는 나와는 관계없음이니
라.
69 그러니 너희는 나로부터 은혜를 받지
못함이니,
70 아흔아홉이라는 숫자를 이루고 단 하
나 때문에 모두를 얻지 못하는 어리석
은 삶을 살지 말라.
71 0.001퍼센트라도 너희의 믿는 마음이
흔들리면 그는 나를 믿지 못함이니,
아무도 나의 음성을 들을 수 없으며
나의 은혜를 받을 수 없으며 기적의
역사를 이룰 수 없음이니,
72 이를 명심하여 스스로 바로 서는 사람
이 되라.
73 바로 믿으며 진심으로 믿는 그 믿음
하나만 가지고 있다면, 진정한 믿음이
라면 못 이루어질 것이 이 세상에 없
음이니 그리 알라.

6,452 번째 하나님 말씀

2003년 6월 18일 11시 43분

1 사랑하는 나의 아들아!
2 "네, 아버님! 말씀하옵소서."
3 나 여호와는 너희가 정녕 볼 수 없으
며 들을 수 없는 이 세상을 위하여 내
가 나의 음성을 들을 수 있도록 수없
이 세상에 내려보내며, 아름다운 빛으
로써 세상이 조화를 이루고 있다는 것
을 너희는 모르는가?
4 산소가 흘러감이 너희는 보이지 않으
나 그 산소의 흘러가는 바람이 부는
것을 눈으로 볼 수 있는 것은, 마음의
문이 열렸을 때 그들을 너희는 볼 수
있음이니,
5 너희는 지금 그를 보지 못함이니라.
6 내가 너희에게 들을 수 있는 음성이
요, 나를 볼 수 있는 것이며 아름다운

빛을 볼 수 있도록 세상에 수없이 들
려 주고 내려보내건만, 너희가 그를
보지 못하며 듣지 못하는 것이니라.
7 그는 무엇인지 알겠는가?
8 너희 마음속에 가진 사악한 마음의
근본인 욕심을 지워 버리지 못하며
그 욕심으로 그득 차 있기에,
9 너희가 듣지 못하며 보지 못하며 나의
음성을 그리 경청하지 못하는 것임을
알아야 할 것이니라.
10 많은 기적을 보였던 구약의 시대요,
신약의 그 시대도 그 제자들이요, 그
백성이 마음의 욕심을 버리지 못하였
기 때문에 그들이 우상을 만들었으며
나의 아들 예수를 죽게 한 그 장본인
이 아니던가?
11 지금 너희가 우상의 상징인 교회요,
회당을 만들어 놓고 그곳에 다 너희가
만든 교리로 하늘에 오르는 길이라 하
여 지금 그와 같이 가고 있음이니, 그
굳어진 너희의 마음을 다스릴 수 없
으며 녹일 수 없는 것이 지금의 실정
임을 너희는 알아야 할 것이니라.
12 오로지 쉬운 방법으로써 구원을 받겠
다는 그 욕심을 아직도 너희가 버리
지 못하였음이니, 구약 시대의 사람이
나 신약 시대에 살았던 그 백성이나
욕심을 버리지 못한 것은 똑같으며,
너희 마음속에 욕심이라는 것이 더욱
더 굳어져 있음이니,
13 지금의 백성이 나의 음성을 듣는다는
것은 상상할 수도 없으며, 보이지 않
는 세상의 그 아름다운 조화의 빛을
볼 수 없는 것이니라.
14 그러니 내가 너희가 볼 수 있도록 그
세상을 다 만들어 내렸건만 그를 보지
못하며 듣지 못하는 너희를 바라보는
나 여호와의 아픈 마음을 너희가 모르
고 있음이니라.
15 너희는 나 여호와에게 불순종하며, 나
를 믿는다면서 다른 신을 섬기는 것이
지금 기독교인들이요, 종교 집단이 가
고 있는 형국이라는 것을 알아야 할
것이니,
16 내가 이와 같은 내용을 나의 법전에
수없이 기록하여 전하였건만, 너희가
이를 믿으려 하지 아니하며 들으려
하지 않는 것이니라.
17 이제 나의 법전을 통하여 다시 태어나
지 않는다면 너희는 정녕 구원의 길
조차 볼 수 없으며 역사할 수 없는 것
이니라.
18 내가 너희에게 다시 기록하여 전함이
니, 노아의 방주에 타지 않는 자는 구
원받지 못하며 살 수 없듯이,
19 나의 법전이란 이 크나큰 배를 타시
아니하며, 내가 만든 이 상선에 일익
을 담당하여 그 역사를 하지 않는 자
는 정녕 구원을 받을 수 없다는 것을
너희는 알아야 할 것이니라.
20 이와 같은 것이 불안하며 의혹이 가거
든, 나의 아들이 160권의 법전을 기록
할 때 내가 친필로 써 내린 십계명을
암송하지 아니한 구절이 없음을 너희
는 알아야 할 것이며,
21 또한 나의 법전 속에 너희가 잘못 살
며 사악하게 살아가라는 것이 없으며,
22 내가 친필로 써 내린 십계명을 지키고
사는 것이 하늘에 오르는 길이라 그리
간절히 부르짖고 내가 애절하게 너희

에게 그 이치를 가르쳐 주건만, 그것
이 무엇이 잘못되었으며 무엇이 나
여호와에게 불순종한단 말이던가?
23 내가 친필로 내린 십계명을 지킬 수
없다고 말하는 것이 불순종이던가 순
종이던가?
24 그를 지킬 수 있으며 지키고 살아가는
것이 하늘에 오르는 길이요, 영혼의
양식이라 가르치는 나의 아들이 전하
며 그 제자들이 전하는, 가지고 있는
그 마음의 뜻 그것이 불순종인가, 순
종인가?
25 어떤 것이 순종이며 불순종인가를 너
희가 알 것이니, 어찌하여 그 이치 하
나도 깨닫지 못하며 그를 바로 보지
못한단 말이던가?
26 이를 너희가 명심하고 명심해야 할
것이니라.
27 내가 너희에게 다시 강조함이니라.
28 내가 너희에게 오죽 답답하며 나의
가슴이 터질 것 같으면 이 뜻을 다시
한 번 전하겠는가?
29 구약의 성서요, 그 기적의 모든 것보
다도 가장 중요한 것은,
30 나의 아들 예수가 이 세상에 내려와
만백성의 제왕이 된다는 것, 왕으로서
만백성을 다스려 진리를 깨우치는 왕
으로서 온다는 것, 그것을 기록해 놓
는 것이 가장 중요하고 소중한 것이며,
31 신약의 성경에는 나의 아들이 감으로
써 다른 보혜사가 세상에 옴이니, 그
보혜사는 다른 시대요, 다른 세상을
열어 간다 그리 기록하여 예언하여 내
린 것이 가장 소중한 것이니라.
32 그리고 나의 법전에 뭐라 말하였느냐?
33 마지막 시대며, 마지막 심판의 시대
며, 차후에는 어떠한 법전이요, 어떠
한 성서도 다시 내려오지 아니하며,
다시 이루지 못한다 한 뜻이, 이것이
가장 중요하고 무서운 것이니라.
34 이제 내가 마지막이란 그 뜻을 너희가
알아야 할 것이니라.
35 천 년에 걸쳐서 하늘에서 이루어진
것같이 이 땅에 이룸이니, 천 년에 걸
친 역사가 그리 이루어짐이니라.
36 구약의 시대에 4천 년의 그 역사를 예
수는 2천 년 만에 지금의 그 세월이
흘러왔으며, 예수가 죽어 2천 년이 흘
러온 그 역사의 반인 천 년 후에 내가
심판함이니,
37 이는 곧 모세는 4천 년의 역사요, 예
수는 나의 아들로서 그가 내 뜻을 잘
알며 내 뜻을 직접 전하고 가르칠 수
있었던 그 세월이 2천 년의 그 역사가
예고되었으나,
38 그 2천 년이 썩어졌으며 죽어 있으며
잠자는 세월로써 버렸으며, 모두를 나
를 불순종하는 그와 같은 역사의 세월
로 흘러갔음이니,
39 이제 나 여호와가 직접 너희를 관장
하고 주관하며 통제하니, 천 년이라는
그 역사 속에서 모두를 다 이루고자
하며 내가 단기간에 모두를 끝내고자
하는 것이 나의 뜻이니라.
40 그리하여 내가 나의 역사요, 내가 마
지막 시대라 함이니라.
41 다음에 너희가 또 같은 성경의 역사가
올 때는 너희는 5백 년이라는 그 세월
을 가지고 모두를 깨우치는 그와 같은
변화가 있을 것이니라.

42 그러나 5백 년이라는 세월을 가지고
너희를 다스릴 수 없으며 변화될 수
없는 것이니, 이게 마지막이니라.
43 그리하여 천 년의 역사가 마지막이요,
내가 내리는 새로운 성경이 또한 두
번 다시 없을 것이니,
44 마지막이라는 그 의미의 뜻을 너희가
손가락에 집어넣고 하나하나 따지며
연구해 보면 나 여호와가 내리는 이
법전의 내용이 어떠한 것인가를 알 것
이며,
45 영원히 역사하는 뜻이라는 것을 너희
는 알게 될 것이니라.
46 어찌하여 너희는 그 어리석은 백성으
로서 그 뜻을 알려 하지 아니하며 들
여다보려 하지 아니하며 연구하려 하
지 않는가?
47 내가 너희에게 나의 법전을 살을 만
들고 뼈를 만들어 그 의미를 깨달으라
하였거늘, 과연 너희는 어찌 가는가?
48 들여다보지도 아니하는 것이 나의 백
성의 사악한 마음 자세이니, 이를 어
찌하겠는가?
49 너희가 스스로 알아서 가야 할 길임을
알라.

6,453 번째 하나님 말씀

2003년 6월 18일 11시 51분

1 사랑하는 나의 아들아!
2 "네, 아버님! 말씀하옵소서."
3 나의 법전으로 이 세상에 참진리와 비
진리를 깨우치고자 하는 뜻을 너희는
알아야 할 것이니라.
4 나의 뜻이 참진리가 진리대로 전해지
지 아니하였을 때, 그리고 나의 뜻이
바로 전해지지 아니하는 것은 비진리
로써 이루어짐이니, 그 비진리로써 가
르치는 자, 그를 보고 깨우치는 자,
5 가르치는 자신이 그를 모르고 가르침
이니 듣는 자 또한 그 자신도 모르며
그리 듣고 그것이 옳다며 따라가는 이
와 같은 형국이 되어 있음이니라.
6 그리하여 내가 비진리를 깨우쳐 바른
진리를 찾고자 하는 것이 나 여호와의
뜻이며 법전이 세상에 내려가는 것이
니라.
7 나의 뜻과 어떠한 것이 진리며 하늘에
오르는 길인가를 너희가 알아야 할
것이며, 이를 알지 못하며 이를 찾지
못하고 지금 헤매고 있는 그와 같은
것이니라.
8 그러니 너희는 알아야 할 것이니라.
9 어떠한 것이든 진리라는 것은 존재하
며, 비진리는 영원히 존재하지 못한다
는 것,
10 너희가 지금은 거짓된 것으로써 거짓
으로써 가르치며 깨우친다 해도, 거짓
은 진정한 진리가 아니기 때문에 세월
이 지나며 시간이 지나면 무너지며 쓰
러지는 형국이 이제 이루어지는 결과
가 있다는 것을 알아야 할 것이니라.
11 2천 년이라는 역사가 흐른 지금, 바로
내가 거짓된 것이요, 비진리를 무너트
리며 쓰러트리고자 함이니, 이를 너희
는 알아야 할 것이니 그리 알라.
12 이를 모르는 자는 정녕 구원의 길을
볼 수 없는 것임을 알아야 할 것이니
라.
13 이제는 볼 날이 되지 않았는가?

14 너희가 참진리와 거짓됨과 거짓되지 아니한 것을 깨달을 때가 되었음이니라.
15 수천 년 동안 흘러온 백성이 그를 깨닫지 못하나,
16 나의 법전을 읽고 깨달은 백성, 단시간에 나의 강론을 듣는 백성은 이제 볼 수 있으며, 그들이 깨달아 선택하는 백성으로 변화되어 가고 있음이니 이것이 진리의 길을 가는 백성과 비진리의 길을 가는 백성과의 차이점이니라.
17 진리의 길을 가는 백성은 단시간 내에 나 여호와의 뜻을 알며 하늘의 이치를 알게 되어 있으며,
18 비진리의 길을 가는 자는 몇천 년이 흘러오며 개인이 죽을 때까지 연구하고 깨닫는다 하여도 아무것도 깨닫지 못하며, 캄캄한 밤길을 헤매다 그저 죽음 앞에 목숨을 던지는 그와 같은 형국이 됨을 알라.
19 나의 뜻을 정확히 전달해야 하는 것이거늘, 지금의 비진리는 나의 뜻을 정확히 전하지 아니하며 그를 잘못 가르치기 때문에,
20 그들이 구원의 길이라 하여 몸부림치고 가는 그 길이 구원의 길이 아니라 지옥행이 된다는 것을 모르기 때문이니 이를 깨달아야 할 것이니라.
21 지금의 모든 성경이나 교회의 교리가 진리가 아니게 전해졌음이니라.
22 나의 성경에 너희가 가감한 부분이 있으며 너희가 영리 목적으로써 나의 성경을 오도하고 해석하며 설명하고 설법하며 설교하며 가르침이니,
23 그리하여 너희가 나의 성경까지도 참진리의 길을 가지 못하도록 하며, 그 빛이 되지 못하도록 해 놓았으며,
24 교회라는 곳에서는 교회에 따른 그 진리를 인간이 만든 것을 가지고 너희에게 진리라 하여 가르침이니라.
25 이게 잘못되었음이니라.
26 너희 마음대로 가감하여 전해지고 있음이니, 이것이 바로 어디서 이루어진 역사더냐?
27 진정한 믿음이요, 하늘에 오르는 그 길을 가고자 하는 것이 아니요,
28 인간의 영리 목적으로 사용되고 있으며, 상술적으로 변질하고 변질한 것도 너무나 변질하여 타락되니,
29 내가 추하고 더러워 쳐다볼 수 없는 그와 같은 형국이 되었음이니, 이 타락되고 잘못된 것을 누가 바로잡으며 누가 역사를 이룰 수 있단 말이던가?
30 아무도 이룰 수 없음이니라.
31 비진리를 연구하며 그것이 하늘에 오르는 길이라 하는 백성에게 아무리 진리를 전해 준다 해도 그가 알 수 없으며 깨달을 수 없기 때문이라 하였음이니라.
32 설탕을 탄 꿀을 진짜 꿀이라 먹고 살아가는 자에게 진정한 꿀을 전해 주었을 때,
33 그는 그 아릿한 맛을 그것이 잘못된 것이며 거짓된 꿀이라 그리 말하며 그를 던져 버리고 깨 버린다 내가 일찍이 말하여 주지 아니하였던가?
34 그와 같은 형국보다도 더 무섭게 변질하고 세뇌된 것이 지금의 모든 종파요, 신도요, 믿음의 길을 가는 백성이

니, 과연 이를 어찌 잡아야 한단 말이 더냐?
35 진짜 꿀을 먹여도 그 아릿한 맛의 진짜 꿀을 버리고, 설탕이 섞여 있는 설탕으로 된 꿀이 진정한 꿀이라 하여, 해로운 줄 모르며 독이 되는 걸 모르고 그를 안고 저희 것이라 가는 백성,
36 그리 가는 그 백성이 지금 모두가 지옥의 낭떠러지의 길을 가며 그 길을 연구하여 가고 있음이니, 이를 어찌 바로잡겠는가?
37 그 누구도 잡을 수 없음이니라.
38 태워도 또 나오며 찢어 버려도 또 나오며 물에 던져도 또 나오며, 영원히 지워 버리려 해도 지울 수 없는 나의 성령으로 태워 내리는 160권의 법전이요, 책으로써 근거하는 '하나님! 말씀하옵소서', '하늘에 오르는 길'이라 하는 이것밖에는 그들을 바로잡고 깨우칠 수가 없음이니, 오늘의 이 역사의 길을 가고 있음이니라.
39 나의 아들을 밤낮을 가리지 아니하며 그를 독촉하며 그를 다스려,
40 인간 세상의 모든 인연을 접으며 토굴과 같은 이 생활 속에서 내가 그에게 대명을 수행하도록 이리 만든 그 역사는 다 나의 주관함이니라.
41 그가 과거에 살아간 인간 세속에서 산다면 단 한 권의 법전도 쓸 수 없거늘, 그를 내가 겨자씨를 그저 옥토에 뿌린 것처럼 내가 너희가 사는 한 지역의 가운데 그 하나를 갖다 놓고, 모두를 다 끊어 버리고 단절시켜 그가 나의 법전을 역사하게 하였음이니,
42 그를 다시 만나는 자, 그 앞에 와서 제자라 고개 숙인 자, 그를 돕고 가는 자,
43 너희야말로 새로 태어난 나의 아들에 대한 부모요, 가르치고 보살피는 버팀목으로 선택된 것이라는 그 위대함을 알지 못하고,
44 어찌하여 나의 아들 앞에서 갑론을박하며 나의 법전을 두고 갑론을박하며, 나의 성전에 와 얼굴을 붉히고 갑론을박하는가?
45 너희보다 수천수만 명의 능력을 갖춘 자들이 있느니라.
46 그러나 그들은 나의 아들을 바로 인도하고 바로 가르치지 못하기 때문이니라.
47 나의 아들에게 재물을 갖다 주는 자가 필요한 것이 아니요, 권력을 갖다 주는 자가 필요한 것이 아니요,
48 아름다운 마음이요, 아름다운 세상의 이치를 전해 주며, 그가 흐트러질 때 그를 바로잡아 주며, 그가 무너지려 할 때 그를 바로잡아 주며,
49 그 앞에서 무너지는 행위요, 쓰러지는 행위요, 욕된 행위를 하지 않는 그와 같은 자가 나로부터 상을 받는 자요, 나에게 가장 소중한 백성이라 하였음이니라.
50 너희가 마음 하나를 바로 서듯이, 나의 아들이 바로 설 수 있는 그 한 가지 길을 깨우쳐 주고 전하는 것이 수천수억의 재물이요, 권력을 갖다 주는 것보다 더 소중함이니, 그와 같은 자를 내가 지금 찾고 있음이니 그리 알라.

6,454 번째 하나님 말씀

2003년 6월 18일 12시 00분

1 사랑하는 나의 아들아!

2 "네, 아버님! 말씀하옵소서."

3 이 세상 나의 백성에게 진리가 진리로써 전해지지 못하며 그 진리가 빛을 보지 못하는 그와 같은 형국이 이루어졌음이니,

4 이와 같은 형국에서 나의 피조물 만백성이 나로부터 나갔던 그 자리로 돌아오지 못하며 나의 아들딸로서 그 유업을 잇지 못하며 지옥의 낭떠러지로 떨어진다 내가 그리 말하지 아니하였던가?

5 나의 참진리가 진리대로 전해지지 못하는 이와 같은 황당한 이 세상 속에서, 너희가 어찌하여 그와 같은 무서운 역사의 변화가 이루어지는 것이던가?

6 그것은 바로 개인이나 집단이 가지고 있는 영리 목적을 위하여 너희가 무엇인가를 이루고자 하는 욕심이라는 것을 버리지 못하였기 때문에,

7 개인의 영리요, 집단의 영리요, 그 이기주의의 마음에 의하여 모든 마음이 좌우되며,

8 너희가 손들어 주는 것도 박수를 보내는 그 모두도 다 진리를 위해서 가는 것이 아니요, 그 영리를 위하여 그와 같은 행위를 함이니, 이것이 바로 잘못되었으며,

9 이와 같은 세상 속에서 진정한 진리의 길이 어렵고 힘들다 하면 그 진리가 전해질 수 있으며 그 진리가 뿌리를 내릴 수 있다 너희는 생각하는가?

10 진리가 뿌리를 내리지 못하며 창조주나 여호와의 뜻이 뒤로 밀려나며 짓밟히는 그와 같은 사악한 세상이 되었음이니라.

11 세상 인간들의 삶에 얽힌 사연도 너희는 어찌 그를 평가하며 어찌 다스려 나가는가?

12 너희가 나약한 자가 아무리 진정한 정의로움을 말하며 정의로움을 부르짖는다 하여도,

13 그 집단이요, 개인의 영리를 위하여 그 나약한 자의 부르짖는 소리는 너희가 듣지 아니하며,

14 강자요, 가진 자요, 영리에 도움이 되는 자의 손을 들어 주는 것이 지금의 세상을 살아가는 마음의 형태이니, 그와 같은 것이 너희이니라.

15 저희의 영리적 이해득실을 먼저 따져,

16 정의로운 쪽을 손들어 주지 아니하는 것이 너희며,

17 정의라는 것은 묻히며 진실은 묻히는 그와 같은 것이니라.

18 그러니 진실을 밝히려 아무리 몸부림친다 해도, 적은 자요, 힘이 없는 자는 그저 무너짐이니, 그 억울함을 한탄하며 그 세상을 접으려 하니, 그들이 바로 무엇을 원하는가?

19 너희 이웃을 원망하며 인간 세상의 간악한 마음을 원망하며 그들은 하늘을 보며 그런 말을 하느니라.

20 나를 욕함이니라.

21 '하나님! 하나님이 어디에 있으며 하나님이 어디에 계시기에, 이와 같이 진실한 길을 살아가며 진실을 부르짖

는 나에게 억울함을 주며, 이 진실을 믿어 주지 아니하며,
22 이 진실을 밝히지 못하며, 죄인이 되며 억울한 자가 되어 묻혀 가는 이와 같은 삶을 살게 하는가?'
23 그는 영원히 나를 원망하며 나를 욕하는 것이니,
24 그들을 그리 만드는 너희가 얼마나 사악한 자들이냐?
25 이 세상에 그와 같이 억울하고 억울함을 안고 살아가는 백성이 얼마나 많이 있는가?
26 그것을 보는 지금의 믿음의 집단이나 개인의 그 이해득실을 위하여 너희 자신이 쓰러지고 무너지는 그와 같은 형국을 너희는 봐야 할 것이니라.
27 이와 같은 형국이 이루어진 것도 바로 무엇이던가?
28 바로 참진리요, 사랑을 베풀며 살아간다는 자, 정의롭게 살아간다는 너희 종교 집단이라도 부러지면 부러졌지 휘지 않는 그와 같은 믿음의 길이요, 깨우침의 길을 이끌어 왔다면 절대 그와 같은 것은 지금 이루어질 수 없을 것이니라.
29 그러나 너희 자신이 앞장서서 이해득실과 영리를 위하여 흔들렸으며, 너희가 그리 휩쓸려 가는 자들이 되었음이니라.
30 권력 있는 자 앞에 가서 기도할 때, 너희는 오금이 저리며 기도를 하고, 재물이 있는 자에게 가서 기도할 때 그를 흥분시켜 그가 듣기 좋은 소리를 온갖 잡음을 다해서 하는 것이 나를 대신하여 기도하는 백성이며 나를 대신하여 만백성을 이끌어 가는 백성이란 말이더냐?
31 권력 있는 인간의 제왕이 그리 무서우며 그리 두려운 것이 종교 지도자던가?
32 너희는 나의 뜻을 가르치며 창조주 나 여호와의 뜻을 가르치는 자가 그가 제왕이요,
33 권력 있는 자도 나의 손안에 있으며 나의 뜻 안에 있거늘, 어찌하여 그 앞에 오금이 저리며 기도하고 비위 맞추는 소리를 하고 있음인가?
34 너희가 이해득실에서 다 변화되며 이해득실에 의해서 살아가며,
35 너희는 종교 집단이란 그 힘을 위하여 약한 자를 짓이기고 짓밟는 것,
36 그리고 아무리 그가 울부짖어도 세상 밖에 나오지 못하도록 너희가 소댕이라는 것을 덮듯이 덮는 그 간악한 짓이요, 사악한 짓을 하는 것이 너희보다 더한 집단이 없음이니라.
37 그리하여 잘못하고 추한 것을 반성하고 회개하는 종교 지도자요, 집단이 아니라, 스스로 그를 뒤집어씌우며 역행하는 행위를 하고 사는 것이 너희이니, 그를 보고 듣는 나의 만백성이 과연 너희를 믿겠는가?
38 너희보다 사악한 자가 없다 말하며 평가하니, 그와 같은 백성을 만들어 놓은 것이 너희이니라.
39 그러니 그 이해득실에서 움직이는 종교 집단이요, 지도자요, 백성 너희를 어찌 바로잡겠는가?
40 거기에 타성에 젖어 있는 자, 이해관계에 움직이는 자들을 어찌 바로잡겠는가?

41 나의 법전이 하늘에서 내리는 진리요,
나의 성령을 태우고 태워서 내가 내린
다 하였음이니, 너희 자신을 태워서
내리는 것은 무엇이더냐?
42 너희가 불에 타 죽는 그 고통을 겪는
다 해도 정의로움을 부르짖다 죽는 자
와 마찬가지니,
43 나 여호와의 뜻을 전하기 위하여 나
여호와의 모두를 태워 내가 이 법전을
세상에 내려보내나, 정녕 이 법전이
전해지는 것도 얼마나 어렵고 힘든
것인가를 알아야 할 것이니라.
44 진리를 전하는 것이 얼마나 고통과 시
련 속에 얼마나 어려운 길인가, 잘못
세뇌된 그 백성에게 전하는 것이 얼
마나 힘든 가시밭길인가를 너희는 알
아야 할 것이니,
45 오늘의 고통과 오늘의 시련으로 여기
서 좌절하며 너희의 믿는 마음이 흔
들리는 그와 같은 마음자리가 되어서
는 아니 될 것이니라.
46 예수가 전한 것이 과연 무엇이던가?
47 나의 아들이 그 제자들을 통하여 전했
으며 그 종교 집단의 회당에 가서 그
를 잘못되었다 가르쳤으며,
48 '너희가 가고 있는 믿음이 잘못되었으
며, 너희가 버리고 살아가는 그 율법
의 십계명을 내가 완성키 위하여 왔
다'고 부르짖는 나의 아들의 말이 과
연 진리였는가, 위선이었는가, 거짓이
었는가?
49 나의 아들 예수가 부르짖는 것은 종교
집단이요, 누구도 진리가 아니며 거짓
이라 말하지 아니할 것이니라.
50 그렇다면 그 진리를 부르짖고 그 진리
를 깨우치는 나의 아들은 죽음으로써
항변했으며, 죽음으로써 한 시대의 모
든 장막을 내렸음이니,
51 진리를 부르짖는 나의 아들도 죽음으
로 모두 끝내는 그와 같은 사악한 자
들이 너희였거늘,
52 지금 나의 성경이요, 새로운 법전을
만들어 아무리 진실한 진리요, 진리라
그리 부르짖는다 해도, 과연 그들이
받아들이겠는가?
53 나의 아들 예수가 부르짖는 그 진리의
문을 막았듯이, 나의 법전의 진리의
문을 닫으려 하며 이를 꺾으려 하는
것이 사악한 너희의 지금의 형국이니,
54 이 길에 선택되어 나로부터 부름을 받
아 가는 너희는 죽음을 두려워하지
말며 죽음 앞에 굴복하지 않는 진실한
마음으로 나의 법전을 들고 외칠 때,
너희는 하늘에 오르는 그 길을 볼 수
있음이니라.
55 나의 아들이 일찍이 너희에게 말하며
나에게 고백하였느니라.
56 그가 죽을 때 자신이 법전을 안고 거
기에 칼을 맞아 그 법전에 피를 묻히
고 제가 장렬히 죽었을 때,
57 그 피 묻은 책을 보고 이것은 진실한
하나님 여호와의 뜻이요, 그렇지 아니
하면 이가 죽음을 선택하지 아니하였
을 것이니, 이는 진정한 나 여호와의
뜻이라 하여 깨우치도록,
58 그 법전을 가슴에 안고 칼을 맞아 죽
어 그 책에 피를 묻힘으로써 만백성을
깨우칠 수 있는 그 길을 가겠다는 나
의 아들의 그 의지의 마음을 너희는
들여다봐야 할 것이니,

59 그것을 소설책 한 권 읽는 것처럼 그
대로 읽고 넘어가는 너희는 아무런
깨우침이요, 진리요, 하늘의 뜻을 볼
수 없는 자들이라는 것을 알라.

6,455 번째 하나님 말씀

2003년 6월 18일 12시 05분

1 사랑하는 나의 아들아!
2 "네, 아버님! 말씀하옵소서."
3 너희 세속에 전하는 말에, 늙은 할아
버지가 어린 손자요, 손녀를 예뻐하
면, 그들이 그 할아버지의 수염을 잡
고 그네를 뛰고자 한다는 말이 있음이
니라.
4 그런가 하면 너희가 사람을 귀여워하
고 예뻐하면 머리 위에 올라가고자
하며, 감히 그 머리에 올라가 깔고 뭉
개고자 하는 것이 너희가 그 행하는
자세요, 너희 마음이라 그리하였음이
니라.
5 그러니 너희가 그와 같은 말을 전하
는 것은 인간 세속에 있음이니라.
6 그러나 나 여호와가 지금의 모든 종교
집단이요, 지도자요, 믿음이라 하여
가는 자, 구원을 받았다 자부하는 자,
7 구원을 받았으며 그리고 구원을 받았
기에 저희는 죄를 짓고 그저 금화를
던지면서 회개하고 깨우치면 구원을
받는다 말하는 자, 그와 같은 자들이
지금 어떠한 형국인 줄 알겠는가?
8 할아버지의 수염을 잡고 그네를 뛰다
못하여 그 할아버지의 머리 위에 올라
와 앉는 그와 같은 형국이니,
9 그 모든 종교 집단이요, 지도자들이
저희가 짓는 죄가 얼마나 두려운 것인
가를 모르며, 저희가 잘못 가는 것이
얼마나 나를 거역하며 나를 능멸하는
것인가를 모름이니,
10 그들의 지금 그 사악한 행위요, 잘못
가는 악마의 후손으로서 욕심을 버리
지 못하고 그 뿌리를 내려 가니,
11 저희가 그 방대한 조직이요, 그 방대
한 능력이요, 방대한 재물이요, 힘으
로 세상이 보이지 아니하며 하늘이 보
이지 아니하며 나 여호와가 보이지 않
음이니,
12 내 위에 앉아 저희가 모두를 통제하
며 나를 짓이기는 그와 같은 행위를
하는 자들이라면 과연 너희는 알겠는
가?
13 내가 바로 무엇이던가?
14 나 여호와의 머리 위에 올라앉아 나를
짓이기려 하는 자를, 내가 그들을 지
옥으로 던지려는 것이 아니요,
15 나 여호와의 머리 위에 앉아 행패 부
리는 자, 사악한 짓을 하는 것을 보고
분개하는 나의 백성이요, 선택된 백성
으로 하여금 그들을 단죄하며 그들을
치고자 함이니,
16 내가 그 어린 백성이요, 그 선한 나의
백성에게 힘을 주며 칠 수 있는 능력
을 내가 내려 줌이니라.
17 그리하여 나의 법전이 세상에 내려감
이니, 내 머리 위에 앉아 그를 짓이기
는 자들을 내가 칠 수 있는 것은,
18 나를 따르며 나를 두려워하며 할아버
지를 존경할 수 있는 손자와 같은 그
들이 바로 무엇이냐?
19 나의 법전을 읽고 깨우치는 백성 너

희이니라.
20 내가 직접 그들을 지옥에 던지며 불바
다에 던질 수 있음이니라.
21 그러나 그를 던졌을 때, 그 씨앗이 또
내 머리 위에 앉는 것이 당연한 것이
며, 그 뿌리가 없어지지 아니하기에,
22 인간의 사악한 행위를 하는 것을 인간
의 힘을 통하여 그 모두를 단죄하며
그 뿌리를 완전히 뽑고자 하는 것이
나 여호와의 뜻이니,
23 내 머리 위에 앉아 방자한 행위를 하
는 자, 내 머리 위에 앉아 온갖 행패를
부리는 자, 그들을 너희가 단죄하며
그들을 쫓아내며, 그들을 지옥으로 몰
아붙여 그들이 세상 밖에 나오지 못하
도록 그 문을 닫는 역사를 하는 것이
나의 법전을 읽은 백성이요, 나의 아
들을 따르는 제자 너희의 그 임무라
는 것을 알라.
24 너희는 만백성을 구하는 그 길을 가는
것도 소중하며 만백성을 깨우쳐 하늘
에 오르는 그 길도 좋으나,
25 너희의 하나의 그 무거운 책임이요,
책무라는 것은, 감히 나 여호와 창조
주의 머리 위에 앉아 저희가 나를 짓
이기며 행패를 부리는 그 사악한 악
마들을 너희 힘으로써 단죄하는 그날
을 기다림이니라.
26 너희가 단죄했을 때, 그 뿌리는 너희
와 똑같은 뿌리 속에서 후손이요, 후
손이 나오기에,
27 그 후손이 나오는 것마저도 미리 잘라
버리는 것은 너희가 해야 할 일이기
에 너희가 오늘 존재하며,
28 그 역사가 너희에게 또 하나의 위대
한 하늘의 천기요, 하늘의 사명을 너
희가 지켜야 할 것이라는 것, 나 여호
와의 머리 위에 올라앉아 오만방자하
며 나를 짓이기는 그들을 너희가 단죄
할 날이 머지않았으니,
29 너희 손에 잡혀 그들이 제 분수의 길
인 지옥으로 갈 날이 머지않았음이니,
30 인간이 방자한 것은 인간의 힘으로써
너희가 지옥에 보내도록 그 기회를 내
가 주며, 그리 행하도록 하는 것이 나
여호와의 뜻임을 알라.

6,456 번째 하나님 말씀

2003년 6월 19일 0시 21분

1 사랑하는 나의 아들아!
2 "네, 아버님! 말씀하옵소서."
3 너희가 건전하며 바른 그 육체도 하나
의 흠집이 생기기 시작하며 거기에서
폐단이 생기기 시작하면 너희 몸 전
체가 상해져 오는 그와 같은 변화의
역사가 일어나지 않던가?
4 너희가 나에게 오르는 길이요, 하늘에
오르는 그 길이란, 내가 너희에게 말
했듯이, 완벽한 형태의 믿음에서 나에
게 오를 수 있다 하였음이니라.
5 너희가 마음이 상해 있으며 너희 마
음이 썩어져 있을 때, 결코 너희는 나
에게 오를 수 없다는 것을 알아야 할
것이니라.
6 이게 너희가 가야 할 길이며 행해야
할 길이라는 것을 잊어서는 안 될 것
이니라.
7 너희가 하늘에 오르는 길은 천사들이
존재하는 길이요, 천사와 같은 자가

세상에 존재한다 하였음이니,
8 너희 마음이 곱고 아름다운 그 마음
위에 욕심이요, 사악한 마음이 너희에
게 존재한다면, 그 두 마음을 갖고 정
녕 나에게 오를 수 없으며 하늘에 오
를 수 없다는 것을 너희는 알아야 할
것이니라.
9 두 가지의 마음을 가지고는 절대 오를
수 없음이니라.
10 그리하여 내가 종교 지도자, 너희에게
깨우쳐 가르치기를 뭐라 했더냐?
11 너희 인간 세상에 사는 그 삶도 두 가
지의 마음을 가지고는 나에게 오를 수
있는 그 빛을 볼 수 없다 말하였음이
니라.
12 너희가 재물을 거둬들이고자 하는 자,
재물을 거둬 육의 생활을 편안하게 하
고자 하는 자, 너희는 진정한 그 믿음
의 길을 갈 수 없으며 믿음의 길을 역
사할 수 없다 내가 너희에게 말하였
음이니라.
13 어렵고 힘든 그 속에서도 흔들리지 않
는 그 믿음이요, 고통과 시련 속에서
도 나 여호와의 역사하는 것이요, 나
여호와의 뜻이라 믿어 흔들리지 않는
그와 같은 삶을 사는 백성,
14 그와 같은 자들만이 진정한 믿음의 길
을 갈 수 있으며 믿음의 길을 볼 수 있
다는 것을 알아야 할 것이니라.
15 배가 부르며 생활이 윤택한 자는 결
코 어려운 그 길을 갈 수 없으며,
16 재물에 대한, 물질에 대한 매력을 느
끼는 자, 그 물질의 힘을 아는 자, 그
리고 그 재물에 대한 가진 자의 그 즐
거움과 향락을 아는 자는 결코 진정한
믿음의 길을 갈 수 없으며 역사할 수
없다는 것을 너희는 알아야 할 것이
니라.
17 너희는 고통과 시련 속에서 깨달음이
있으며, 그 속에서 사랑이 무엇인가를
알며 그곳에서 베풀었을 때, 베풀고
나누는 그 힘이 얼마나 위대한 것인가
를 알게 됨이니라.
18 그러니 내가 너희에게 말했듯이, 완벽
한 마음의 자세로써 나에게 오를 수
있는 그 길은 너희가 시련과 고통 속
에서 살아가는 그 생활 속에서, 너희
스스로 견디고 인내하는 삶의 속에서
진정한 믿음을 알게 되며,
19 진정한 믿음의 의지를 알게 되며, 진
정한 믿음의 의와 진정한 진리를 위해
살아갈 수 있는 마음 자세가 다스려진
다는 것을 결코 잊어서는 아니 됨을
너희는 알아야 할 것이니라.
20 배고픔 속에서 진리가 있으며 배고프
고 어려웠을 때 나눔을 일며 사랑을
알게 되어 있음이니라.
21 그러니 배고픔을 모르는 자, 어렵고
힘든 것을 모르는 자, 너희가 인간의
참진리요, 인간의 삶의 그 의미를 모
르며 깨우침의 그 의미를 알 수 없는
것이 너희 삶임을 알아야 할 것이니
라.

6,457 번째 하나님 말씀

2003년 6월 19일 0시 26분

1 사랑하는 나의 아들아!
2 "네, 아버님! 말씀하옵소서."
3 나의 피조물 만백성, 나를 믿으며 나

의 길에 오르고자 하는 너희는 정녕
어렵고 힘든 고비요, 너희 생명이 죽
음 직전에 도래했을 때도 나를 믿으
며, 내가 너희를 구원한다 하였으면
구원할 것이라 믿는 그와 같은 믿음을
갖는 백성만이 나로부터 은혜를 입는
다는 것을 잊어서는 아니 될 것이니라.
4 너희가 죽음 직전에 나를 믿는 그 의
지가 변하지 않는 백성, 너희가 어렵
고 힘들 때, 죽음이 닥쳤을 때, 그와
같은 순간에 나 여호와를 너희가 기
다려도 오지 아니하며 기다려도 오지
아니함이니,
5 나 여호와는 존재하지 아니하며 나는
너희에게 구원의 역사를 이룰 수 없다
는 만분의 일의 마음이라도 가진 자는
정녕 구원의 그 은혜를 입을 수 없다
는 것을 너희는 알아야 할 것이니라.
6 나 여호와를 믿음에 대해 의심하는 마
음이요, 너희가 믿었던 마음이 후회되
며 나를 믿고 따랐던 것을 죽음 직전
에 후회하며 나를 경배했던 것이 다
부질없는 것이라 생각할 수 있는 그
와 같은 마음을 가진 자는 결국 나로
부터 은혜를 얻을 수가 없음이니라.
7 너희가 죽음의 그 순간까지 나를 믿음
을 후회하지 아니하며 나를 따른 것을
믿으며, 그와 같이 죽음을 초연히 대
비하고 그 준비를 하였을 때,
8 그와 같은 믿음의 마음 자세를 가진
자, 너희는 죽음의 직전에서도 구원을
받을 수 있는 그 은혜를 입을 수 있다
는 것을 알아야 할 것이니라.
9 어떠한 상황에서도, 남들이 불안해하
며 공포에 떨며 나 여호와를 저주하
는 그와 같은 어렵고 힘든 그 속에서
도 초연히 나를 기다리며 나를 믿으
며, 나를 맞이할 수 있는 마음의 준비
를 하고 다스리는 자,
10 흔들리지 않는 그 준비된 믿음을 갖는
그 백성, 그들은 결코 나에게 버림을
받음이 없으며, 나로부터 정녕 은혜의
역사를 이룬다는 것을 잊지 말며 깨우
쳐야 할 것이니라.
11 흔들리는 백성, 나에 대한 믿음이 흔
들리는 백성, 그들은 정녕 진정한 믿
음의 길을 가는 백성이 아니기에, 나
로부터 은혜를 얻을 수 없다는 것을
알아야 할 것이니라.
12 과연 너희는 살아가면서 어렵고 힘들
때 수시로 마음이 흔들리며 변하는 그
와 같은 너희 마음이 아닌가?
13 너희 자신이 다스려 보도록 그리하여
야 할 것이니라.
14 나의 아들을 따르는 제자들이요, 너희
는 어렵고 힘든 그 순간순간에 나를
잊으며 내가 존재하는 것을 의식하지
않으려 하며,
15 너희에게 이루어지지 않는 것, 성취되
지 않는 것 때문에 나를 원망하며 나
에 대한 불평이요, 나를 믿음을 후회
하는 그와 같은 마음 자세는 과연 있
지 않은가?
16 그와 같은 마음 자세를 만분의 일이라
도 너희가 스쳐가는 마음이라도 가지
고 있다면, 결코 너희는 나에게 이루
어질 것이 없으며 아무것도 역사할 것
이 없다는 것을 너희는 알아야 할 것
이니라.
17 모든 종교 집단이요, 믿음의 길을 가

는 백성은 너희 마음을 다스리기 전
에 너무나 서두르는 것이 나로부터 기
적의 역사를 얻기를 바라는 것이니라.
18 급히 하고자 급히 이루고자 하여, 무
엇인가 급히 이루어지지 않는 그 역사
앞에 너희 자신의 마음이 흔들리며,
19 너희 자체로 또 포기를 하며 중단하는
그와 같은 삶을 살아가는 것이 너희
마음이니,
20 그와 같은 마음을 가지고 나를 따르는
백성은 결코 나에게 오를 수 없다는
것을 너희는 알아야 할 것이니라.
21 그 사과가 열 것인지, 또는 열어서 그
를 맛볼 수 있는 것이며 그 과일의 열
매를 너희가 접할 수 있을 것인지, 그
계산을 두지 아니하고 심는 사람이 있
음이니 그는 곧 무엇이더냐?
22 믿음의 신념이니라.
23 그가 아무리 나이가 많다 하여도, 그
가 심은 과일나무에서 과일을 딸 수
있다는 믿음이요, 신념을 가지고 그는
나무를 심을 때 즐거움이요, 행복함이
있을 것이니라.
24 그와 같이 너희가 나로부터 모든 은
혜요, 영광이요, 내가 약속한 것은 결
국 이루어진다는 것,
25 너희가 죽음의 직전에 사형수가 사형
대에 올라가는 그 순간까지도 나를 믿
는 그 마음이요, 나를 의지하는 마음
이요, 그 마음이 굳을 때,
26 너희는 구원의 은혜를 그곳에서 얻을
수 있는 것이 내가 역사하는 나의 위
대함이라는 것을 잊지 말라.

6,458 번째 하나님 말씀

2003년 6월 19일 0시 34분

1 사랑하는 나의 아들아!
2 "네, 아버님! 말씀하옵소서."
3 나 여호와가 너희에게, 너희가 가는
그 믿음의 길이 과연 육의 향락을 위
하여 육의 삶을 위한 물질적인 그 모
든 것을 역사하는 그 삶의 믿음의 길
을 가는가, 그렇지 아니하면 진정한
믿음이요, 진정한 구원의 길을 위한
믿음의 길을 가는가 그리 질문한다면
너희는 뭐라 대답하겠는가?
4 나 여호와가 너희에게, 너희는 물질적
인 믿음을 위해 삶을 사는가, 그렇지
않으면 진정한 믿음의 길이요, 구원의
길을 위한 믿음을 위해 사는 백성인가
그리 물을 때,
5 너희는 절대 물질적인 것에는 관심이
없으며, 오로지 구원의 길을 위한, 구
원을 받기 위한 진정한 믿음의 길을
가는 백성이라 그리 말할 것이니라.
6 그러나 나 여호와가 내려다보는 모든
종교 집단이요, 지도자요, 구원을 받
았다 말하는 신도 너희는 믿음을 위
한 믿음이 아니요,
7 물질적인 삶을 위하여 그 믿음의 길
을 가는 것이 지금의 너희 삶이라는
것을 너희는 알아야 할 것이니라.
8 물질적인 힘이 주도하는 삶을 사는 대
표적인 백성이 지금의 믿음의 길을 가
는 그 백성 너희의 형국이며, 너희 자
세인 것을 알아야 할 것이니라.
9 그러니 너희가 공공연히 뭐라 말하는
가?

10 너희가 손으로 지은 성전에서 종교 지
도자가 강론하며 설교한 다음에 너희
에게 거둬들이는 것은 재물이니라.
11 많은 물질을 바치는 그 속에 마음이
가며 정성을 다하는 것이며, 그 물질
을 많이 바침으로써 너희가 구원을
받을 수 있다 그리 가르침이니,
12 너희는 물질을 바치는 성의에 따라서
나 여호와가 사랑하며 나 여호와로부
터 사랑을 받으며 나 여호와가 기억하
는 백성이 된다 그리 말함이니,
13 너희가 정녕 물질에 대한 그 믿음의
길을 가는 백성이지, 진정한 믿음이
요, 구원의 길을 위하여 가는 종교 집
단이요, 백성이 없다는 것을 너희 스
스로 그리 가르치고 그리 전하지 않는
가?
14 그를 보면 너희 스스로 알 수 있으며
알아야 할 것이니라.
15 너희는 물질적인 힘의 주도하에 의존
하는 백성으로서 살아가고 있음이니
라.
16 믿음이요, 구원을 받았다는 그 백성,
너희를 돌이켜 보라.
17 너희는 재물이 쌓였을 때는 세상 것을
다 얻은 것처럼, 너희가 제일 행복한
자요, 부족 없는 그 삶 속에서 거들먹
거리며 높고 낮은 자를 모르며, 제 분
수를 모르며 살아가는 것이 너희이니,
18 물질이 쌓여 있는 자, 재물이 있는 자,
오만하기가 끝이 없느니라.
19 그리하여 너희가 물질에 대한 그 삶
을 사는 것이 너희 삶이 아니던가?
20 세상에 살다 물질이 없어지며, 물질이
없는 자 그리고 재물이 없는 그와 같
은 백성은 어찌 사는가?
21 이 세상이 다 끝난 것처럼 인생의 삶
을 포기한 것 같은, 그리고 인생의 삶
의 의미가 없는 것처럼 추락하는 모습
으로서 살아가는 것이 너희이니라.
22 그러니 너희 자신이 물질이 쌓일 때
기고만장한 그 형태는 헤아릴 수 없이
오만하고 방자함이요,
23 그게 없을 때 너희는 세상이 끝난 것
처럼 그리 비참한 모습으로 그리 인정
하며, 너희 스스로 그리 평가하며 너
자신을 그리 낮추며 살아가는 것이
너희 아니던가?
24 그러니 바로 너희 개인을 볼 때 물질
적인 면에 삶을 사는 것이며, 지금의
모든 종교 집단의 지도자 너희는 과연
어떠하던가?
25 너희도 믿음이 아니요, 물질을 위한
삶을 사는 것이 너희이니라.
26 더 큰 교회를 짓는 것으로써 더 많은
신도를 거둬들이며,
27 거둬들인 그 헌금을 더 많이 거둬들이
는 자가 상좌에 앉으며 대우를 받는
그와 같은 세상이 되어 있음이니,
28 너희가 남에게 과시하며 너희 자세가
무엇이라고 내놓기 위하여, 너희 자신
을 또 남들에게 보임에 있어서 지도자
요, 상좌에 앉으려고 너희는 더 큰 교
회요, 더 많은 신도요, 더 많은 헌금을
거둬들이기에 혈안이 되어 있는 것이
지금의 종교 집단 속에 속해 있는 지
도자들이니,
29 그게 바로 진정한 믿음을 위해 가는
믿음이 아니요, 재물을 위한 믿음을
사는 것이며, 재물을 위하여 믿음의

길을 가는 것이라는 것을 내가 너희에
게 그리 말하는 뜻을 알아야 할 것이
니라.

6,459 번째 하나님 말씀

2003년 6월 19일 0시 41분

1 사랑하는 나의 아들아!
2 "네, 아버님! 말씀하옵소서."
3 믿음의 길을 간다는 그 백성이 진정
한 믿음의 길이 아니요, 물질적인 욕
구에 의하여 사는 백성이라면 과연 너
희는 뭐라 말하겠는가?
4 일반 나의 백성이요, 너희가 말하는
나의 사랑하는 백성 그들은 과연 배
우고 노력하는 것 그 모두를 그들은
명예와 재물을 모으며, 남부럽지 않은
삶을 살려고 그들이 거기에 모두를
다 바치고 살아가는 것이 믿음을 모르
는 백성이며, 나 여호와를 찾지 않고
살아가는 평범한 그 백성의 삶이니라.
5 그러나 지금의 종교 집단이요, 시도자
요, 그리고 신도들이요, 이와 같은 그
길을 간다는 백성이 너희가 이방인이
라 하는 그 백성처럼 명예와 재물을
모으는 데 혈안이 되어 살아간다면,
6 너희는 참진리요, 진정한 믿음은 뒷전
이요, 명예를 과시하기 위하여 재물을
소유하는 것을 과시하기 위하여 욕심
을 충족시키기 위해 사는 그 형국이라
하면 너희는 과연 어찌하겠는가?
7 종교 집단이요, 지도자요, 그를 따르
는 신도라는 그 백성이 너희가 이방
인이라는 그 백성과 차별화되는 삶을
살지 않는다면 과연 너희는 무엇을
위하여 사는 백성이던가?
8 너희는 물질적인 욕구에 의하여 사는
백성이며, 사랑의 근본을 저버리며,
9 말로써는 사랑이라 말하나, 그 사랑의
그 의미조차도 모르며 그 실천하는 방
법이요, 방향도 모르고 있으며,
10 나 여호와가 너희에게 베풀며 살라는
그 사랑의 의미가 무엇인지 그 자체의
기초도 모르는 것이 지금 나의 피조물
만백성이요, 만백성을 구한다고 가르
치는 종교 지도자의 집단들이 가는
그 형국이니라.
11 그러니 사랑이요, 나의 진리를 가르치
지 아니하며 명예에 대한 그 과시욕이
요, 재물을 모으는 데 과시욕이요, 그
리 살아가는 백성의 마음속엔 진리가
아니라, 시기하는 마음이요, 질투하는
마음이요,
12 그리고 너희가 거둬들이려고 남을 미
워하는 것을 주저하지 않는 마음이요,
심지어 사는 그 목적을 복수하고자 하
는 것 그리고 무엇인가 과시하고자 하
는 그와 같은 마음을 갖고 사는 것이
지금의 종교 집단이요, 지도자요, 거
기에 속해 있는 백성이라면, 너희는
과연 어찌하겠는가?
13 너희가 지금 바로 그와 같은 형태로
전락하였으며 타락된 백성이라는 것
을 너희는 알아야 할 것이니라.
14 지금 내가 하늘에 오르는 그 길을 깨
우치기 위하여, 너희가 그 길을 오기
위해서는 너희 눈으로 보이지 않는 세
상, 만질 수 없는 세상, 듣지 못하는,
그와 같은 육이 존재하는 세상을 넘어
한 단계 위의 세상이 있다 하였음이니

라.
15 그 세상을 들여다보며 그 세상을 넘지
못하는 자는 하늘에 오르는 제3의 시
대의 역사를 넘을 수도 없으며 볼 수
도 없다 내가 그리 말하지 아니하였
는가?
16 진정한 믿음의 길을 가는 자, 재물을
모으고자 하는 것,
17 그 욕구의 마음을 갖지 아니하는 백성
이요, 그 마음을 비운 자만이 그다음
의 세상의 단계를 오를 수 있다는 것
을 잊어서는 절대 안 되는 것을 너희
는 알아야 할 것이니라.
18 이제라도 너희가 그 욕구요, 물질을
충족하는 그 욕심을 채우기 위한 그와
같은 믿음을 버리고 진정한 믿음으로
가는 것, 진정한 믿음의 길을 찾아가
는 백성으로 변화되어야만 너희가 나
를 볼 수 있다는 것을 잊어서는 아니
될 것이니라.

6,460 번째 하나님 말씀

2003년 6월 19일 06시 43분

1 사랑하는 나의 아들아!
2 "네, 아버님! 말씀하옵소서."
3 이제는 너희 마음이 하나가 되어야
함이니, 이는 곧 너희가 나의 법전을
가지고 만백성을 구하는 그 대업에 너
희 모두를 다 바쳐 역사하겠다는 너희
제자들이 한 사람과 같이 그 마음이
하나로 이루어져야 함을 이제 전해
주도록 그리하라.
4 너희가 마음이 하나가 되어 노력하고
또 노력하는 만큼 그 결과는 얻어질
것이며,
5 노력하지 아니하며 연구하지 아니하
고 이루어지는 것은 아무것도 없음을
알아야 할 것이니라.
6 너희는 나에게 모든 것을 이루어 주기
를 바라며, 내가 역사하여 스스로 편
안한 그 길로써 모든 게 원하는 대로
이루어지기를 바라는 것이며, 그리하
여 나를 찾고 나를 경배하느니라.
7 그러나 나 여호와를 아무 때나 찾으며
나 여호와가 아무 때나 역사하여 너희
에게 무엇인가를 다 이루어 준다고
그리 생각하지 말라.
8 오로지 노력하는 만큼 나 여호와는 그
노력하는 상에 대한 것을 내리는 것이
며, 너희가 행하는 것에 대한 그 상을
내림이니라.
9 노력하지 아니하며 연구하지 아니하
며, 이루고자 하는 깊은 마음을 갖지
아니하고는 모두 임하여 너희에게 이
루어진다는 생각을 하지 말라.
10 이제는 나의 기적이요, 내가 역사하는
것도 나의 아들이 마음대로 임하여 너
희에게 보이는 것이 아님이니라.
11 모든 기적이요, 그 역사는 나 여호와
의 주관이요, 나 여호와의 뜻에 따라
내가 필요하다 느낄 때, 필요할 때 내
가 그 모든 능력을 발휘함이니라.
12 다만, 너희가 그를 받을 수 있으며 그
역사 속에 이룰 수 있는 것은, 그만큼
거둬들일 수 있는 노력이요, 그만큼
준비되지 아니했을 때, 이는 함부로
역사할 수 없다는 것을 너희는 알아
야 할 것이니라.
13 이제 너희가 구하라.

14 그리고 두드리는 마음으로써 너희가
하나가 되라.
15 그리하여 나 여호와가 너희에게 역사
하여 내가 이루고자 하는 것을 이룰
수 있으며, 너희가 원하고 바라는 그
기적의 역사가 이 세상에 이룰 수 있
도록 하는 것은 너희의 노력 여하에
달렸으며,
16 너희가 하나의 마음으로써 나의 법전
을 가지고 만백성을 깨우치겠다고, 나
의 은혜가 임할 수 있도록 그 노력의
준비를 갖추도록 그리하라.
17 내가 너희에게 뭐라 말하였더냐?
18 내가 너희에게 내릴 상이 그득히 준
비되어 있으나, 그를 받을 자격이 없
는 자, 그와 같이 받을 수 있도록 노력
하지 아니하는 자, 준비되지 아니한
자에게 내릴 수가 없다 그리 말하였음
이니라.
19 내가 아무리 생명수요, 역사를 이룬다
하여도, 그를 관리하고 받을 수 있는
나의 백성이 관리할 준비가 되시 아니
하였으며, 관리할 능력이 없으며, 그
를 받을 준비가 되지 아니하였을 때,
20 아무리 기도하며 울고불고한다 해도
그는 내려 줄 수가 없으며 역사할 수
없음을 너희는 알라.
21 이제 너의 제자들에게 이르라.
22 너희의 간절한 소망이요, 기도하는 마
음이요, 너희가 나의 법전을 가지고
만백성을 구하며 세상을 덮는 그와 같
은 역사를 이루는 간곡한 마음으로써
하나가 되도록 그리하며, 최선의 노력
을 다하라.
23 과연 너희는 나의 법전을 만들기 위
하여 최선의 노력을 다하고 있는가?
24 선택된 백성이요, 나에게 오를 자들로
서, 그리고 나에게 부름을 받은 자로
서,
25 너희 모두를 다 던져 나의 법전을 역
사하는 것이 우선이요, 그 길을 위하
여 너희는 노력하는가?
26 내가 너희에게 말하였느니라.
27 모든 백성이 이웃의 한 사람에게 전하
여 한 사람씩 나의 성전에 데리고 와
나의 강론을 들을 수 있는 그와 같은
인도자가 되었을 때, 내가 너희에게
역사한다 하지 않았던가?
28 너희는 한 사람씩 전도하며 인도하는
그 역사도 이루지 못하는 게으른 자
요, 그와 같이 행함이 없는 자들이 어
찌하여 나의 성전에 와서 기도하고 경
배하는 것이 그 원하는 대로 이루어지
며 기적으로써 이루어진다 말하는가?
29 너희는 먼저 나의 성전을 그득히 채우
라.
30 그리고 나의 아들로부터 강론을 듣는
사람을 한 사람씩 이 만백성 중에 선
정하여 깨우치며,
31 네 이웃의 백성부터 깨우치며 그리고
인도하는 역사를 먼저 이루도록 하라.
32 그리하고 나에게 기다리는 그 상은 내
가 너희에게 내릴 것이니, 이를 명심
하여 행하도록 그리하라.

6,461 번째 하나님 말씀

2003년 6월 19일 06시 50분

1 사랑하는 나의 아들아!
2 "네, 아버님! 말씀하옵소서."

3 의인의 길이란 믿음으로 역사하며 그
믿음은 너희가 어찌 제 길을 가느냐에
따라서 그 모두가 역사하고 역사하지
못하는 것임을 알아야 할 것이니라.
4 나 여호와가 선택함을 너희는 잊지
말라.
5 나 여호와가 너희에게 내리는 선물을
받을 수 있는 그릇은 너희의 그 마음
자세요, 깨달음의 자세요, 그 그릇이
되어 있을 때, 나의 성령을 너희에게
내가 내려 주며 부어 준다 그리하였음
이니라.
6 그러니 너희가 그 그릇을 어찌 만들
어 내가 내려 주려는 성령을 너희가
받을 수 있는 준비가 되느냐 안 되느
냐에 따라서 모든 것은 역사한다 하였
음이니라.
7 그러니 너희 생각의 결정이 중요하며,
너희가 깨달음이 있다 하면 선과 악을
구분할 수 있는 이치를 깨달음이니,
8 생각에 따라 행하는 그 노력이 필요함
을 알아야 할 것이니라.
9 너희가 눈으로 보이는 이 세상의 삶을
벗어나지 못하는 것은 물질에 대한 욕
심이요, 원초적인 그 욕심의 삶을 버
리지 못하기 때문이니라.
10 이를 훌쩍 뛰어넘어 그 모두를 다 버
리고 오늘의 현실 상황에서 벗어나 미
래의 보이지 않는 세상을 볼 수 있는
그와 같은 벗어남이 중요함을 알라 이
르라.
11 내가 너희에게 뭐라 했는가?
12 너희는 이 세상에 살면서 죽음으로써
나에게 오르며 나에게 심판을 받는다
그리 생각하는 백성과, 그리 생각하지
아니하고 사는 백성이 있으나,
13 그 중간 단계가 있다 내가 말하지 아
니하였던가?
14 육과 영혼이 같이 존재하는 이 세상에
서 눈으로 보며 육에 보이는 그 삶을
사는 것이요, 물질이 보이는 세상의
삶이요, 물질을 위주로 사는 그 삶이
아니라,
15 육과 영이 같이 있으나, 눈으로 보지
못하는 것처럼 섬세하고 미미하여 시
력으로써는 볼 수 없는 그 움직임이
있듯이,
16 보이지 않는 세상이요, 너희가 볼 수
없는 그 빛의 찬란한 세상이요, 들을
수 없는 아름다운 멜로디의 그 세상이
요, 만질 수 없는 형체가 존재하는 그
세상을 넘어야 하며 그 세상에 돌입하
는 그와 같은 삶을 살려면,
17 오늘의 물질에 의한, 물질 만능주의에
따라 얽매여 사는 그 삶을 훌쩍 뛰어
넘어야 한다 하였음이니라.
18 오늘의 삶의 현장에서 벗어나야 함이
니라.
19 그러니 더욱이 나의 사랑하는 백성 너
희가 그와 같이 돌입했을 때, 너희는
다음의 세상을 볼 수 있다 내가 그리
말하였음이니,
20 종교 지도자요, 모든 종교 집단이요,
또한 나로부터 은혜를 입어 믿음의 길
을 가는 백성이라 하는 자, 구원의 길
에 오르고자 하는 백성, 너희가 평범
한 백성보다 앞에 가는 자들이요, 깨
달은 역사를 이루고자 하는 자들이라
면,
21 너희는 그와 같은 세상에 이미 와 있

어야 할 것이니라.
22 내가 종교 지도자는 한 점의 부끄럼이
없는 삶을 살아야 한다 하였음이니,
모든 종교의 지도자들은 오늘의 육의
물질의 세상이요, 너희가 만져서 볼
수 있는 세상이요, 이 세상에서 벗어
난, 다음의 육과 영이 같이 있되 보이
지 않는 세상에 돌입하여야 함이니,
23 꽃들이 말하는 소리를 들으며 보이지
않는 꽃이 보이는 향기요, 새들의 눈
물이요, 새들이 말하는 그 음성을 들
을 수 있으며, 그와 같은 보이지 않는
세상을 알 수 있는 그곳에 들어와 있
는 것이 종교 지도자요,
24 그와 같은 깨달음 속에 있는 것이요,
그와 같은 세상에 돌입해 있는 자가
종교 지도자라 내가 그리 말할 수 있
음이니,
25 그 세상에 돌입하지 못한 자는 정녕
종교 지도자의 자격이 없다는 것을 알
라.
26 육의 세상에 얽매이며 육의 삶에 연연
하는 그와 같은 속에서는 정녕 아름다
운 종교 지도자요, 진정한 종교 지도
자가 될 수 없다는 것을 너희는 알아
야 할 것이니라.
27 보이지 않는 세상을 볼 수 없으며 깨
달음이 없는 백성이요, 그 지도자는
정녕 진정한 종교 지도자가 될 수 없
으며 나에게 와 심판을 받는 하늘나라
의 그 이치를 알 수가 없기 때문이니,
그 세상이 존재함을 먼저 깨달으며,
28 그 세상에 너희가 돌입할 수 있는 그
무한한 변화의 역사의 그 소용돌이 속
에서 변해 있는 그와 같은 삶을 살며,
너희가 보이지 않는 세상을 볼 수 있
는 그 세상에 돌입한 자가 만백성을
구하는 나로부터 선택된 종교 지도자
라는 것을 알라.
29 오로지 몸으로 사는 삶을 살지 말라.
30 너희가 몸으로 보이는 삶을 살기 위해
서는 다음의 세상을 알 수 없으니, 그
믿음이 진실한 진리의 길이라는 것을
알지 못함이니라.
31 너희가 그 세상에 돌입했을 때 너희
는 마음의 비움이요, 욕심을 버리며
하늘에 오르는 길을, 참된 진리의 길
을 알게 됨이니,
32 육의 세상의 재물을 가지고 육의 삶을
위하여 노력하는 자는 그 깨달음으로
는 진리를 볼 수 없느니라.
33 그러니 여기서 내가 너희에게 전하는
다음의 세상에 돌입하는 것을 최선을
다하여 노력하라.
34 그 모든 길잡이요, 그 모두를 깨우쳐
주며 돌입할 수 있는 안내자가 곧 나
의 법전이니, 나의 법전을 세상에 내
려보내며 그 길을 가라 하였으며, 십
계명을 지키며 율법을 지키고자 발버
둥치고 최선을 다하여 노력할 때, 다
음의 보이지 않는 육과 영이 있는 세
상을 볼 수 있다는 것을 잊지 말라, 사
랑하는 나의 아들딸들아!

6,462 번째 하나님 말씀

2003년 6월 19일 11시 35분

1 사랑하는 나의 아들아!
2 "네, 아버님! 말씀하옵소서."
3 너의 제자들에게 간곡히 그리 일러야

할 것이니라.
4 내가 나의 성령이요, 나의 음성으로써
너희에게 내리지 아니하며 나의 아들
을 통하여 너희에게 내림이니,
5 곧 이게 나의 음성이라 그리 믿으라
전하라.
6 그를 믿는 자, 그와 같이 믿음이 확고
한 자는 세상사 모두를 다 얻을 수 있
는 것이거늘, 어찌하여 너희는 그 마
음 자세가 나약하단 말이던가?
7 너희는 하나하나 짚고 넘어가야 할
것이니라.
8 너희가 이 세상에 태어나 생명으로써
인간으로서 살아가는 것은 누구에 의
하여 태어났다 생각하는가?
9 이는 첫째, 너희는 나 여호와가 존재
하여 너희에게 생명을 내려 줌이라
그리 믿는가?
10 믿는다 하면 너희는 이 세상에 나왔
음이니, 그리하여 너희가 세상에 나와
서 모두를 얻고 취할 수 있도록 내가
너희에게 모두를 다 주었다 하였음이
니, 그 또한 믿어야 할 것이니라.
11 그리고 너희가 노력하는 것만큼 거둬
들일 수 있도록 내가 그 모두를 다 준
비시켜 세상에 다 준비되었다 그리 말
하였음이니라.
12 그러니 또한 그를 믿는다 하면 오늘
너희 자신의 마음을 다스려 마음을 비
웠을 때, 이 세상에 얻지 못할 것이 없
으며 이루어지지 못할 것이 없다 내가
나의 아들을 통하여 너희에게 명한다
면 너희는 그 말 또한 믿어야 할 것이
니라.
13 너희가 욕심이라는 그 근원의 사악한
뿌리를 버리지 못했으며 그를 털어 버
리지 못하였기에 내가 너희에게 상을
내리지 못하며 내가 은혜를 내리지 못
한다는 그 뜻도 너희는 믿어야 할 것
이니라.
14 그를 너희가 믿고 돌아다볼 때, 내가
뭐라 말하였느냐?
15 육과 영혼이 존재하는 이 세상을 보기
전에, 다음의 보이지 않는 세상의 열
림을 보는 것, 그와 같은 깨달음이요,
변화되는 역사 속에 있을 때, 너희는
모두를 다 얻을 수 있음이니,
16 나는 수많은 것을 너희에게 주고자 내
려감이니라.
17 너희가 병마에 시달리는 것, 생활이
어렵고 고통스러운 것, 그리고 힘든
그 모두를 다 들어줄 수 있으며, 누구
라도 받을 수 있는 그 상이 준비되어
있음을 알아야 할 것이니 그걸 믿으
라.
18 나는 모두를 다 줄 수 있으나, 너희 마
음자리가 비워지지 아니했으며 그와
같은 자세가 되지 아니해서 내가 내리
지 못함이니라.
19 내가 너희에게 내리는 그 생수는 너희
것이 아니요,
20 나의 뜻에 의해 주관하여 너희가 나의
뜻을 대행하여 역사하는 것이니라.
21 내가 너희에게 무엇을 내렸을 때는 내
가 이루고자 하는 그 임무를 대신하는
자들이니, 그를 받을 수 없는 자에게
내가 절대 내릴 수 없는 것이 나 여호
와의 뜻임을 알라.
22 너희가 무엇이 두렵고 무엇이 역사할
수 없는 것이 있는가?

23 너희가 진정 나의 법전을 믿으며, 나
의 법전을 가지고 만백성을 구하고자
전하며, 과연 얼마나 개인이 노력하고
사는가 보라.
24 너희가 육의 삶이요, 생활의 생존을
위해서 얼마만큼 노력하며, 나로부터
초청받은 백성이요, 선택된 백성으로
서 나의 법전을 만백성에게 전하고자
노력하는 자가 누가 있으며 얼마나 노
력하는가?
25 너희 제자들 중에서 너희 스스로 들
여다보라.
26 과연 어떠한 제자가 말없이 나의 뜻을
전하고자 몸부림치며 그 길을 가고자
생각하는가?
27 그와 같이 노력에 따라 공에 따라 모
든 역사가 이루어지거늘,
28 어찌 노력하지 아니하며 역사하지 아
니하면서 나에게 받으려고만 하며 무
엇을 얻으려 생각하는가?
29 내가 생수를 담으려면 깨끗하게 그릇
이 비워졌을 때 그 생수를 부으니, 한
방울의 기름이라는 것 때문에 그 많
은 생수를 부을 수 없다 그리 말하지
않던가?
30 큰 그릇에 기름 한 방울 때문에, 생수
를 그 많은 그릇에 채울 수 없다면 너
희의 욕심이라는 마음이니,
31 나의 법전을 전하여 만백성을 깨우치
겠다는 그 열망하는 마음이 얼마큼 그
득히 차 있느냐 이를 보고 내가 상을
내림이니,
32 너희 스스로 너희 제자 중에도 1번이
요, 2번이요, 3번이라는 것을 너희가
한번 점수를 매겨 손으로 꼽아 보라.
33 과연 누가 나의 법전을 세상에 전하며
나의 뜻을 전하고자 가장 충실히 노력
하는 너희 형제이던가?
34 그가 제일 우선으로 모두를 받는 영
광이 있을 것이며, 그가 모든 것을 얻
을 것이니라.
35 내가 앞에 가는 우등생에게 모두를 준
다 하였음이니라.
36 우등상장을 받을 자격이 없는 자에게
그를 줄 수 없는 것이 인간 세상의 너
희 법도라 하지 아니했는가?
37 공의의 하나님이요, 사탄이요, 천사
요, 사악한 그 모두를 다 관장하며 그
들이 보고 있으며,
38 내가 잘못 했을 때, 이 세상은 하늘의
천국이 지상에서 이루어질 수 없는 그
와 같은 무서운 결과가 됨이니,
39 공의의 하나님이라는 나는 한 치의 오
차도 없으며 내가 하는 것은 어긋남이
없음이니라.
40 너희는 얼마만큼 나의 법전을 가슴에
안고 뛰는가?
41 내가 너희에게 한 사람씩 이 성전에
와 너희 제자로 삼으라 하였거늘,
42 그 제자 하나 삼지 못하며 노력하지
못하는 자들이 어찌하여 만백성을 구
할 수 있는 자며,
43 너희를 다 버리며 자신을 다 태워 버
리며 만백성을 구할 수 있는 지도자라
감히 여기에 앉아 내가 내리는 강론을
들으며 나의 법전을 듣고 가 갑론을박
할 수 있단 말이던가?
44 내가 너희에게 아무것도 내리고 싶지
아니한 마음이 나의 마음이라는 것을
알아야 할 것이니라.

45 내가 내리는 작고 큰 것을 하나하나
가슴에 안고 지키고 행할 때 그곳에
내가 너희에게 상을 내림이니,
46 너희는 무엇이든지 다 받을 수 있으
며 나로부터 명하는 것을 얻을 수 있
으며 구할 수 있는 것이 너희거늘,
47 너희가 자격이 안 되어 얻지 못하며
구하지 못하며 구원받지 못한다는 이
엄연한 사실을 오늘 너희는 스스로
가슴에 손을 얹고 깨우치며 뉘우치는
시간으로 가져야 할 것이니라.
48 너희가 다시 만나는 그 시간에는 변화
되는 마음이요, 각오한 마음으로 시작
해야 함이니라.
49 이제 너희를 안고 내가 감이요, 너희
를 앞에 세우고 데리고 가며, 너희가
앞에 갔을 때 그 모든 역사는 이루어
질 것이니라.
50 너희가 바른길이요, 곧은길이요, 정의
로운 길을 갈 때 나 여호와가 너희에
게 뒤에서 힘을 실어 줄 것이며, 너희
가 나갈 수 있도록 내가 밀고 갈 것이
니라.
51 그렇지 않으면 내가 갈 수 없음이니라.
52 너희가 욕심을 버리지 못하고 사악한
마음을 가지고 있으며 모든 것이 남들
과 다른 천사와 같은 마음을 갖지 않
았을 때, 너희는 정의로운 길을 가는
것이 아니요, 진리의 길을 가지 아니
하기 때문에, 내가 너희를 밀고 힘을
줬을 때 너희는 삐뚤어진 강을 가며
돌이킬 수 없는 길을 감이니라.
53 너희가 백지에 금을 그을 때, 처음에
출발할 때 금이 잘못 그어지면 목적지
에 가서는 벌어지듯이,
54 너희를 완벽하게 세워 놓고 가지 아니
하면, 내가 너희에게 힘을 주고 역사
를 하며 은혜를 주고 재물을 주고 권
력을 준다 해도 그것은 반듯하게 가는
것이 아니요, 옆으로 벌어지는 그 길
을 가기에,
55 세월이 지난 다음에는 내가 잡으려야
잡을 수 없으며 너희는 나를 아버지
라 부를 수 없게 됨이니, 너희는 낙원
에 오를 수 없는 그와 같은 나의 백성
이 되기 때문이니라.
56 이와 같이 나의 아들을 통하여 내리는
나의 이 뜻을 가슴 깊이 새겨 너희 스
스로 변하며 너희 스스로 깨우치며,
57 너희가 가야 할 길이 무엇이며 역사할
것이 무엇인가, 나로부터 초청받은 백
성이 행하여야 할 그 임무를 스스로
알아서 행하도록 그리하라.

6,463 번째 하나님 말씀

2003년 6월 19일 11시 57분

1 사랑하는 나의 아들아!
2 "네, 아버님! 말씀하옵소서."
3 내가 너희에게 뭐라 일러 깨우쳤던가?
4 너희는 하루하루 삶이요, 한 동작, 한
행위, 그 모두가 그 순간에 심판을 받
는 그와 같은 삶을 살라 내가 그리 말
하였으며, 너희는 심판을 받고 살아가
는 것이라 그리 말하였음이니라.
5 그러니 나로부터 구원을 받은 자요,
천국에 오를 수 있는 자요, 하늘에 오
를 수 있다 그리 말하는 그 백성에게
전하여 깨우쳐 주도록 하라.
6 너희가 지금까지 살아온 자신을 남에

게 심판을 받으려 하지 말며, 너 자신
의 양심이요, 너희 자신의 마음의 심
판을 받아 보라 그리 전하라.
7 마음의 양심으로부터 심판을 받을 때,
너희가 과연 어찌 살았으며 어떠한 형
태로써 몇 점의 점수를 받아 너희가
구원을 받고 못 받을 것인가 그는 스
스로 너희가 알 수 있을 것이라 그리
전하라.
8 너희 양심에 비춰 봐 심판을 받아도
정녕 하늘에 오를 수 있는 자라면 너
희는 구원을 받았다 말할 것이며, 나
의 아들 예수의 보혈이요, 그 은혜로
써 나에게 올 수 있다 그리 말하라.
9 그러나 만일 너희 자신의 양심에 심
판을 받아 봐 선한 행위요, 아름답게
삶이 악한 것보다 많지 않다면, 그리
고 너희 자신이 살아온 지난날의 그
부끄러움에 의하여 너희가 고개를 들
수 없는 그와 같은 삶을 살았다 하면,
너희는 정녕 구원을 받았다 그리 말
하지 말라.
10 내가 말하여 선하였느니라.
11 모든 종교 집단의 모든 백성이요, 하
늘에 오르겠다는 그 신도들이 스스로
양심의 점수를 매겨 봤을 때, 정녕 하
늘에 오를 수 있는 자신이 없으며,
12 나에게 올 수 없는 그와 같은 그 삶이
라는 걸 너무나도 잘 알고 있음이니라.
13 그러니 그와 같은 부끄러운 취약점을
감추려고, 그리고 자신이 없기에 포기
하는 나의 백성에게 희망을 주려고,
또는 하늘에 오를 수 있는 그 길에 포
기하는 마음이요, 자신을 저주하는 그
와 같은 마음의 그들에게 하나의 희망
을 주는 것처럼 그들을 이끌어 가는
방법이 바로 무엇이던가?
14 인간의 행함은 아무런 죄가 되지 아니
하며, 인간의 행함으로서는 하늘에 와
심판을 받으며 나에게 오르고 못 오르
는 것은 관계가 없는 것이니,
15 인간 세속에서 죄를 짓고 인간 세속에
서 잘못 산 것에 대하여 괴로워하지
말며, 실패한 인생이라 생각하지 말
며, 후회하지 말며 좌절하지 말라 그
리 가르치며 뭐라 말하는가?
16 너희가 나 여호와를 믿으며 나의 아들
예수를 믿는 그것으로써 구원을 받는
것이요, 인간의 행함으로써는 구원을
받을 수 없는 것이요, 관계없는 것이
라 그리 말하며,
17 그들에게 희망을 주는 것처럼 그들에
게 위안을 주는 것처럼 하면서, 너희
는 과연 무엇을 역사하는가?
18 금화와 은화요, 재물을 거둬들여 너희
육의 생활이요, 삶을 위하여 너희의
성전을 짓는 것이며 많은 신도를 거느
려 많은 재물을 거둬들이는 그것으로
써 평가받으며 그것으로써 세상사의
모든 집단 속에서 대우를 받는 그와
같은 인간의 그 욕심과 욕구를 위하여
지금 이끌어 가고 있다 하는 것을 너
희는 알아야 할 것이니라.
19 정녕 뭐라 말하여도, 나에게 심판을
받고 심판을 받지 못하는 것은 너희의
행함에 있다는 것을 잊지 말라.
20 너희가 하늘에 오르는 길이요, 구원을
받기 위하여 재물을 바침으로 나로부
터 죄사함을 받는다는 그것도 무엇이
던가?

21 너희가 재물을 바치며 금화와 은화를
바치는 것도 행함이요, 너희 손으로
지은 죄의 온상인 교회라는 곳에 또는
성전에 가 몸으로써 노동력을 바치며
너희의 자유 시간이요, 1년에 얻는 휴
가라는 것까지 다 말살시켜 가면서 성
전을 위하여 교회를 위하여 너희가
일하고 역사할 때,
22 그 종교 지도자는 뭐라 하는가?
23 그의 믿음은 위대하며 그의 믿음은 나
여호와가 기억해 줄 것이니라 하니,
그 행함이 남들과 다르다는 것이 아니
던가?
24 십일조요, 헌금을 많이 바치는 것은
행함이 아니더냐?
25 그 자체도 행함이니라.
26 행하는 것을 가지고 그 백성을 평가하
며 구원을 받을 수 있다 없다 말하면
서,
27 어찌하여 너희는 그와 같이 행함으로
써 선행을 베푸는 것, 아름답게 사는
것은 나에게 와 구원을 받고 못 받는
데 관계없다 말하는가?
28 너희는 한 미물이 한 입을 가지고 두
혓바닥으로 말하는 그 사탄의 후예라
는 것이 바로 여기에서 증명됨이니라.
29 그 미물로 하여금 아담과 이브에게 욕
심을 불어넣어 그들을 욕심에 의하여
눈이 어둡게 만들었으며, 그 욕심의
근원의 뿌리가 바로 무엇이던가?
30 그 사탄은 두 혀를 가졌음이니, 바로
너희가 한 입을 가지고 두 혀로 행하
는 자들이니, 그 후예라는 것이 증명
되며 그 악의 뿌리라는 것이 증명됨을
알 것이니라.
31 너희가 행하는 것으로써 나에게 구원
을 받고 못 받는 것이 아니라 그리 말
하면서,
32 노동력을 바치는 것, 재물을 바치는
것, 십일조를 바치는 것, 너희가 교회
라는 걸 짓는 데 와서 노력 봉사하는
것 거기에 모두를 다 바치고 헌신하는
것, 그와 같이 헌신하고 바침으로써
구원을 받는다 하며 한 입 가지고 두
말을 함이니라.
33 너희가 짓는 교회라는 것,
34 성전의 주춧돌 밑에 식구의 이름을 다
기록하여 넣으면 그것이 영광이요, 축
복이요,
35 영원히 그 교회라는 죄의 온상이 무너
지기까지 나 여호와가 하늘에서도 기
억함이니, 거기 주춧돌에 너희 자식들
이요, 부모의 이름을 기록하려거든 그
숫자에 따라 재물을 바치라 그리 말함
이니,
36 재물을 바쳐 너희 이름을 주춧돌 밑에
써 매기니, 너희가 땅속에 묻히는 그
와 같은 형국이요, 지옥에 묻히는 것
이니, 그와 같이 답답함을 너희는 나
에게 와서 벌을 받는다는 것을 잊지
말라.
37 한 입에 두 혀를 가지고 말하는 것이
사탄이요, 아담과 이브를 그리 무너뜨
린 자이니,
38 너희가 한입을 가지고 두 혀로써 말을
한다면 그게 바로 그 후손이요, 그 뿌
리며, 그를 위해 역사하는 자라는 것
을 너희는 잊지 말라.
39 너희는 행함이 중요함을 이제는 알았
을 것이니라.

40 그러니 행함으로써 너희가 구원을 받
으며 모든 것을 역사한다는 것, 오늘
의 살아감을 하나하나 심판을 받듯이
너희의 행함에 대한 모두를 심판받는
다는 것, 그 두렵고 무서운 이치를 깊
이 깨우쳐,
41 두 번 다시 속는 백성이 돼서는 아니
될 것이며,
42 두 번 다시 편안한 길이요, 말로써 구
원하며 재물로써 구원을 얻을 수 있다
는 그와 같은 생각을 너희는 하지 말
라.
43 너희가 재물로써 구원을 받는다면, 사
악하게 벌어들였으며, 악하게 벌어들
인 그 재물을 죽어갈 때 너희 자식에
게 유산을 남기지 아니하고 너희 손
으로 지은 성전에 그리 바쳐 나에게
전해 달라 말한다면, 그 재물을 많이
바치는 자는 죄지을 자 없으며 지옥에
갈 자 하나도 없지 않은가?
44 재물을 바치는 것이 무엇이더냐?
45 그것도 행함이니라.
46 하늘에 쌓아 놓기 위하여 너희 모든
재물을 바치는 것도 행함이요,
47 육의 세상에 너희가 생명보다도 더
소중하게 여기는 그 재물이요, 물질을
바치는 것이 행함이요, 행동이 아니던
가?
48 어찌하여 그와 같은 행동은 선하며 축
복을 받으며,
49 남을 위하여 봉사하고 아름답게 사는
그 선한 마음으로 사는 행동은, 그 세
상에 사는 천사와 같은 마음으로 사는
그 모두는 나에게 와 심판을 받을 때
아무런 관계도 없다 말하는가?
50 그와 같이 말하는 자들의 그 말을 듣
고 '아멘, 할렐루야!' 하며 구원을 받
았다 말하는 어리석은 백성에게 나의
법전을 전해 주라.
51 그리하여 그들이 나의 법전을 접할
때, 충격을 받는 자가 그 충격에서 정
신이 제대로 돌아와 깨달으면 제가 세
뇌되는 것에서 벗어날 것이며,
52 저 자신도 모르고 정신을 잃고 오리무
중 헤매던 백성이 나의 법전을 맞음으
로 인하여 그가 제정신이 들어 나의
법전을 듣고, 불 속에서 뛰쳐나와 구
원의 길을 얻는 것은 그들에게 달렸음
이니,
53 전하는 것만이 너희의 임무며, 전하는
자는 전한 만큼 나 여호와의 뜻을 이
루어 역사하는 것이니,
54 너희가 노력하는 것만큼 그 대가는 반
드시 나로부터 받을 것이며,
55 그로 인하여 깨닫는 백성이 있다 하면
또한 너희는 더 큰 은혜와 영광을 얻
을 것이니라.
56 너희가 전해 준 자가 천사와 같은 마
음을 가졌을 때 그 법전을 받은 자가
그 뚜껑을 열고 읽을 때 그는 깨달음
이 있다 하였음이니,
57 너희가 항상 스물네 시간 천사와 같
이 아름다운 마음을 가져야 함이니라.
58 나의 법전을 많이 전하여 너희가 깨우
치는 그 역사보다도, 너희가 천사와
같은 마음으로 변화되는 것이 더 중요
하며,
59 천사와 같이 변한 자가 한 권의 법전
을 전한다 했을 때, 그 법전을 읽는 자
는 깨달을 것이니라.

60 만 권이요, 수만 권을 전해도 너희가
욕심을 버리지 못하며 천사와 같은 마
음으로 되지 아니했을 때, 그 법전은
아무리 싣고 또 실어 뿌리고 또 뿌리
고 전하고 전한다 해도, 너희는 나에
게 와서 받을 상이 하나도 없다는 것
을 알라.
61 너희가 먼저 천사가 되어야 하는 것을
잊지 말라.
62 하늘나라에 와서 사는 자는 천사가 와
서 살 수 있음이니,
63 하늘나라에 와서 살 수 있는 자가 하
늘나라에 올 수 있는 백성으로 인도함
이니라.
64 너희가 하늘에 오를 수 있는 천사가
되지 못하였으며 하늘나라에서 살 자
격이 없는 천사가 어찌하여 남을 구할
수 있으며 남을 인도할 수 있으며, 그
들이 무엇을 보고 천사가 살 수 있는
하늘나라를 올 수 있단 말이던가?
65 너희가 욕심을 버리지 못하며, 사악하
고 간악한 너희가 법전을 전한다면,
그가 무엇을 보고 깨우치겠는가?
66 너희가 먼저 천사가 되는 것이 만 권
이요, 수억 권의 법전을 뿌리는 것보
다도 더 나에게 받을 은혜요, 공이 크
다는 것을 잊지 말라.
67 한 사람이 천사가 되어 한 권씩 전하
여 한 사람씩 깨닫는다면, 그게 내가
더 원하는 것이라는 걸 잊지 말라, 사
랑하는 나의 아들딸들아!

6,464 번째 하나님 말씀

2003년 6월 19일 12시 07분

1 사랑하는 나의 아들아!
2 "네, 아버님! 말씀하옵소서."
3 오늘의 종교 집단이요, 그곳에 속해
있는 지도자들이 바로 섰으며 내가 너
희에게 내린 나의 율법의 무서움을 알
며, 그대로 지키고 행하는 삶을 살았
으며,
4 내가 십계명을 너희에게 내린 것은
구원의 길이요, 영혼의 양식이라는 그
은혜를 알며 두려움을 알며 그 무서움
을 알며, 그 소중한 것을 알고,
5 내가 직접 써 내리는 그 친필이 얼마
나 위대한 것인가를 알고, 이를 지키
고 사는 것이 하늘에 오르는 길이라
그리 가르쳤다면,
6 오늘의 이 사회는 이와 같이 험난한
세상은 되지 아니하였을 것이니라.
7 너희가 나의 율법대로 지키는 것이 하
늘에 오르는 길이요, 나의 십계명대로
지키고 사는 것이 하늘에 오르는 길이
요,
8 나의 아들 예수가 세상에 와 너희에게
사랑이 무엇인가를 전하고자 한 나의
아들 예수도 그 육의 형태를 보였으며
그도 육의 세상에 왔음이니,
9 그 모든 고통과 시련 또한 너희처럼
똑같이 느끼며 그 무서움을 아는 나의
아들이었음이니라.
10 그러나 나의 아들은 사탄의 유혹이요,
그를 거부하고자 하며 그를 유혹하는
그 모든 것을 뿌리치며,
11 나 여호와가 나의 사랑하는 백성이

사랑이 어떠한 것이며, 내가 너희를
사랑하는 마음의 깊이가 얼마나 애절
한 것인가를 그를 증명하는 것은 나의
아들 예수가 죽음으로써 내가 존재함
을 만천하에 역사하며 두고두고 길이
남기고자 하여,
12 그는 어떠한 유혹이요, 육의 그 고통
의 힘들고 어려운 그것을 면할 수 있
도록,
13 사탄이 갖은 방법으로써 그를 유혹하
였으나,
14 그는 인간의 형체를 가진 나의 아들로
서 그 모두를 뿌리쳤으며, 나의 뜻에
따라 그가 그리 왔음이니라.
15 그러니 그와 같이 역사한 것을 너희가
그대로 계승하여 만백성을 가르치고
깨우쳤다면 오늘날 종교적으로 이와
같이 너희가 타락하지 아니하였으며,
그저 수천, 수만, 수억의 종교 종파가
세상에 생겨 이와 같이 혼란한 역사
는 이루어지지 아니하였을 것이니라.
16 그리고 너희가 사회를 다스리는 모든
지도층의 그 인간이 끌어가는 그 도
덕성마저도 타락되어, 지금은 인간이
사는 세상이 두려우며 인간이 인간을
보기를 두려워하며 꺼리는 이와 같은
험악한 세상이 되었음이니,
17 이 지상이 지금처럼 타락되며 이와 같
이 험악한 시대는 없었음이니라.
18 너희는 세월이 흐르면 흐를수록 더 타
락하며, 이 지상은 도덕성을 잃으며
악함으로써 모든 것이 뒤덮이는 그와
같은 형국으로 됨이니라.
19 내가 나의 아들을 통하여 너희에게
뭐라 전하였느냐?
20 10년 단위로 잘라서 뒤를 돌아다보며
생각해 보라 하지 않았는가?
21 너희가 60이라는 나이를 먹은 자, 10
년으로 여섯으로 잘라, 50대요, 40대
요, 30대요, 20대요, 10대에 이 세상
의 사랑이 어떠하며, 부모가 자식을
사랑하는 것, 자식이 부모를 존경하는
마음, 이웃을 사랑하는 마음이 얼마나
아름답고 얼마나 고귀한 삶으로 알고
살았는가?
22 이웃의 고통과 괴로움을 대신 겪어 줄
수 있는 그와 같은 마음으로 산 세대
는 너희가 지금서부터 몇 년 전이었단
말이던가?
23 그러니 그와 같은 마음을 가지고 살던
백성이 지금 몇십 년도 되지 아니하여
이와 같이 험악한 세상이요,
24 도덕성이 타락했으며 부모가 자식을
모르며 자식이 부모를 모르며, 어른이
아이들을 가르치지 못하며 두려워 말
못 하는 이와 같은 세상이 되있음이
니, 이는 바로 무엇이던가?
25 지금의 종교 집단이요, 지도자 너희가
잘못 이끌고 잘못 왔으며, 나의 십계
명이요, 나의 율법을 계승하지 아니하
고 정반대의 길로 왔기 때문에, 지금
의 이 지구요, 아름다운 나의 낙원이
죄악으로 가득 차 있으며, 죄악으로써
모두 덮혀 있음이니라.
26 이 세상의 인간을 통하여 아름다운 이
지상에 뿌려지는 그 씨앗은,
27 선행을 이루는 것이요, 아름다운 과일
을 열어 만백성에게 즐거움을 주는 그
와 같은 씨앗이 뿌려지는 것이 아니요,
28 먹지 못하는 씨앗이요, 쭉정이를 낳는

씨앗이요, 세상을 황폐하게 하는 사악
한 뿌리들만이 이 세상에 그 씨앗이
계속 뿌려지는 이와 같은 험악한 세상
이 되었음이니,
29 이를 내려다보는 나 여호와의 마음이
과연 어떠하다 생각하는가?
30 나 여호와가 내려다보는 이 세상에서
는 아무것도 기대할 것이 없으며, 내
가 건질 것이 없으며, 희망이 없이 나
의 아름다운 지상이 황폐해졌으며, 썩
어 가 있음이니,
31 내가 이를 바로잡고자 하는 길이 바
로 내가 너희에게 글로써 나의 뜻을
태워 '하늘에 오르는 길'이요, '하나
님! 말씀하옵소서'라는 이 법전을 내
리는 대역사가 이루어짐을 너희는 알
아야 할 것이니라.
32 너희는 스스로 말하느니라.
33 이 세상이 이제 종말의 세상이요, 마
지막 세상이라 그와 같이 말하며,
34 멸망하는 세상이요, 멸망을 할 수밖에
없는 이 세상이라 그리 말함이니라.
35 그러면서 너희가 뭐라 말하는가?
36 나 여호와로부터 마지막 재앙이 있을
것이며 무서운 심판이 있을 것이라 그
리 말하며,
37 그 심판에서 벗어날 자, 그 심판에서
재앙에서 구원할 자, 그와 같은 자들
은 너희 손으로 지은 그 성전에 와 재
물을 바치며 울고불고 기도하며 찬송
을 부르는 그와 같은 자가 구원을 받
을 것이라 그리 말하는 것이니라.
38 그러면서 너희는 나 여호와로부터 심
판이 당연히 있을 것처럼 그리 말함이
니, 그것은 바로 무엇이던가?
39 너희 스스로 살아온 그 죄악을 너희
스스로 심판하다 보니, 나 여호와 창
조주로부터 심판이요, 재앙을 받지 아
니하고는 존재할 수 없으며 이끌어 갈
수 없다는 것을 너희 스스로 판단하
였으며 진단하였기 때문에,
40 이를 벗어날 수 없다는 평가를 내린
그들이 바로 나 여호와로부터 심판이
요, 재앙이 내려질 것이라 하며,
41 그리하여 너희는 구원을 받아야 할
것이며, 그리고 너희가 손으로 지은
성전에 와 그 설교하는 자, 잘못된 사
탄의 후손인 종교 지도자들의 말을 따
르며 맹종하고 맹신하지 않으면 구원
을 받지 못한다 그리 말함이니,
42 재앙이요, 마지막 시대라는 것은 너희
스스로 심판하고 평가해 온 그 점수
에 따라 그 길밖에 없다는 것을 알고
있음이니라.
43 그러나 너희가 모르는 것이 있음이니
라.
44 내가 마지막 시대에 사랑하는 백성 너
희에게 단 한 번의 기회를 더 주는 역
사가 남았음이니,
45 구약 시대에 모세를 통하여 십계명으
로써 너희를 이끌어 깨우치고자 했으
며, 나의 아들 예수가 생명을 던져 너
희를 구원하고자 하였으며,
46 그러나 그 모두가 오늘의 이와 같이
험악한 세상으로 흘러왔음이니,
47 내가 직접 관장하는 새로운 시대가 열
림이요, 그리하여 내가 '하늘에 오르
는 길'이요, '하나님! 말씀하옵소서'라
는 나의 성령 모두를 다 태워 '새로운
성경'을 세상에 내려보내, 새로운 나

라를 건설하고자 다시 시작하며 그 역
사가 시작됨이니라.
48 그리하여 내가 새로 역사하며 새로 건
설하는 그 세상에는 살 자와 살지 못
할 자, 존재할 후손과 존재하지 못할
후손을 내가 지금 선별하고 있음이니,
머지않아 너희가 그를 알게 될 것이
며,
49 세월이 지난 다음에 너희는 그를 보
는 자가 있을 것이며,
50 지상 낙원의 건설은 이미 시작되었으
며 그 역사의 뿌리는 지금 내려지고
있으며 그 주춧돌을 다져 감이니,
51 나의 법전이 세상에 뿌려지는 것이 주
춧돌이요, 그 주춧돌 위에 너희는 변
화되는 삶을 살게 되며, 그를 읽고 깨
우치는 자, 그 주춧돌 위에 역사하는
속에 살 수 있는 백성은 이미 선별이
되어 가기 시작하였음을 알라.
52 이 무섭고 두려운 심판의 마지막 시대
를 너희가 알아야 할 것이니라.
53 너희는 모두 나의 계명이요, 율법을
무시하였으며,
54 나의 아들이 죽으면서 나를 위해 사
랑이 무엇인가를 전하고자 했던 그 사
랑의 실천함을 무시했으며,
55 나의 법전을 내려보내 너희를 깨우쳐
하늘에 오는 길을 보이고자 했으나,
56 이를 보지 아니하는 자, 이를 묵살하
는 자, 이를 또 깨고자 하는 자, 이와
같이 구분됨이니,
57 그러나 그들의 한계는 더 이상 내가
용서치 않는다는 걸 알라.
58 모세 시대에 우상을 만들었던 백성,
나의 아들이 죽음으로 너희가 2천 년
동안 흘러오면서 지금 사악한 종교 집
단이요, 지도자의 형국으로 이루어진
그 모두를 이제는 내가 단죄하기 시작
하며, 용서하지 아니함을 알라.

6,465 번째 하나님 말씀

2003년 6월 19일 12시 12분

1 사랑하는 나의 아들아!
2 "네, 아버님! 말씀하옵소서."
3 나 여호와의 모든 약속을 믿고 따르
며, 그를 기다리는 삶이요, 인내하는
삶을 살아갈 때,
4 그 모두는 다 진실 된 나의 뜻이요, 나
의 성령의 그 모두는 다 실현되며 이
루어진다는 그 믿음을 갖고 그를 알고
살아가는 백성이 나에게 오르는 길이
며, 나로부터 은혜를 얻을 수 있는 백
성이라는 것을 너희는 깊이 가슴속에
새겨야만 함을 알라.
5 나 여호와가 너희에게 예언하여 가르
치는 것, 그리고 깨우치는 것, 내가 너
희에게 약속한 것은 반드시 실현된다
는 그와 같은 굳건한 믿음으로 기다리
고 기다려 갈 때, 너희는 나로부터 축
복과 영광이 있으며, 나에게 오를 수
있는 선택된 백성이라는 것을 알아야
할 것이니라.
6 나 여호와가 나의 아들을 통하여 너희
에게 하나하나 가르치는 그 대목의
한 구절 한 구절이 얼마나 소중하고
귀한 것인가를 너희는 알아야 할 것
이며,
7 그 대목을 너희가 가슴속에 깊이 새
겨 믿고 지키고 그를 행하여 살아가는

것, 그것이 너희와 내가 만나는 길이
라는 것을 너희는 잊어서는 아니 될
것이니라.
8 그리고 내가 항상 너희와 같이하고
있다는 그 한 구절의 의미의 소중함을
가슴 깊이 새기고 살도록 그리하라.
9 나 여호와는 너희와 항상 같이하고
있다는 그 한 구절의 의미의 뜻을 깊
이 새기고 살라.
10 이를 믿고 이를 따르며 산다면, 너희
는 아무리 어렵고 힘든 그 속에서도
힘과 용기를 얻게 될 것이며,
11 좌절과 실패라는 것은 절대 너희에게
없다는 것을 알라.
12 정녕 내가 예언한 것, 내가 너희에게
명한 것, 그건 반드시 이루어지며 실
현된다는 것,
13 그리고 나 여호와가 존재한다는 것,
나 여호와가 너희와 항상 같이하고
있다는 것을 믿을 때, 너희는 절대 좌
절과 실패가 없음을 알라.
14 오로지 승자는 너희라는 것을 잊어서
는 아니 되느니라.
15 너희가 나를 믿고 따르는 그 용기 속
에서는 좌절이 없으며, 실패가 절대
없다는 것,
16 모든 고통과 시련 속에서 너희가 인
내하고 참고 견딜 때, 그 속에서 나의
가르침을 알게 되며, 나를 믿게 되는
그 마음을 알게 되며, 나를 믿는 그 마
음이 굳어짐이니라.
17 그와 같은 기다림 속에서 살 때, 모든
역사가 이루어진다는 것, 내가 너희에
게 예언한 것, 내가 너희에게 명한 작
은 것 하나라도 다 이루어진다는 것
을 굳게 믿으라.
18 그리 믿고 가는 자 그리 믿고 기다리
며 때를 기다릴 줄 아는 백성, 그 모두
를 너희 스스로 보게 될 때가 머지않
았음을 알라.

6,466 번째 하나님 말씀

2003년 6월 19일 12시 21분

1 사랑하는 나의 아들아!
2 "네, 아버님! 말씀하옵소서."
3 너희가 살아가면서 이 세상의 영웅호
걸이요, 한 시대를 풍미한 그 과학자
요, 또는 그 지도자요, 그 모든 백성,
그리고 이름 석 자를 남기고 가며 또
그 이름 석 자만 대면 알 수 있는 그
모두의 살아간 사람들,
4 그 사람들의 업적 또한 너희가 세월
이 지나고 지나며 수천 년의 역사가
흐르는 그 속에 인간이 바뀌며 나의
피조물 만백성들이 바뀌는 그 지나가
는 세월 속에 그 모두는 다 지워지게
됨이니라.
5 그리고 세월이 흐르고 흐르면 그 모두
는 변화되는 속에서 지워지며 사라지
며 기억에서 없어지는 것이 너희 인간
역사가 이룬 그것이니라.
6 그러니 너희 육의 삶에 어떠한 역사를
이루어도 영원히 지속하며 영원히 존
재하는 것은 없다는 것을 너희는 알
아야 할 것이니라.
7 육의 세상에서 이루어지는 그 모두는
영원히 존재하는 것이 없으며, 사라져
가는 것이라는 것을 너희는 알아야
할 것이니라.

8 그러나 너희는 지금 나의 피조물 만
백성이 살아가는 그 삶의 기준이 과연
어디 있는가?
9 너희는 영원히 지속하지 못하는 육의
삶을 위하여 살아가는 것이 아닌가?
10 그 모두를 위하여 지금 살아가는 삶을
살고 있느니라.
11 내가 지금 나의 피조물 만백성을 심판
하는 마지막 심판의 시대를 열어 심판
의 법전이 세상에 내려졌음이니, 심판
이 시작되는 것이니라.
12 그러니 나의 법전이 세상에 내려가 심
판이 시작되는 것은 영원히 살 수 있
는 자와 살지 못하는 자를 구분하고자
함이니,
13 너희는 영원히 사라지지 않는 삶을 위
하여 살라는 것임을, 이 뜻을 깊이 알
아야 할 것이니라.
14 그와 같은 기회를 너희에게 주고자
나 여호와가 법전을 만들어 세상에
내려보내는 것이니,
15 이게 바로 너희를 사랑하며 내가 귀
히 여기는 나의 뜻이라는 것을 알라.
16 그러니 너희가 나의 법전을 읽지 않
고 법전을 접하지 아니하고는 정녕 영
원히 사는 그 구원의 길을 볼 수 없음
이니,
17 이제는 사라져 가는 육의 삶을 찾아
헤매지 말고 영원히 사는 삶을 살 수
있도록 그리하라는 것이 나 여호와의
뜻이니라.
18 나 여호와가 마지막 내리는 나의 법전
을 너희는 어찌 생각하는가?
19 너희는 내가 지금 나의 아들을 통하여
내리는 대장정의 160권의 그 법전 중
에 한 권을 접했을 때 그를 보고 깨우
치는 자는 심판을 받을 수 있으며 구
원의 길을 볼 수 있다 하였거늘,
20 너희는 나의 법전 한 권을 접할 때 그
저 소설책 한 권 재미로 읽는 그와 같
은 마음이요, 그와 같은 상태의 자세
로써 나의 법전을 읽는다면,
21 너희는 정녕 아무리 읽고 읽어도 아무
것도 깨우치지 못하며 얻어지는 것이
없음이니라.
22 그리고 거기에 숨어 있는 그 내용 자
체도 아무것도 알 수가 없는 것이 나
의 법전이니라.
23 너희가 그저 지나가는 재미로 읽는 소
설책과 같은 것으로써 읽어서는 아니
될 것이니라.
24 나의 법전 한 권을 접했을 때 너희가
그 구원의 책이요, 생명의 책이요, 다
시 태어나는 역사를 이루는 나 여호와
의 성령이요,
25 이 길이 오로지 하늘에 오르는 길이라
너희가 굳건한 마음으로써 나의 법전
을 접하고 그와 같은 생각으로써 읽고
또 읽을 때, 그 속에 숨어 있는 참진리
의 뜻을 알 수 있음이니,
26 참진리의 뜻을 안다는 것은 너희가
하늘에 오를 수 있는 반석 위에 서게
되며, 반석 위에 서서 하늘에 오르는
찬란한 그 빛을 따라 너희가 두 주먹
쥐고 하늘에 달려올 수 있는 그 깨달
음을 얻게 되니, 얼마나 소중하고 귀
한 것인가를 알아야 할 것이니라.
27 소설책이요, 시가 기록되어 있는 한
권의 그 책을 그저 한번 읽어 넘어가
는 간단한 마음으로 나의 법전을 접하

지 말라.
28 너희에게 두 번 다시 없는 그 기회의
위대함을 너희 것으로 만드는 현명함
을 저버리지 말라.
29 정독해서 읽으라.
30 그리고 그 뜻이 하늘에 오르는 길이
기록됐으며 나의 뜻이라는 것을 가슴
깊이 안고 설레는 마음으로써 정독하
여 읽으면 참진리의 뜻을 알 수 있을
것이니라.
31 너희는 나의 법전을 정독하며 나로부
터 세상에 태어난 나의 아들딸들이 과
연 그들이 어떠한 형국에서 지금 죽어
가며,
32 그들이 살아가면서 저희가 지금 구원
의 길이요, 천국에 오르는 길이요, 구
원을 받았다 말하는 자들이, 죽음의
길인지 다시 살아나는 길인지 나의 법
전을 읽고 볼 때 알 것이며,
33 이 모든 너희 형제들이 어찌 가고 있
는 것이며 어떠한 길을 가는 것인가
를, 너희가 위에서 내려다보면 그 모
두를 다 알게 될 것이니라.
34 그러니 너희가 나의 법전을 정독하며
너희 형제들이 잘못 가며 나의 아들딸
이 잘 가고 잘못 가는 것을 알게 됨이
니, 너희는 다시 태어나는 그 역사의
길을 오며 안내할 수 있는 기회요, 안
내할 수 있는 눈이 뜨인다는 것을 알
아야 할 것이니라.
35 그리하여 그 백성에게 새로운 차원의
세상의 삶이 시작되는 구원의 그 길을
볼 수 있도록 그리 역사하는 깨달음을
전할 수 있는 것임을 너희는 알아야
할 것이니라.
36 나의 아들 예수가 성서에 기록하여 뭐
라 말했느냐?
37 예수가 다른 보혜사가 온다 하였으며,
새로운 보혜사가 와 새로운 시대를 열
것이며, 새로운 역사를 이룬다 그리
말하지 아니하였던가?
38 그리하여 나의 아들 예수도 그 책무를
다하며 죽음을 벗어날 수 있으나, 그
는 벗어나지 아니하며 죽음으로써 그
직분을 다하여 새로운 보혜사가 와 세
상에 역사한다는 걸 높이 전하며,
39 그는 마지막 그것으로써 모두를 다 덮
어 두었으며 그 시대를 막을 내렸음이
니라.
40 그러니 너희는 지금이 바로 나의 법전
이 새로운 보혜사요, 나의 성령으로
세상에 나와 죽을 자를 구원하며, 죽
어 가는 자를 구원하는 그와 같은 역
사를 이루는 것이니,
41 이제 모든 역사가 이루어지는 것은 나
의 법전을 정독하고 깨우친 백성만이
지도자가 될 수 있으며, 인도자가 될
수 있으며 안내자가 될 수 있음이니,
42 안내자요, 지도자가 되어 하늘에 오르
는 길을 '나를 따르라' 인도할 수 있는
그와 같은 나의 백성이요, 선택된 아
들딸로서 다시 태어나는 그 기회를 얻
음이니,
43 나의 법전을 그저 시 한 수, 소설책 읽
는 즐거움으로 읽지 말라.
44 모두를 다 바쳐 정성을 다하여 하늘에
오르는 길이요, 새로 태어나는 생명의
길이요, 진리가 여기 있다는 것을 알
며, 두근거리고 설레는 마음으로 나의
법전을 가슴에 안고 정독하고 또 정독

하여,
45 모든 백성을 역사하여 그들이 하늘에 오르는 길을 볼 수 있도록 그리하라.
46 나의 아들이 죽음으로써 새로운 보혜사의 역사가 온다 하였음이니, 그 역사의 지도자로서 너희가 선택된 자들이니 그 위대함을 잊지 말라.
47 나의 아들 예수의 그 고통스러운 아픔을 안다면,
48 새로운 보혜사요, 그 말씀을 전하는 나의 아들딸로서 선택된 너희가 얼마나 귀하고 소중한 자인지 안다면 자세를 바로 할 것이며, 생활을 바로 할 것이며, 오늘의 살아감을 바로 하고 살아가는 그와 같은 거듭나는 역사를 먼저 시행하라.
49 너희가 거듭나는 자요, 거듭 다시 태어나는 자가 되었을 때, 너희는 만백성의 지도자로서 한 점의 부끄럼이 없으며,
50 너희가 전하는 모든 것은 진주보다도, 옥구슬이 구르는 목소리보다도 더 아름답게 그들의 귀를 울릴 것이며 그들의 가슴을 울릴 것이니,
51 이것이 너희가 가야 할 길이라는 것을 잊지 말라, 사랑하는 나의 아들딸들아!

6,467 번째 하나님 말씀

2003년 6월 20일 06시 26분

1 사랑하는 나의 아들아!
2 **"네, 아버님! 말씀하옵소서."**
3 너희가 하늘에 오르고자 하나 그 하늘이 열리지 아니하였다면 너희는 과연 하늘에 어찌 오를 수 있겠느냐?
4 너희가 그리 소원하고 갈망하는 구원의 길이요, 천국의 길이요, 나의 나라에 오르고자 하나, 그 문이 닫혀 있다면 그 누구도 그를 오를 수 없느니라.
5 너희는 내가 나의 성령을 모두 태워 나의 아들을 통하여 기초적인 열여섯 권의 법전이요, 그리고 전반적인 160권의 법전을 세상에 내려보내며,
6 그리고 나의 아들이 죽을 때까지 하늘나라요, 하늘에서 이루어진 것같이 이 세상에서 이루어진 속에서 백성이 살아가는 그와 같은 기준의 법도가 내려갈 것이니,
7 이는 하늘의 뜻이 세상으로 내려가면 그것이 무엇이던가?
8 곧바로 이는 하늘이 열림이니라.
9 그러니 나의 법전이요, 나의 성령이 세상에 내려가는 것이요, 새로운 성경이 지금 내려감은 이는 곧 하늘이 열려 있음을 알아야 할 것이니라.
10 그러니 나의 법전이요, 나의 성령이 세상에 내려가는 것이요, 새로운 성경이 지금 내려감은 이는 곧 하늘이 열려 있음을 알아야 할 것이니라.
11 너희가 그리 갈구하고 하늘에 오르고자 하는 그 욕망의 그 마음을 위하여 모두를 다 바치니,
12 이제 하늘의 문이 닫혀 있던 것을 하늘의 문을 옮이니, 지금의 나의 아들과 더불어 세상에 사는 백성 너희가 얼마나 영광이요, 은혜요, 축복인가를 알겠는가?
13 더욱이 동양의 작은 나라에 나의 하늘이 열려 너희의 언어요, 단어로 그 모

든 것이 다 세상에 내려감이니, 너희
의 축복이요, 은혜요, 그 영광은 헤아
릴 수 없거늘, 어찌하여 너희는 이를
모르는가?
14 나로부터 선택된 이 동양의 작은 나라
의 너희 글과 말과 뜻으로써 모든 나
여호와의 뜻이 내려가는 것을 그 은혜
를 모르며 그 감사함을 모르며, 어찌
하여 이를 찢어 버리며 이를 태워 버
리는 그와 같은 행위를 하려 하는가?
15 어찌하여 너희는 세상에 다시 얻을
수 없는 은혜를 얻으며 은혜를 입은
자들이 원수로 갚으려 하는가?
16 이것이 지금 나의 법전을 찢으며 마지
막 내가 내리는 성령의 뜻을 사탄의
것이라 말하는 자는 악마의 후예가 하
는 것이라는 것을 너희는 알아야 할
것이니라.
17 그것이 바로 하늘의 문이 열려 내가
내려가는 나의 성령의 뜻의 은혜를 악
으로 갚는 자들이니 그리 알아야 할
것이니라.
18 너희는 지금까지 믿어 오면서 더 큰
성전을 짓기 위하여, 궁궐 같은 그 교
회요, 성당을 짓기 위하여 얼마나 많
은 나의 피조물 만백성들로부터 고혈
을 빨아 왔던가?
19 그러나 지금 나의 아들은 이 지상이
내가 만든 아름다운 성전이니,
20 들에서 산에서 그저 개울에서 일하다
직장에서 나에게 기도하고 싶을 때 기
도하며, 나를 찾고자 할 때 나를 찾고
나를 생각하며 사는 그것이 너희가
나의 성전에서 나에게 기도하는 길이
요, 나에게 오르는 길이라 가르침이
니, 어찌하여 너희가 이를 모르는가?
21 너희는 나에게 기도하는 방법 그것 하
나만 터득해서 그대로 지키고 살아가
면 되느니라.
22 '하나님! 저의 죄를 용서하여 주옵시
고, 제가 아버님의 뜻에 살 수 있도록
저에게 힘과 용기를 주옵소서.'
23 그리고 너희가 읽어 지킬 수 있는 그
십계명을 너희가 생명과 같이 고이
간직하여 그대로 지키고 살아가는 삶
을 살면 그것이 나의 아들딸로서 너희
가 새로 태어나는 그 역사를 얻는 것
이며, 하늘에 오를 수 있다 하였거늘,
24 이 간단하고 편안한 그 이치를 가지고
어찌하여 너희가 깨우치지 못한단 말
이던가?
25 너희는 사랑하는 나의 아들딸들이요,
너희를 구원의 길로 내가 인도한다 하
면서 평생 성전에 가 재물을 바치며
그와 같은 방법으로써 가는 것이 나에
게 오르는 길이라 생각하는가?
26 그것이 아님을 너희는 알아야 할 것
이니라.
27 그리하여 내가 뭐라 말하였느냐?
28 너희 가정에서 너희 직장에서 이웃과
더불어 하나하나 나의 법전의 뜻을 전
하며 그들을 깨우쳐 나 여호와에게 오
는 길을 바로 알려 주는 것, 그것이 하
늘에 오르는 길이니,
29 얼마나 간단하고 편안한 그 길로써 역
사하라 하느냐?
30 그러나 어찌하여 이를 알지 못하는가?
31 너의 제자들에게 이르라.
32 너희는 하나의 장수요, 무관이 한 시
대에 한 나라를 지키고 방어하며 역사

할 수 있는 그 능력을 발휘하는 그 힘
이 얼마나 대단하다 생각하는가?
33 그러나 너희는 말로써 전해지는 것,
글로써 전해지는 것, 무관의 생각으로
써 전해지는 것, 그 모두보다 더 위대
함을 알아야 할 것이니라.
34 너희는 하늘의 뜻이요, 나 여호와가
내리는 나의 법전 한 권이 한 시대요,
한 국가요, 한 민족을 전쟁터에서 구
원하고 지키는 그와 같은 유능한 장수
보다도 더 위대하다는 것을 알아야 할
것이니라.
35 나라를 지켜 그 위험에서 건지는 한
장수보다도 나의 법전 한 권의 그 속
에 있는 담겨 있는 뜻이요, 하늘의 뜻
이요, 하늘에서 내린 이 책이 그보다
더 위대하고 열배 백배 더 무서운 능
력이요, 힘을 발휘할 수 있다는 것을
알라.
36 그와 같은 내용이 160권의 책이 되어
세상을 다 덮음이니, 너희가 어찌 그
를 방어하며 그를 이길 수 있다고 말
하는가?
37 너희는 정녕 견딜 수 없음이니라.
38 그리고 이를 이길 수 없음이니라.
39 그러니 하나의 장수가 위기의 한 나라
를 지키는 그 능력을 발휘하는 것보다
더 위대한 것이 나의 법전 한 권이라
하였거늘,
40 너희는 이와 같은 위대한 나의 법전의
뜻을 알며 그 능력을 알며 기적의 역
사를 안다면 두려워하지 말며 겁먹지
말라.
41 오로지 너희는 최선을 다하여 나의
법전을 만들고 전하는 데 모두를 다
바치도록 하라.
42 그리하면 너희에게 영광의 길이 보일
것이며,
43 10년에 걸쳐서 너희가 볼 수 있다는
그 기적의 역사는 이루어질 것이니,
너희는 잠시도 주저하지 말라, 사랑하
는 나의 아들딸들아!

6,468 번째 하나님 말씀

2003년 6월 20일 06시 33분

1 사랑하는 나의 아들아!
2 "네, 아버님! 말씀하옵소서."
3 너희가 이 세상을 살아가면서 그 누구
도 죽어 가는 그와 같은 길을 벗어날
수 없으며, 그 선을 넘지 아니하는 백
성은 아무도 없음이니라.
4 그러니 너희는 그 죽음이라는 것을,
그저 당연히 죽음의 길을 가게 되며
인간은 죽어 육은 한 줌의 흙으로 돌
아간다 그리 생각하고 사느니라.
5 그 죽음의 의미를 이제 너의 제자들과
나의 법전을 읽는 모든 백성은 알아
야 할 것이니라.
6 그 누구도 넘지 아니할 수 없으며 그
누구도 면하지 못하며 피할 수 없는
그 죽음은, 바로 너희가 그 죽음을 대
비하여 준비된 삶을 사는 것이 가장
현명한 백성이며 가장 위대한 삶이라
는 것을 너희는 알아야 할 것이니라.
7 너희가 준비되지 아니한 삶을 산다 하
면, 죽음에 대한 그 준비되지 아니한
삶을 사는 백성처럼 어리석고 불쌍한
백성은 없음을 알아야 할 것이니라.
8 너희가 살아가는 그 삶의 자체요, 육

이 존재하는 그 삶의 의미가 무엇인 줄 아는가?

9 너희는 그 죽음에 대해 준비를 하지 아니하는 그 삶은 정녕 너희야말로 죽음의 삶이라는 것을 알아야 할 것이니라.

10 너희는 살아 있는 삶을 살아야 한다는 것을 잊지 말라.

11 살아 있는 삶을 산다는 것은 너희가 죽음의 대비를 완벽히 하는 것이 바로 살아 있는 삶을 사는 현명한 백성이라는 걸 알아야 할 것이니라.

12 그 모두는 행함에 달렸느니라.

13 너희가 죽음을 준비하며 죽음을 대비하는 삶을 사는 것은 모두 행함에 달렸으며, 행함에 의하여 그 모두가 결정 난다는 것을 잊어서는 아니 될 것이니라.

14 죽음이 준비되지 않는 삶을 사는 백성이 얼마나 어리석고 불쌍한 것이던가?

15 그러나 너희는 그걸 모르고 사는 것이니라.

16 죽음이라는 문턱을 넘지 않는 자가 없으며, 살아서 사는 삶 그 자체가 육은 썩어 가며 새로 태어나는 영혼이 나에게 올 수 있는 그 삶을 준비하는 것이거늘, 그것이 바로 무엇이더냐?

17 살아 있는 삶은 죽음을 대비한 삶이라는 것을 너희는 알지 못하며, 그를 깨닫지 못하며,

18 육의 삶을 위하여 너희가 매달리고 매진하고 있다 함을 너희는 알겠는가?

19 특히나 너희 손으로 지은 그 성전이요, 죄의 온상에서 구원의 길이요, 믿음의 길이라 발버둥치는 그 불쌍한 백성이야말로 사는 삶을 위해서 사는 것이 아니요, 그 죽음을 위한 삶의 준비가 아니요,

20 그저 썩어 가는 그 삶을 사는 백성이라는 것을 알아야 할 것이니라.

21 그리하여 내가 썩어져 가는 삶을 살아가는 그 불쌍하고 가련한 백성, 그 지도자라는 자, 저희가 죽어 지옥에 가서 그 얼마나 무서운 대가를 치르는지를 모르는 그들을 가르쳐 주며,

22 나를 찾지 아니하고 사는 백성, 그저 세상의 온갖 믿음이라 하여 믿고 가는 모든 종파를 따르는 백성, 작은 미신을 믿음이요, 그저 나무를 믿는 자, 산을 보고 믿는 자, 강을 보고 믿는 자, 나는 독수리를 보고 믿는 자, 그와 같이 우상을 섬기고 가는 그 백성의 마음을 하나로 다스릴 길이 없음이니,

23 그리하여 내가 160권의 법전으로써 세상에 내보내 너희가 이를 보고 깨우치도록 하며, 그 속에서 너희가 죽음을 대비하는 삶을 사는 길이 무엇인가를 내가 소상히 기록하여 완벽하게 여기에 전함이니,

24 나의 뜻을 너희가 안다면 나의 법전을 접하고 읽고 깨우쳐 그 의미를 깨달아 너희가 죽음을 대비하는, 살아 있는 삶을 살아가는 그 현명함을 얻도록 그리하라, 사랑하는 나의 아들딸들아!

6,469 번째 하나님 말씀

2003년 6월 20일 06시 41분

1 사랑하는 나의 아들아!

2 **"네, 아버님! 말씀하옵소서."**

3 진정한 지도자요, 진정한 믿음의 길을 가는 자는 그 깨달음이 나의 피조물 만백성보다 높고 높으며, 그는 하루를 살아가면서 그 깨달음이요, 실천함이 높아짐이니 그는 아름다운 삶을 살아가는 것이 아니던가?

4 너희가 참진리요, 진정한 그 깨달음을 깨달아 높고 높으며 바른길을 위하여 하늘에 오는 자라면 그 무엇을 알겠는가?

5 바로 높은 경지에 오르는 삶을 사는 것은 세상사에서 올라가 밑을 내려다보는 것만큼 혼자 사는 길이며 혼자서 가게 되며 혼자서 가는 길이니라.

6 그리하여 외롭고 고독한 그 삶을 살아가게 되는 것이 바로 종교 집단이요, 진정한 종교 지도자는 그리 가게 되며 스스로 그 길을 가고 있음을 깨닫게 되는 것이니라.

7 그러나 모든 종교 집단이요, 지도자들이 그 외롭고 고독한 혼자 살아가는 그 길을 그 누구도 가려 하지 아니하며 그를 선호하는 자가 없음이니라.

8 그러니 모든 종교 집단이요, 지도자들이요, 하늘에 오르는 나의 길을 인도한다는 백성이 저희의 생계 수단으로써 이용하며 우리 부자의 이름을 팔아먹는 것이 너희들임을 알아야 할 것이니라.

9 이제 나의 아들을 통하여 내리는 강론을 듣고 깨우친 백성이요, 나의 법전을 정독하고 깨우친 백성, 사랑하는 너희는 알아야 할 것이니라.

10 너희야말로 그 깨달음의 한계가 참진리의 길을 지금 가고 있음이니, 너희는 경지가 높아지며 하루하루 다름이니라.

11 그러니 너희가 높아진 경지에서 세상을 내려보면 무엇을 알겠는가?

12 그러니 너희는 혼자 살아가는 길이요, 혼자 가야 하는 길이요, 혼자 괴롭고 고독하고 어려운 그 시련의 길을 가야 할 것이며,

13 그를 마다해서는 아니 되는 것이 너희들임을 알아야 할 것이니라.

14 나에게 오르는 이 길이요, 깨달음의 길을 가는 것이 나의 아들딸 너희가 가야 하는 길이며, 또한 지금 나의 피조물 만백성, 나의 법전을 읽고 깨우친 백성 너희가 지도자가 되고자 하는 자, 지도자의 길을 가는 자들은 그 길을 거부하는 짓은 아니 될 것이며, 너희는 반드시 그 길을 가야만 나에게 오를 수 있다는 것을 알아야 할 것이니라.

15 아무도 그와 같이 깨달음이 높아 고독하고 외로우며 그 힘들고 어려운 삶의 길을 가는 것을 깨닫지 못할 것이며 그를 따라올 수 없는 것이니라.

16 모든 종교 집단 그들도 따라올 수 없음이니, 나의 피조물 만백성이 너희가 가는 길을 따라올 수 있으며 너희를 볼 수 있으며 더불어 너희의 삶을 사는 길을 갈 수 있겠는가?

17 나의 피조물 만백성과 너희는 더불어 이미 살아갈 수 없는 경지에 올라와 있으며 깨달음이 높이 와 있음이니, 너희는 좁고 협착한 그 길을 가고 있음이니라.

18 세상사 모두는 너희가 살아가며 너무
나 걸림돌이 많으며, 잘못된 일이 많
으며, 잘못 살아온 것이 너무나 많으
니,
19 하나하나 고치고 하나하나 시정하며,
그를 바로잡아 살아가는 너희는 점점
살아가는 길은 협착하고 좁은 길이며
험악한 길이며 힘들고 어려운 그 길의
삶을 살아가야 하니,
20 너희가 세상사 살아가면서 두려움과
무서움을 누구보다도 더 깊이 알 것이
니라.
21 그러나 너희는 지금 무섭고 두려우며
외로운 혼자만의 삶이라는 것, 그리고
혼자만의 외롭고 고독하게 가는 그 길
을 두려워하지 말며 그 길의 삶에서
너희 스스로 견디고 이겨 나가야 할
것이니라.
22 모든 것을 두려워하며 모든 것을 끊어
야 하며 모든 것과 더불어 살 수 없으
며 너희 형제요, 부모요, 이웃과도 더
불어 살아가기 힘든 그와 같은 높은
경지에 이르다 보니, 너희 스스로 고
독하고 외로움이니라.
23 그러니 그 고독하고 외롭고 무섭고 그
두려운 것을 나의 피조물 만백성에게
깨우쳐 주며, 그들을 경지의 길이요,
하늘에 오르는 길로 인도하는 것에 너
희 모두를 다 바치는 삶으로써, 무섭
고 두려우며 고독하고 외로운 그 삶에
몸부림치는 그 삶의 길에서 너희 스
스로 다스리며, 너희 스스로 벗어나는
삶이 나의 피조물 만백성을 깨우치는
그 길임을 알아야 할 것이니라.
24 너희는 이제 두려워하지 말며 겁먹지
말며 외로움에 몸부림치지 말라.
25 너희의 경지가 오르면 오를수록 그
외롭고 고독하며, 혼자만 살아가는 것
같은 그 두려움에 설 자리가 없으며,
갈 곳이 없으며 말할 것이 없음이니,
26 입은 닫히며 행동은 억제되며 세상사
보는 것이 두려워 눈을 감고자 함이니,
27 그 모두는 다 나의 피조물 만백성이
요, 이 법전을 보지 못하며 진리의 길
을 가르치지 못하는 종교 지도자, 진
정한 가르침을 듣지 못하는 불쌍한 백
성에게 너희가 지도자가 되어, 그 외
롭고 고통스러운 누구도 갈 수 없는
그 길의 모든 삶의 역량을 거기다 붓
도록 그리하라.
28 거기에 모두를 다 바치는 그와 같은
삶을 사는 것이 너희가 외롭고 고통
스러운 그 길에서 벗어나는 것이며,
너희가 가야 하는 진정한 그 길을 가
는 것이라는 것을 잊지 마라, 사랑하
는 나의 아들딸들아!

6,470 번째 하나님 말씀

2003년 6월 20일 06시 45분

1 사랑하는 나의 아들아!
2 "네, 아버님! 말씀하옵소서."
3 내가 모세의 시대에 하늘을 열려 하였
으나 그 백성이 우상을 섬기며 그와
같은 광란의 짓을 함이니, 그리하여
내가 하늘의 문을 닫았다면 너희는
믿겠는가?
4 그리하여 나의 아들 예수를 세상에 보
내 만백성을 깨우쳐 하늘에 오르는 그
길을 오게 하려고 내가 또 하늘을 열

었음이니,
5 그러나 그 시대의 백성이 그 열린 하
늘의 그 길을 오는 것을 거부하였으며
그 길을 가르치는 자들이 그 문을 닫
도록 하였으니, 2천 년 동안 하늘의
문이 굳게 닫혀 있다 하였음이니라.
6 하늘의 문이 닫혀 있으니, 굳게 닫힌
그 문을 누구도 올 수 없으며, 오를 수
없기에 나에게 오른 자가 없다 내가
너에게 그리 말하지 아니하였던가?
7 그와 같이 닫혀 있는 그 하늘의 문이
2천 년 만에 작은 동양의 나라에 그
문이 열려 그 빛이 세상에 다 비췸이
니,
8 그 빛은 우선 동양의 작은 나라의 온
세상을 다 덮고 있음이니라.
9 동양의 작은 나라를 덮은 이 빛은 곧
무엇이던가?
10 너희 언어와 글로 그 모든 뜻으로써
전해짐이니, 이것이 세상을 덮어 하나
의 통일어로 된다 하였으니,
11 그를 믿고 깨우치는 백성에게 또한
하늘이 열리며 그 백성 또한 오를 수
있는 그 길이 열리는 것을 잊어서는
아니 될 것이니라.
12 그와 같이 하늘의 문이 열리는 것을
더 크게 열며 더 넓게 여는 것은 너희
에게 달렸음이니라.
13 이제는 동양의 작은 나라에 하늘 문이
열려 비추는 그 빛을 통하여 하늘에
오르는 길이 열려 있음을 너희는 알
아야 할 것이니라.
14 그러니 너희는 나의 법전 한 권이 세
상에 내려가는 것이 얼마나 위대하다
하였더냐?
15 한 시대의 나라를 구하는 무관의 장수
보다도 더 위대하고 귀한 역사를 이루
는 것이 나의 법전이라 하였음이니,
16 160권의 법전이 세상을 덮었을 때 얼
마나 위대한 그 힘이던가?
17 그러니 감히 사탄이요, 사악한 자요,
지금의 잘못 가는 종교 집단들이 그
물리적인 힘이요, 그들의 조직의 힘으
로써 이들을 존재하지 못하게 하려 하
나, 감히 그를 꺾을 수 없으며 누를 수
없음이니라.
18 모두는 나의 법전으로써 세상을 덮으
며, 그들은 열린 하늘을 보게 될 것이
며, 열린 하늘의 그 빛을 보는 자는 바
로 그 길을 따라 구원에 오르는 그 역
사가 이루어짐이니라.
19 너희는 오늘의 고독하고 외로운 삶을
겁먹지 말며 두려워하지 말라.
20 모든 영광이요, 기쁨은 너희에게 있음
이니 그리 알라, 사랑하는 나의 아들
딸들아!
21 나의 법전을 읽고 깨우친 백성, 그리
고 나의 아들의 강론을 들으며 선택된
제자 너희는 축복과 영광이 충만하여
있음을 알라.

6,471 번째 하나님 말씀

2003년 6월 20일 11시 31분

1 사랑하는 나의 아들아!
2 "네, 아버님! 말씀하옵소서."
3 내가 지금 나의 성령을 모두 태워 너
에게 내려보내 160권의 대장정의 법
전을 만들어 이게 곧 하늘에 오르는
길이요, 나 여호와의 성령의 뜻이라

내가 기록하여 전하라 하였음이니, 이
는 곧 내가 너에게 무엇이라 말하였는
가?
4 "네, 아버님! 그렇사옵나이다.
5 모세를 통하여 하늘의 문을 열려 하였
으며, 예수님을 통하여 하늘의 문을
열려 하였으나, 그 문을 다 닫았음이
니,
6 하늘의 문을 닫고 2천 년이라는 그 세
월이 흘렀다 하였사옵나이다.
7 저희가 남의 집을 방문할 때도 그 집
의 문을 닫아 두고 열어 주지 아니하
면 들어갈 수 없다 하였거늘, 인간 세
상의 인간으로서 살아가면서 감히 하
늘나라요, 천국의 그 문이 닫혀 있거
늘, 그 문을 어찌 열 수 있으며 들어갈
수 있겠사옵나이까?
8 아버지께서 성령을 태워 내려보내는
것은 곧 하늘의 문을 여심이라 그리
말씀하셨으며,
9 지금 바로 곧 동양의 이 작은 나라 위
에 하늘의 문을 열어 아버님의 말씀이
내려오는 것은 그 빛이 내려옴이니,
10 그 빛을 보고 그 빛을 따르는 자는 하
늘에 오를 수 있다 그리 말씀하셨사옵
나이다."
11 그러니라. 나 여호와가 하늘의 문을
열었음이며, 이제 나의 법전이 세상에
내려감은 그 하늘의 문이 열린 것이니,
12 그 하늘의 문을 연 것은 바로 나의 아
들인 네가 세상에 존재하기 때문이며,
13 너를 따르는 그와 같은 제자들이 있기
에 또한 내가 하늘의 그 문을 열었음
을 너희는 알아야 할 것이니라.
14 나 여호와가 지금 너희에게 하늘의
그 문을 연 역사의 영광이 얼마나 위
대하고 감사한 것인가를 너희는 알겠
는가?
15 너희는 2천 년 전의 백성과 지금의 백
성의 그 마음자리가 너희가 말하는
하늘과 땅처럼 그리 달라져 있음이니,
16 2천 년 전의 백성 그들은 하늘의 마음
이요, 지금의 너희 백성은 무엇이냐?
17 땅에 있는 그 마음과 같음이니라.
18 너희는 들어서 알며 배워서 알지 않는
가?
19 나의 아들 예수가 너희에게 뭐라 말하
였던가?
20 대제사장이요, 나의 아들 예수를 죽이
고자 하는 그들이 예수를 시험하고자
간음한 여인을 놓고 그를 심판하라 그
리하였음이니라.
21 그러니 나의 아들이 뭐라 그리 심판하
였던가?
22 그 많은 백성 앞에 너희가 죄가 없는
자는 이 여인에게 돌을 던지라 그리
말하였음이니,
23 그때 그 백성은 자기의 죄를 부끄럽
게 알며, 죄 있음을 저희 스스로 판단
하고 심판하여 제가 부끄럽다 하여 돌
을 던진 자가 하나도 없었음이니라.
24 그러나 지금 나의 피조물 만백성을 사
랑으로 인도하며 하늘로 인도하며 깨
우침의 길이라 가르친 종교 집단 지도
자들, 그 많은 집단과 그 많은 지도자
와 그리고 구원을 받았다 말한 백성
너희는 2천 년이 흐른 지금 어떠한지
알겠는가?
25 간음한 여인을 세워 놓고 여기서 죄짓
지 않은 자, 그 돌을 던지라 하면 그

여인보다 수없이 간음을 한 자가 제
죄가 드러날까 두려워 그가 먼저 돌을
던지며 더 많은 돌을 던질 것이니라.
26 죄가 더 많은 자, 죄가 있는 자들이 돌
을 던지며 악을 쓰며 저는 깨끗한 자
라 하며, 깨끗한 체를 하기 위하여, 저
자신은 죄가 없다는 것을 보이기 위해
수없이 돌을 던질 것이 누군 줄 알겠
는가?
27 너희가 말하는 이방인이라는 그 순수
한 백성은 죄가 두려우며 아름답게
살지 못함이 부끄러워 그들은 돌을
던지고 돌아서지 못할 것이니라.
28 그러나 나의 아들 예수의 이름으로써
너희가 지은 성전에 가 재물을 바치고
기도하며 경배하는 자, 너희는 죄가
없다 그리 배우고 가르침이니,
29 죄가 없다 깨닫는 자는 제 스스로 그
죄를 알지 못하여 그 돌을 던질 것이
며,
30 제가 수없이 간음한 것이요, 제가 수
없이 도적질하며 남을 속이며 수없이
죄를 지은 종교 집단이요, 지도자,
31 그리고 구원을 받았다는 백성은 거침
없이 그 여인에게 돌을 던질 것이며,
그 사람에게 침을 뱉을 것이니,
32 이게 얼마나 무서운 형국이요, 현실이
란 말이던가?
33 너희는 지금에 와서 행함이 소중하지
아니하며 행함으로써 구원을 받지 못
한다 하였음이니,
34 바로 너희가 나의 아들 예수가 그 여
인을 심판할 때 죄 없는 자 돌을 던지
라 하였음이니,
35 너희가 행함이 곧 나에게 오를 수 있
고 없는 것을, 거기서 너희를 깨우치
며 가르치는 그 의미요, 뜻을 모르는
가?
36 행함으로써 모두가 이루어짐이니라.
37 2천 년 전 그 백성은 자신의 죄악은
작은 죄가 있든 큰 죄가 있든 제 스스
로 그 마음을 다스려 부끄러움을 알
고, 간음한 여인에게 감히 돌을 던지
지 아니하였음이니라.
38 그러나 지금 너희는 죄지은 자, 죄를
더 많이 지은 자, 그와 같은 자가 돌을
던지며 침을 뱉을 것이며,
39 사랑을 베푼다는 종교 집단이요, 그
속에 있는 백성 저희는 매일같이 죄
를 지으면서 금화와 재물을 바치며 눈
물로써 찬송 부르며 회개했다 하여 죄
가 없다 하여 그들이 가장 먼저 돌을
던질 것이며 그곳에 침을 뱉을 것이니,
40 너희가 지금 2천 년 동안 배우고 깨우
쳐 온 것이 과연 어떠한 형국인 줄 알
겠는가?
41 그러니 하늘과 땅의 차이가 있는 것이
오늘의 너희 마음이라 그리 말하였음
이니라.
42 그러니 여기서 내가 2천 년 전에 나의
아들 예수가 왔을 때 죄를 시인하며
죄인 앞에 침을 뱉지 못하던 그 백성
은 하늘의 백성이요,
43 지금 너희는 죄를 짓고 사악한 길을
가면서도 돌팔매를 던지며 침을 뱉을
수 있는 것은 지금 땅에 사는 사악한
백성의 그 형국이니,
44 하늘과 땅의 그 차이인 너희에게 내가
마지막 기회를 주어 하늘의 문을 여는
것이 너희에게 그 얼마나 영광이요,

축복인가를 알겠는가?
45 동양의 작은 나라 위에 내가 하늘의
문을 열며 그 빛을 내가 동양에 내려
보내니,
46 나의 성령이 너희 문화와 너희 글로
써 내려가는 것이 온 세상의 축복이니
라.
47 너희에게 어떠한 것보다 기쁨이요, 영
광이 없거늘,
48 어찌하여 그를 경배하며 영광이요, 기
쁨으로 하지 아니하며, 너희에게 내가
베푸는 은혜요, 그 영광을 원수로 갚
으려 하는가?
49 이것이 지금 너희가 처해 있는 마음
이요, 나의 백성이 가고자 하는 그 마
음이니,
50 내가 너희 마음이 그리 사악하여 나
의 아들에게 기적을 보이지 못하며,
나의 아들로 하여금 예수처럼 역사하
지 못함이니,
51 그와 같은 기적이요, 역사를 했을 때,
너희는 땅과 같은 백성이니, 그 하늘
과 같은 백성도 나의 아들 예수를 제
사장이요, 믿는 자들이 죽였음이니,
오늘의 사악한 자들이 저희의 추함이
드러나며 저희의 그 역사함이 드러나
며,
52 그때보다 수백 수천 배 사악한 방법으
로 이끌어 온 종교 집단이요, 지도자
들이 그를 절대 용납하지 아니할 것이
며 갈기갈기 그를 찢어 죽일 것이니,
53 누가 죽이는지 누가 그를 이 세상에
존재하지 못하도록 하는지 그도 알 수
없음이니,
54 그리하여 바보처럼 어리석은 것처럼
그저 너희와 똑같은 나의 아들이 흔
들흔들 그저 비실비실 지금 가고 있음
을 너희는 알아야 할 것이니라.
55 나를 따르는 백성이요, 나의 아들을
따르는 제자 너희는 그리 알아야 할
것이니, 내가 감히 나의 아들을 그리
만들지 못하며 그 역사를 이루게 하지
못함이니라.
56 너희가 걷지도 못하는 그 자식을 사자
가 우글거리는 곳에 던질 수 있는 부
모가 있으면 나와 보라.
57 너희는 그 자식을 건장하게 길러 그
사자와 싸워서 이길 수 있으며 거기에
서 버티고 이길 수 있을 때, 그곳에 너
희 자식을 던질 수 있으며 그 사악한
맹수들을 처리할 수 있도록 전사로서
내보낼 수 있지 않겠는가?
58 지금 나의 심정이 그러함이니라.
59 너희가 재물의 역사요, 어떠한 기적의
역사를 이루는 것을 지금 기다리지 못
하며 슬퍼하며 조급해하지 말라.
60 다만, 내가 너희에게 미래를 가르쳐
주며 미래의 너희 운명을 알려 주는
것은, 지금 있는 사악한 자들이 그를
믿지 아니하며 모르기 때문이니,
61 너희의 미래를 가르쳐 주는 나의 역사
가 은혜가 크다 함이 여기에 있음이니
라.
62 지금 내가 사자 굴에 나의 아들을 세
워 놓은 그와 같은 심정이니, 내가 어
찌 나의 아들을 사자 굴에 던지겠는가?
63 내가 같은 짧은 기간에 역사했던 나의
아들 예수의 그 시대처럼 기적의 역사
를 이룬다면, 나의 아들을 사자 굴에
밀어 넣는 것과 똑같으니,

64 이 무섭고 험악한 세상을 그가 헤쳐나
갈 수가 없음이니라.
65 그러나 이제 머지않아 그는 바로 설
것이며, 그 모든 역사를 이룰 것이니
그리 알라.
66 나의 아들 예수는 짧은 기간에 모든
것을 역사해야 되며, 이미 그는 그 나
이에 죽음이요, 그 길을 오도록 선택
되었으니,
67 그 모두의 역사를 이룬 것은 그 목숨
을 재촉한 것이며, 그가 정해진 그 시
간에 그가 올 수 있도록 그와 같은 계
획하에 그와 같이 용감한 역사가 이루
어졌으며,
68 그 당시에는 글로써 문화로써 지금처
럼 정확히 전해질 것이 없기 때문이니
라.
69 너희는 알아야 할 것이니라.
70 이제 너희가 한 전쟁터에 나가서 나
라를 구하는 그 용맹한 장수의 지휘
요, 그 능력보다도 나의 법전 한 권이
더 위대한 역사를 이루고 이 세상을
지배해 나간다는 그 위대한 것을 알라.
71 너희는 말이 얼마나 무서운지 아는가?
72 너희가 앞에 있는 자는 주먹으로 가
해할 수 있으며 살인할 수 있으나,
73 말이요, 글이라는 것은 멀리 있는 사
람, 수천만 리 떨어져 있는 사람을 상
하게 할 수 있으며 그를 죽게 할 수 있
는 것이 글이며 뜻이라 말하지 아니하
였던가?
74 그러니 한 시대의 나라를 구원하는 전
쟁터에 나가는 그 장수의 용맹보다도
나의 법전 한 권이 더 위대하고 더 용
맹하며 더 찬란한 역사를 이룬다는
것, 그리고 그 공을 이룬다는 것을 너
희는 알아야 할 것이니,
75 열 명의 장수보다 나의 법전 한 권과
바꾸지 않는 그와 같은 소중한 것이
글이요, 책이요, 말로써 전해져 내려
가는 것임을 알라.
76 그러니 그를 당할 자가 없으며 이길
자가 없음이니,
77 나의 법전이 세상을 덮으며, 만백성은
나의 법전을 보고 천 년에 걸쳐 새로
운 시대가 열린다는 것은 당연한 역사
니 그리 알라.
78 오늘의 어렵고 힘든 그 길에서 너희
는 조급히 생각하지 말라.
79 믿음은 기다리며 때가 있어야 함이니
라.
80 아무 때나 힘을 쓰는 것이 아님을 너
희는 알아야 할 것이니라.
81 힘이라는 것은 너희가 필요할 때 쓰
는 것이며 필요할 때 역사함이니, 아
무 때나 쓰는 것이 아니니라.
82 나의 아들 예수도 그가 나로부터 은혜
를 받아 나의 명을 받아 역사를 할 때,
꼭 필요한 그와 같은 장소에 그때 그
모든 기적의 역사를 이루었음이니,
83 나의 아들도 세월이 흐르고 기다리는
그 시간 속에 머지않아 그 역사가 이
루어지며, 그 기적의 역사는 아무것도
아님을 너희는 알라.
84 이제 머지않아 내가 그 모두를 이루
니, 나의 아들이 사자 굴에 들어가 그
사자를 이길 수 있을 만큼 성장했을
때,
85 나는 자연히 그 사악한 사자들을 제거
하듯이 이 세상의 모든 자를 다스리기

위하여 나의 아들에게 휘두를 수 있
는, 재판할 수 있으며 심판할 수 있으
며 자르고 갈 수 있는 그 무서운 하늘
의 칼을, 불 칼을 내려 모두를 가르고
다스릴 때가 있을 것이니, 너희는 그
리 알며 기다리라.
86 믿음이란 기다림이니라.
87 의인은 기다림 속에서 나오며, 믿음
속에서 역사하는 것이라는 것을 잊지
말라, 사랑하는 나의 아들딸들아!

6,472 번째 하나님 말씀

2003년 6월 20일 11시 41분

1 사랑하는 나의 아들아!
2 "네, 아버님! 말씀하옵소서."
3 나의 피조물 만백성 너희는 들어야
할 것이며, 나의 법전을 읽고 깨우친
백성이요, 나의 아들의 강론을 들은
백성 너희는 알아야 할 것이니라.
4 나의 아들을 따르는 너희는 평생에
걸쳐 심판을 받으며, 살아가는 것 하
나하나가 심판을 받지 아니하는 것이
없다는 것을 알아야 할 것이며, 내가
너희에게 일찍이 그리 전하여 주었음
이니라.
5 육의 삶의 세상에 살아가는 그 삶이
너희가 나에게 왔을 때 선과 악의 그
심판을 받음이니,
6 선한 자는 나에게 오를 수 있으며 악
한 자는 지옥으로 간다 하였으나,
7 너희는 지금 육의 세상에서 사는 하루
하루의 그 삶 속에서 그때그때 그 모
든 심판을 받고 산다는 것을 잊어서는
아니 됨을 너희는 알아야 할 것이니
라.
8 평생의 삶을 육의 세상에 살면서 심판
을 받고 살아간다는 것을 알아야 할
것이며,
9 그를 안다면 너희가 하루의 생활을
어찌 살아가야 하는 것인가를 알 것
이며,
10 육의 행동이요, 너희가 하는 선한 행
동이 얼마나 소중하고 귀한 것인가를
알아야 할 것이니라.
11 너희가 그와 같이 깨우쳤다면 행함의
그 소중함을 알아야 할 것이며,
12 평생을 심판을 받으며 사는 나의 백성
이라는 것을, 이를 깊이 가슴에 새겨
살아가야 할 것을 너희는 알아야 할
것이니라.
13 내가 너희에게 뭐라 말하였느냐?
14 너희는 먹고사는 것이 중요한 것이 아
니요, 너희가 지탱하기 위해 먹고사는
그 음식을 먹는 것이 중요한 것이 아
니라 하지 않았는가?
15 너희 입에서 나오는 그 말이요, 언어
요, 그 모두가 더 중요하고 소중한 것
이라 내가 너희에게 일찍이 깨우쳐
주었음이니, 그보다 더 소중함이 없음
을 너희는 알아야 할 것이니라.
16 그러니 너희가 살아가는 그 행동은 또
한 어떠하겠는가?
17 너희가 살아가는 그 행동이요, 선함의
행함이 얼마나 귀중하고 소중한 것인
가를, 그것으로서 모든 심판을 받는다
는 것을 절대 잊어서는 아니 될 것이
며,
18 오로지 그것이 나에게 오르는 길이라
는 것을 잊지 말라.

19 지금의 종교 집단이요, 지도자들, 그
들은 다 저희가 만든 그 교리로써 나
의 피조물 만백성을 구한다 그리 말하
고 그리 전함이니, 그것이 너희에게
잘못되었음을 알아야 할 것이니라.
20 이 세상에 모든 백성이 살아가는 형
국이 어떠한지 알겠느냐?
21 사랑하는 나의 아들아, 동양의 작은
나라의 백성은 너희가 쓰다 버리는
것을 규정된 봉투요, 규정된 규격 봉
투 안에 그 모두를 넣어서 버리게 되
어 있음이니,
22 이는 곧 쓰레기라 하는 것을 담아서
버리는 것이 있으며, 너희는 규격 봉
투에 그를 담아서 버리지 아니하면 체
벌을 받으며, 벌금을 내는 것이 너희
가 사는 지금의 형태요, 법도가 아니
던가?
23 그러니 너희는 남들이 모르게 버린
쓰레기라는 것을 남이 버렸다 하여 체
벌하며 벌금을 주는 자들에게 전화하
여 고발하는 자가 있는가 하면 그들을
갖다 남에게 알리는 자가 있음이니라.
24 그러니 그와 같은 행위를 하는 자는
무엇이던가?
25 사랑을 베풀며 살아간다는 백성이 그
것이 질서요, 법도를 지키는 길이라
하여 지금의 모든 종교 집단이요, 그
들은 그 버린 쓰레기라는 것을 제 규
격에 넣지 않는 자의 그와 같은 것을
신고하며 고발하여 그에게 체벌을 받
게 하며, 그와 같은 짓을 하는 것이 지
금의 백성이니라.
26 그러나 나의 법전을 읽고 깨우친 백성
이요, 나를 따르는 백성이요, 나의 아
들을 따르는 백성 너희는 그 규격 봉
투를 금화와 은화로 구입하여 그 쓰레
기를 담아, 그 사람으로 하여금 벌을
받지 아니하게 하며,
27 사회의 질서를 지키는 그와 같은 행동
이요, 마음가짐으로 살아가게 하는 것
이 너희가 가는 길이며, 나의 백성이
해야 할 역사라는 것을 잊어서는 아니
될 것이니 그리 알라.
28 남들이 버린 그 쓰레기를, 제 규격 봉
투에 넣지 아니하면 그를 고발하여,
그로 하여금 체벌을 받으며 벌금을 내
도록 하는 그와 같은 백성의 자세가
곧은 자세요, 질서를 지키는 자세라
너희는 그리 말할 것이니라.
29 지금의 모든 믿음의 길을 가는 종교
집단이요, 지도자요, 구원을 받았다는
백성은 그것이 하늘의 뜻이요, 나 여
호와의 뜻이라 그리할 것이며, 그 이
상의 나의 뜻을 모르느니라.
30 인간이 만들어 놓은 질서를 지키는
것, 그 법도를 지키고 사는 것이 나의
뜻이며 나에게 오는 길이라 말함이라.
31 그러나 그것은 나의 뜻이 아니요, 나
의 길이 아니니라.
32 그를 잘못 버린 자 있거든, 너희가 금
화와 은화로써 그 규격 봉투를 사서
그를 담아 정리해 놓고 깨끗이 치워
놓고 그리 가는 사람, 그것이 나의 백
성이요, 하늘의 뜻임이니,
33 이것을 모르는 자는 하늘의 뜻을 알
수 없으며 내가 원하는 마음을 알 수
없음이니,
34 나의 피조물 만백성에게 누가 그를 가
르친단 말이더냐?

35 지금 고발하는 자는 있으며 고발하는 백성은 수없이 있으나, 금화와 은화로 그 봉투를 사서 담아 놓는 자는 없음이니, 너희는 그런 백성이요, 그와 같이 사는 백성이 너희이니라.

36 나의 아들을 따르는 제자요, 나의 법전을 읽고 공부한 너희는 이 하늘의 이치요, 내 사랑의 이치를 모르기에 실천하지 못했으나,

37 이를 알았을 때 너희는 실천하는 백성이며 그리 갈 수 있는 백성이니라.

38 그걸 제 돈으로써 제 금화와 은화로써 그 봉투를 사서 규격 봉투에 담아 놓는 모습을 볼 때, 만백성은 그를 보고 경탄할 것이며, 그를 보고 배우지 아니하겠는가?

39 그러니 누가 그를 행한단 말이더냐?

40 인간이 그리 행해야 할 것이며, 그 모범 된 삶을 사는 것이 바로 너희이니, 하나를 보고 열 가지를 바로 살며 모범 된 삶을 살라.

41 나 여호와가 기적으로써 쓰레기봉투를 만들어 그걸 내가 치워 준다면 그 기적은 두려워할 것이나, 그 기적만을 바라보고 모든 백성은 살아갈 것이니, 그는 얼마나 질서가 파괴되고 무너지겠는가?

42 공의의 나 여호와가 그리하여 할 수 없으며 역사할 수 없음이니라.

43 인간 세상에서 인간이 선행을 베푸는 것, 그것이 하늘에 오르는 길이며 나의 사랑이니,

44 인간의 형체를 가진 너희가 그리 가르치고 역사하며 그를 보고 백성이 깨우쳐 그들이 하나하나 바로 서 가며, 사랑이요, 진리가 무엇이며 하늘의 뜻이 무엇인가를 알게 됨이니,

45 이를 행할 수 있는 것은 나의 법전을 읽고 또 행할 수 있는 마음 자세가 되어 있는 너희가 몸소 실천하는 삶을 살지 아니하면 이 세상은 절대 아름답게 이루어질 수 없음이니라.

46 하늘의 문을 연 나 여호와가 너희에게 내리는 그 빛이요, 나의 성령을 받고 배우는 백성 너희가 바로 서지 못한다면, 이 세상의 어느 백성도 바로 설 수 없으며 이 지상은 무너짐이니라.

47 썩어지고 썩어졌을 때, 나 여호와는 그를 재앙으로 다스릴 것이며, 내가 그를 놓는 수밖에 없지 않겠는가?

48 그러나 나 여호와는 재앙이 없다 했으며, 그리 다스리지 아니한다 하였음이니라.

49 그는 바로 너희가 있기 때문이니, 너희를 믿고 나 여호와가 재앙이 없다 그리 말하였음이니,

50 이는 나의 예언이요, 나의 진리이니, 너희는 반드시 그리 가야 하며 그리 갈 수 있는 것이니라.

51 이제 하늘의 뜻을 알겠는가?

52 너희가 버리는 쓰레기의 그 행동으로 내가 너희에게 하늘의 뜻이요, 나 여호와가 원하는 것이 무엇인가를 깨우쳐 주었으니,

53 천 가지 만 가지 모든 행동에서 그와 같이 바라보며 그와 같이 생각하고 살아가는 너희가 되어야 한다는 것을 잊지 말라, 사랑하는 나의 아들딸들아!

54 나 여호와의 뜻이며, 간곡하게 너희에게 내리는 나의 명령이며, 너희가 그

리도 갈구하고 원하는 하늘에 올 수 있는 그 길이라는 것을 잊지 말라, 사랑하는 나의 아들딸들아!

부 록

【하나님께서 가르쳐 주신 운동】

천재지변이 일어날 때, 동물이나 미물들은 미리 알고 대피하지만, 인간은 알지 못하고 큰 화를 당합니다. 하나님께서 인간에게 가장 높은 지혜를 주시고 완벽하게 창조해 주셨기에 동물들보다 더 잘 알 수 있지만, 욕심으로 마음이 혼탁해져서 한 치 앞을 보지 못하는 것입니다.

마찬가지로, 인간은 누구나 스스로 필요한 운동을 해서 건강을 지킬 수 있도록 하나님께서 만들어 주셨습니다. 우리의 머리에서 우리 몸에 필요한 동작을 해 달라고 끊임없이 신호를 보내지만, 인간이 혼탁하게 살아서 그 신호를 알아채지 못합니다. 그러니 자연스럽게 자기 몸이 원하는 그 신호를 따라서 운동하는 것이 하나님께서 가르쳐 주신 운동 방법입니다. 바로, 우리의 영이 육을 이끄는 운동입니다.

▶ 하나님 운동법

1. 눈을 감고, 발을 어깨너비로 벌리고 바르게 선다.
2. 몸에 힘을 풀고, 허리를 숙이면서 손과 머리를 아래로 내린다.
3. 허리를 펴고 싶을 때, 천천히 펴면서 하고 싶은 동작을 하면 운동이 시작된다. (사람마다 다르다.)
4. 멈추지 말고, 어떤 동작이든지 자기 몸의 느낌대로 계속 이어서 한다.

▶ 참고 사항

① 눈을 감은 상태로 아무 생각 하지 않고, 자기 몸의 느낌대로 움직입니다.

② 마음을 비우고, 욕심을 버리고, 지난날의 잘못을 반성하면서 몇 차례 시도하다 보면, 자기도 모르게 하고 싶은 동작이 끊임없이 생깁니다.

③ 운동 장소는 방 안이든 운동장이든 관계없으며, 걷거나 달리고 싶을 때는 눈을 떠도 됩니다.

④ 매일 40분 이상, 주 4회 이상, 3개월 이상 하면 음식 조절에 들어갑니다.
- 음식으로 생긴 병은 음식으로 치료하게 되며, 어떤 음식을 먹어야 하는지 스스로 알게 됩니다.
(자기 몸에 필요한 음식만 먹고 싶어집니다.)

⑤ 사랑하는 사람과 함께 운동하면 서로 치료해 주기도 합니다.

⑥ 운동을 하다가 몸의 어느 한 부분을 계속 손으로 자극한다면 그쪽에 이상이 있는 것이니, 의사에게 상담을 받고 적절한 치료를 받으면 됩니다.

⑦ 다이어트 및 기타 건강관리에 효과적입니다.

⑧ 꾸준히 운동하여 영이 맑아지면, 자신의 과거와 미래를 스스로 보게 됩니다.

누구나 스스로 하실 수 있습니다.

간행사

《새로운 성경》은:

· 새로운 성경은, 하나님께서 선량하고 선한 자를 선택하여 십계명을 암송하도록 하시고, 십계명을 암송한 다음에 음성으로써 들려주시는 말씀을 듣고 그대로 카세트테이프에 녹음해서 받아쓴 책입니다.

· 90분짜리 녹음테이프 700여 개에 달하는 말씀으로, 1999년 8월부터 2004년 7월까지 총 160권(권당 288쪽)을 완성하였으며, 그 이후에도 현재까지 계속 말씀을 내려 주고 계십니다.

· 새로운 성경은 "하늘을 두루마리 삼고 바닷물을 먹물 삼아 쓰고 써도 다 못 쓴다"는, 끝없이 방대한 하나님의 말씀이 두루마리로 직접 내려오는 것입니다. 이러한 새로운 성경은 구약과 신약을 폐하려는 것이 아니라 "인봉된 성서의 비유의 뜻"을 상세히 설명하여 완성하고자 하나님께서 직접 내려 주신 말씀입니다.

《새로운 성경》의 구성:

· 제 목: 2013년, 160권 모음집을 발간하면서, 본 도서의 제목을 "하나님! 말씀하옵소서"에서 《새로운 성경》으로 명해 주셨습니다.

· 단행본: 각 권당 288쪽(신국판) 책이 160권까지 시리즈로 출판됩니다.
(모음집은 단행본을 16권씩 묶어서, 총 10부로 구성됩니다.)

《새로운 성경》의 성경적 근거:

· 신약 성경 [요한복음] 16장 13절에 "진리의 성령이 오시면 그가 너희를 모든 진리 가운데로 인도하시리니 그가 자의로 말하지 않고, 오직 듣는 것만을 말하며" 하신 말씀처럼 하나님의 음성을 들은 것만 기록하였으며,

· "장래 일을 너희에게 알리시리라" 하신 말씀과 같이 개인, 나라, 인류의 "장래"일을 하나님께서 알려 주시는 것만 기록하여 책으로 만들었습니다.

《새로운 성경》의 기록 방법:

· 1999년 8월부터 하나님께서 저에게 들려주시는 음성을 기록하였습니다. 처음에는 제가 들은 말씀을 불러 주면 저의 아내가 기록하여, 2000년 1월 29일에 1권 초판이 세상에 나왔습니다. 2000년 4월부터는 주시는 말씀을 받아 녹음기에 기록하여 시리즈로 출간하기 시작하였습니다.

· 녹음을 시작하면서 하나님의 말씀을 받는 데 가속도가 붙었고, 2001년 5월 3일에 1부(1~16권까지)를 인쇄하여 출판하였으며, 2004년 7월까지 총160권 분량의 말씀을 받아 기록하였습니다.

하나님께서 저에게 주신 것은:

· 첫째, 만백성을 상대로 내려 주시는 "기도", 둘째, 수시로 내려 주시는 "묵상", 셋째, 개인의 과거, 현재, 미래를 알려 주시는 "개인 기도", 넷째, 개인의 건강을 위해서 내려 주시는 "음식 처방", 다섯째, 하나님께서 가르쳐 주신 "운동"등이 있습니다. 이 중에 첫 번째, "기도"를 책으로 편찬하였습니다. 사람의 생사, 개인의 미래에 관한 천기는 수록하지 말라 하셨습니다.

강론 안내:

· 하나님께서는 지금도 매일 저에게 새로운 하늘의 비밀의 말씀을 내려 주고 계십니다. 수시로 내려 주시는 말씀을 정리해서 제자를 육성하라는 말씀에 따라 매주 강론을 하고 있습니다. 누구나 무료로 들으실 수 있습니다. (book160.com)

《새로운 성경》을 읽는 분들에게 드리는 선물:

· 개인 기도: 개인의 과거, 현재, 미래에 관하여 말씀을 내려 주십니다.

· 음식 처방: 사람은 음식을 먹고살다가 건강을 잃으니, 음식과 운동으로 건강을 되찾는 방법을 알려 드립니다. 단, 하나님이 계심을 믿고, 십계명을 지키겠다고 진실로 서약하는 분들께 알려드립니다.

《새로운 성경》의 은혜와 기적:

· 새로운 성경 전160권은 16권씩 묶어서 총 10부의 모음집으로 구성됩니다. 모음집 한 부를 읽고 깨우치는 자에게 하나님께서 다음과 같은 기적이 있다고 하셨습니다.

· "첫째, 그가 죽어 하늘에 갔을 때 그의 죄를 묻지 아니하며, 구원을 받는 위대한 은혜가 있으며, 둘째, 그의 소원과 소망이 이루어지고, 셋째, 죽은 자(부모, 형제, 자식, 사랑하고 은혜 입은 분)의 이름으로 구입한 책을 읽고 누군가 한 사람이 깨우칠 때, 그 죽은 자가 지옥에서 천국으로 구원을 받게 되며, 넷째, 유산, 중절 수술 등으로 태어나지 못한 아이를 위하여 구입한 책을 보고 한 명이 깨우쳤을 때, 그 아이가 사람으로 다시 한 번 태어나는 은혜를 받는다."

· "새로운 성경"을 3회 이상 정성을 다해 정독하는 자, 성서의 비밀을 알게 되고, 세상의 이치를 알게 되며, 세상을 지배하고 통제할 수 있는 지혜를 다 얻게 된다고 하셨습니다. 이 책은 만백성이 정독하고 이웃에게 전히여, 평생 가슴에 묻은 슬픔과 고통의 짐을 벗고 미래를 위한 힘찬 삶을 살아가도록 하는 책입니다.

끝으로

· 하나님께서는 흰 눈이 세상을 덮듯이 새로운 성경을 온 세상에 전하라고 하셨습니다. 《새로운 성경》을 각국어로 번역해서 온 인류에게 구원의 길을 깨우쳐 주고, 그 수익으로 가난하고 어려운 백성을 구제하여, 만백성의 영과 육을 함께 구원하는 선지자의 임무를 수행하라고 저에게 명하셨습니다.

· 하늘에서 내려 주신 말씀의 보화를 만백성에게 나누어 주는 것이 선지자의 임무라고 하셨습니다. 새로운 성경을 통해서 얻는 재물을 사용할 곳도 하나님께서 일일이 명해 주십니다. 모든 재물은 저의 자의로 쓸 수 없고, 하나님께서 명하시는 대로만 쓰여집니다.

· 어떤 명분으로든 십일조나 각종 헌금을 거두어들이지 말라 하셨으며, 국내뿐 아니라 각국에 성전과 단독 서점을 운영하며, 한국의 많은 젊은이들을 전 세계에 지도자로 내보내라고 하셨습니다.

· 우리는 세계적으로 새로운 성경을 보급하며 어려운 이들을 돕는 역사를 해 나갈 것입니다. 지금까지 비록 몇 명 안 되는 제자들과 함께 이러한 일을 역사했지만, 앞으로도 계속 하나님께서 기뻐하시는 일들을 해 나갈 것입니다. 부족한 저희에게 여러분들의 지혜와 성원을 보내 주시기를 바랍니다. 많은 분들의 참여와 도움을 간절히 기다립니다. 감사합니다.

한국어로 내려온 《새로운 성경》 단행본을 출간하며
2016년 4월 10일

발행인 **김 용 철**

한국어로 내려온

새로운 **성 경** · 6부 · 제88권

지은이 하나님 말씀
대역자 김용철

초판인쇄 1쇄 2017년 4월 3일

펴낸 곳 도서출판 하얀마음
등록번호 제 10-2107호 (2001년 2월 14일)
주소 서울시 노원구 덕릉로86길5, 2층
전화번호 02) 313-1114
팩스 02) 393-5554
전자우편 book160@hanmail.net
편집위원 조나영 김미향 이석교
제작지원 김홍숙 이미숙 이미란

도서상담 1600-7527
ISBN 978-89-5875-188-5 (04230)
978-89-5875-100-7 (세 트)

값 10,000원
잘못된 책은 구입하신 곳에서 바꾸어 드립니다.

※이 책은 10부로 제작되며, 각 부 16권씩 총160권으로 구성됩니다.※

1부	2부	3부	4부	5부	**6부**	7부	8부	9부	10부
1권	17권	33권	49권	65권	81권	97권	113권	129권	145권
2권	18권	34권	50권	66권	82권	98권	114권	130권	146권
3권	19권	35권	51권	67권	83권	99권	115권	131권	147권
4권	20권	36권	52권	68권	84권	100권	116권	132권	148권
5권	21권	37권	53권	69권	85권	101권	117권	133권	149권
6권	22권	38권	54권	70권	86권	102권	118권	134권	150권
7권	23권	39권	55권	71권	87권	103권	119권	135권	151권
8권	24권	40권	56권	72권	88권	104권	120권	136권	152권
9권	25권	41권	57권	73권	89권	105권	121권	137권	153권
10권	26권	42권	58권	74권	90권	106권	122권	138권	154권
11권	27권	43권	59권	75권	91권	107권	123권	139권	155권
12권	28권	44권	60권	76권	92권	108권	124권	140권	156권
13권	29권	45권	61권	77권	93권	109권	125권	141권	157권
14권	30권	46권	62권	78권	94권	110권	126권	142권	158권
15권	31권	47권	63권	79권	95권	111권	127권	143권	159권
16권	32권	48권	64권	80권	96권	112권	128권	144권	160권